大学生素养与思想政治教育研究

张会会　潘　琛◎著

线装书局

图书在版编目（CIP）数据

大学生素养与思想政治教育研究 / 张会会，潘琛著. -- 北京：线装书局，2024.4
ISBN 978-7-5120-6066-1

I. ①大… II. ①张… ②潘… III. ①大学生－思想政治教育－研究－中国 IV. ①G641

中国国家版本馆 CIP 数据核字(2024)第 077546 号

大学生素养与思想政治教育研究
DAXUESHENG SUYANG YU SIXIANG ZHENGZHI JIAOYU YANJIU

作　　者：张会会　潘　琛
责任编辑：白　晨
出版发行：线装书局
地　址：北京市丰台区方庄日月天地大厦 B 座 17 层（100078）
电　话：010-58077126（发行部）010-58076938（总编室）
网　址：www.zgxzsj.com
经　　销：新华书店
印　　制：三河市腾飞印务有限公司
开　　本：787mm×1092mm　1/16
印　　张：15.25
字　　数：345 千字
印　　次：2025 年 1 月第 1 版第 1 次印刷
定　　价：78.00 元

前　　言

  在当今社会，大学生作为国家的未来和希望，其素养及思想政治教育显得格外重要。作为一名大学生，不仅要具备良好的学术能力和专业知识，更需要树立正确的人生观、价值观和世界观，具备扎实的思想政治素养。大学不仅仅是一个知识学习的殿堂，更是一个塑造人格、培养思想的重要阶段。

  随着时代的发展和社会的进步，大学生的素养和思想政治教育面临着新的挑战和机遇。素养是一个综合素质，不仅包括学术能力和专业知识，还包括道德品质、社会责任和创新精神等方面。思想政治教育则是对大学生进行全面教育的重要环节，通过思想政治教育，大学生不仅能够增强自身的政治意识、道德观念和社会责任感，更能够提升自身的综合素养和综合素质。

  在大学生素养与思想政治教育研究中，我们需要认识到素养与思想政治教育的重要性，深刻理解素养与思想政治教育的内涵和特点，积极探索素养与思想政治教育的实践路径和方法。只有不断加强大学生的素养与思想政治教育，才能更好地培养社会主义建设者和接班人，推动中国特色社会主义事业不断向前发展。

  通过对大学生素养与思想政治教育的研究，我们希望能够深入挖掘素养与思想政治教育的内在联系，全面把握素养与思想政治教育的最新理论和实践成果，为大学生素养与思想政治教育提供理论支撑和实践指导。我们相信，在大家的共同努力下，大学生素养与思想政治教育的研究将取得更加丰硕的成果，为培养德才兼备、全面发展的社会主义建设者和接班人作出积极贡献。愿我们一起努力，共同开创大学生素养与思想政治教育研究的新篇章！

编委会

毛素芝　张冠群　李汶沁
赵　琪　尹圣瑶

目录

第一章 大学生素养的概念和内涵 1
- 第一节 大学生素养的定义 1
- 第二节 提高大学生综合素养水平 18
- 第三节 传统教育模式下的大学生思想政治教育 33
- 第四节 大学生素养对思想政治教育的影响 46

第二章 大学生思想政治教育的概念和内容 59
- 第一节 思想政治教育的概念 59
- 第二节 大学生素养与思想政治教育 68
- 第三节 大学生素养与思想政治教育现实问题分析 82
- 第四节 大学生素养与思想政治教育对策建议 88

第三章 大学生素养与思想政治教育的现状分析 97
- 第一节 大学生素养现状分析 97
- 第二节 思想政治教育现状分析 108
- 第三节 大学生素养与思想政治教育的关系 118
- 第四节 大学生素养与思想政治教育发展趋势 125

第四章 大学生素养与思想政治教育的未来发展方向 137
- 第一节 提升教育质量 137
- 第二节 强化思想政治教育 144
- 第三节 推动通识教育与专业教育有机结合 157
- 第四节 强化学术道德教育 166

第五章 大学生思想政治教育的实践研究 183
- 第一节 大学生思想政治教育的目标 183
- 第二节 大学生思想政治教育的内容 185
- 第三节 高校思想政治教育对大学生创新素质培养的实践研究 196

第六章　大学生思想政治教育创新与文化素质教育研究　203

第一节　文化素质教育的内涵　203
第二节　大学生思想政治教育与文化素质教育的有机结合　204
第三节　文化素质教育视野下的大学生思想政治教育创新　211

参考文献　232

第一章 大学生素养的概念和内涵

第一节 大学生素养的定义

一、大学生素养的含义

大学生素养是指大学生在知识、思维、情感、态度和行为等方面的修养和素质。它不仅局限于学术层面的能力，更加注重学生综合素质的提升。大学生素养的内涵是多元的，既包括学术素养，又包括道德素养、情感素养、审美素养等多个方面。

在当今社会，随着教育水平的提高和人们对综合素质的重视，大学生素养越来越受到重视。大学生素养的含义不仅仅是指学生的专业知识水平，更强调学生的综合素质和自身修养。大学生素养的培养需要学生在学术方面不断提升自己的专业水平，同时还要注重道德修养和社会责任感的培养。

素养对大学生的重要性体现在很多方面。素养的提升可以帮助大学生更好地适应社会发展的要求，提高就业竞争力。素养的提升可以帮助大学生更好地解决生活和学习中遇到的问题，提升自身的综合能力。素养的提升还可以帮助大学生更好地发展自己的兴趣爱好，提高生活质量。

在大学生素养的培养中，思想政治教育起着重要的作用。思想政治教育是指在教育过程中，通过对学生进行思想道德的引导和教育，培养学生正确的世界观、人生观和价值观。思想政治教育不仅仅是传授知识，更要引导学生树立正确的人生目标，懂得尊重他人、谦虚谨慎、勇于创新等。

大学生素养与思想政治教育的结合是大学教育的重要内容之一。通过学生思想政治教育的开展，可以帮助大学生更加深入地理解和认识自己，提高自身修养和综合素质。思想政治教育可以引导大学生正确认识和处理自身的思想情感，帮助他们更好地调整心理状态，保持积极向上的心态。

大学生是祖国的未来，他们的素养和思想政治教育的结合是至关重要的。通过学生思想政治教育的开展，大学生可以更好地认识自己，提高个人修养和综合素质。在这个过程中，大学生可以学会尊重别人，保持谦虚谨慎的态度，勇于探索创新。树立正确的人生目标和价值观，塑造良好的道德品质，能够帮助大学生更好地融入社会，做出更有意义的贡献。

大学生应该明白，素养不仅仅是学习知识的目的，更是展现一个人综合素质的重要指标。素养涵盖了文化修养、道德品质、社会责任感等多个方面，需要大学生在日常学习和生活中不断努力去提升和完善。只有提升自身的素养，大学生才能在竞争激烈的社会中立于不败之地，实现自己的人生理想。

通过思想政治教育的引导，大学生能够更清晰地明确自己的追求和目标，树立正确的行为准则，形成积极向上的人生态度。在社会化的教育环境中，大学生要时刻保持学习的态度，不断丰富自己的知识储备，提升自我修养，培养正确的道德观念和社会责任感。

希望大学生能够牢记素养对于个人成长和社会发展的重要性，努力提高自身素质，成为德才兼备、有担当、有责任感的栋梁之材。只有如此，才能更好地为祖国的未来贡献自己的力量，实现个人的人生目标。

素养作为一种综合性的能力，既涉及个体的品德修养，也包含了知识技能的积累。具体来说，大学生素养的构成要素可以归纳为以下几个方面。

道德素养是大学生素养的重要组成部分。一个具有高素养的大学生应当具备正确的价值观和道德观念，能够分辨是非善恶，遵循道德准则，做到言行一致，做一个有担当、能够承担社会责任的公民。

学识素养是大学生素养的基础。大学生应当在校园学习中不断充实自己的知识储备，从各个学科领域中汲取养分，不仅要掌握专业知识，还要有广泛的社会科学、自然科学知识，提高综合能力，为未来的发展打下坚实基础。

思维素养也是大学生素养的重要组成部分。大学生应当具备批判性思维、创造性思维和判断力，具备独立分析问题的能力，能够理性思考，不被情绪左右，遇事冷静处理，做出明智选择。

情感素养也是大学生素养的重要方面。大学生应当具备善于沟通、关爱他人、有同情心和责任感，以及适应社会环境的情感管理能力，建立和谐的人际关系，培养乐观向上的心态，增强自信和自尊。

行为素养也是大学生素养的一部分。大学生应当自律、守纪、守法，有礼貌，尊重他人，有团队合作精神，注重个人修养和形象，注重自己的身心健康，养成良好的生活习惯和行为习惯。

总的来说，大学生素养不仅仅是指个体的综合素质，更是指个体的修养、修身、修行，在各个方面取得平衡和和谐的状态。只有全方位培养大学生的素养，才能更好地适应当今社会的发展要求，为社会进步和国家建设贡献力量。

情绪左右，遇事冷静处理，做出明智选择。这是大学生素养中情感素养的重要表现之一。在大学生活中，情感素养不仅是指个人在日常交往中的表现，更是一个人内心世界的体现。一个具有良好情感素养的大学生不仅能够与人相处融洽，还能够深刻理解他人，在心灵上给予他人温暖和支持。

除了情感素养，行为素养也是大学生素养中至关重要的一环。大学生应当具备自律意识，遵守社会规范，尊重他人，维护社会秩序。一个行为举止得体，言行一致的大学生不仅会得到他人的尊重，更会在社会中建立良好的形象，并为社会的和谐稳定贡献自己的力量。

在当今社会快节奏的发展中，大学生素养的培养迫在眉睫。除了情感和行为素养外，思维素养、学习素养等方面的提升也是不可忽视的。大学生应当具备批判性思维，善于分析问题，勇于质疑，不断学习进步。只有将各方面的素养都提升到一个较高水平，才能真正成为全面发展的大学生，为社会的发展和进步贡献自己的力量。

大学生素养是个人综合素质的体现，是一个人修养和品德的体现。只有不断提升和培养大学生的素养，才能更好地适应当今社会的发展要求，为国家和社会的繁荣稳定做出积极的贡献。愿每位大学生都能铭记素养的重要性，不断完善自己，为实现个人价值和社会发展贡献力量。

在当今社会，大学生素养已成为教育界关注的热点话题。素养不仅是一种学习能力和专业技能，更是一种思维方式和道德修养。大学生素养的培养不仅仅是校园教育的责任，更是社会的期待与呼唤。那么，大学生素养到底是什么呢？

大学生素养的概念和内涵是多元的。在传统意义上，素养通常被理解为一种博学多识、修养深厚的品质。然而，随着时代的不断发展，素养的内涵也在不断丰富和拓展。除了专业知识外，大学生素养还包括思维能力、创新意识、社会责任感等方面。这种综合性的素养体现了当代大学生需要具备的全面素质。

大学生素养的定义也相对模糊不清。在不同的背景和语境下，对素养的定义也有所不同。有的人认为素养是一种文化内涵，是一种精神高度。有的人则认为素养是一种修养、修身、修德的过程。因此，大学生素养的定义是多维的，更需要根据实际情况进行具体分析和理解。

大学生素养的含义是广泛的。素养不仅仅是一种内在修养，更是一种外在表现。大学生应该具备丰富的知识储备，应具备较高的文化修养，还要有清晰的价值观和道德观，才能够真正体现出大学生素养的内涵和价值。

关于素养的培养途径也是多样的。素养的培养不能简单地通过传统的课堂教学来完成，更需要通过实践、社交、体验等多种方式来实现。通过参加社会实践活动、参与社团组织、开展志愿者服务等途径，可以不断拓展大学生的视野，培养他们的思维能力和创新意识。

总的来说，大学生素养的培养是一个复杂而长久的过程，需要学校、家庭、社会共同努力。学校应该提供多样化的教育资源和环境，家庭应该注重对大学生的情感关怀和人格塑造，社会应该为大学生提供更广阔的发展空间。只有这样，才能够真正培养出拥有高素养、高修养的优秀大学生，为社会的发展和进步贡献自己的力量。

素养的培养途径是多种多样的，这需要多方面的努力与支持。除了参加社会实践活动、参与社团组织和开展志愿者服务之外，大学生还可以通过参加学术研讨会、参与学生社团活动以及参加行业实习来提升自己的素养和综合能力。在这个过程中，学校的全方位教育资源和家庭的悉心关怀也至关重要。

学校应该鼓励学生参与各种学术竞赛和创新项目，提供更多的机会让他们展示自己的才华和能力。同时，家庭应该给予学生充足的支持和鼓励，引导他们树立正确的人生观和价值观。社会也应该为大学生创造更加开放和包容的环境，让他们有更多的机会去尝试和挑战自己。

素养的培养是一个渐进的过程，需要学生不断地积累经验和提升自我。在这个过程中，他们会逐渐形成自己独特的品格和气质，展现出真正的风采和魅力。当大学生具备了良好的素养和道德观后，他们便能够更好地融入社会，为社会的发展和进步带来更多积极的影响。所以，多样化的培养途径能够帮助大学生更好地提升自己，成为具有高素养和高修养的人才。

大学生素养的概念和内涵涵盖了个人道德品质、学术修养、社会责任感、创新能力等多个方面。素养不仅仅是指知识的积累和学习技能的提高，更体现了一个人的综合素质和人文精神。大学生应该具备的素养包括对待他人的尊重与理解、自我管理与自我提升能力、社会参与与贡献能力等。这些素养不仅仅是对个人自身的要求，更是对整个社会的需求。

大学生素养的定义在不同的学者和研究机构中可能有所不同，但大体上都强调了综合素质与人文精神的独特组合。素养不仅仅是实现个人价值的基础，更是建设社会文明与促进社会进步的基石。大学生在接受高等教育的过程中，应该全面提升自身的素养，做到知行合一，将所学知识与所具素养相结合，发挥自身的潜能，为社会做出更大的贡献。

素养与思想政治教育之间存在着密切的关系。思想政治教育是大学生全面发展人格、提高素质的必不可少的重要环节，它不仅仅是在政治理论上的灌输，更是在思维方式、人生观、价值取向等层面的引导。大学生通过接受思想政治教育，不仅可以树立正确的世界观、人生观、价值观，更可以培养独立思考、公正公平、民主开放的思维意识。思想政治教育不仅仅是灌输知识，更是引导学生自觉践行社会主义核心价值观，培养高尚品德和良好行为习惯。

大学生素养的培养与思想政治教育的开展是相辅相成的。素养的提升需要思想政治教育的引导，而思想政治教育的实施也需要大学生具备一定的素养基础。在大学生的教育中，应该注重素养与思想政治教育之间的融合，既加强学生的学术修养，又培养学生的社会责任感和创新能力。只有在全面提升大学生素养的同时，加强思想政治教育的开展，才能更好地实现大学生的全面发展与社会进步的目标。

大学生素养与思想政治教育之间存在着密切的关系，二者相辅相成，共同促进了大学生成长与社会进步。大学应该注重素养与思想政治教育的融合，为学生的全面发展与社会的繁荣稳定提供坚实的基础。希望未来的大学教育可以更加重视素养的培养与思想政治教育的开展，引领大学生走向更加光明的未来。

素养与思想政治教育的关系是大学教育中一个至关重要的课题。素养的提升需要思想政治教育的引领，而思想政治教育的实施也需要大学生具备一定的素养基础。只有当素养与思想政治教育相互融合、相辅相成时，大学生才能真正实现全面发展。素养的提升不仅体现在学生的学术修养和专业技能上，更需要培养学生的社会责任感和创新能力。

在当今社会，素养不仅仅是对知识的掌握，更是对道德、情感、思维等综合能力的培养。通过思想政治教育，大学生能够树立正确的人生观、价值观，增强对社会的责任感和使命感。在素养与思想政治教育的结合中，学生能够更好地认识自我，树立正确的人生目标，努力实现个人价值的同时，也能为社会、国家的进步贡献自己的力量。

大学应该重视素养与思想政治教育的结合，在课程设置、教学方法、校园文化建设等方面进行深入探讨和实践。只有在全面提升大学生素养的同时，加强思想政治教育的开展，才能更好地实现大学生的全面发展与社会进步的目标。素养与思想政治教育的结合，不仅提高了大学生的综合素质，也为他们的未来发展奠定了坚实的基础。希望未来的大学教育能够更加注重对大学生素养与思想政治教育的培养，引导他们走向更加光明的未来。

大学生素养的提升不仅仅是知识技能的积累，更多的是一种综合能力的培养。大学生素养包括文化素养、科学素养、思维品质、情感品质、审美品质等多个方面。它既是一种基本修养，也是一种道德情操，更是一种全面发展的综合素质。大学生的素养水平往往可以反映出他们的文化底蕴、思维品质和价值观念。

大学生素养的提升有助于他们更好地理解和接受思想政治教育。思想政治教育是培养学生正确的世界观、人生观、价值观，引导学生立足本职工作，全面发展个人优秀品格和能力素质的一种教育活动。而大学生素养的提升可以为思想政治教育提供良好的基础。只有具备一定的文化素养、人文素养和社会责任感，学生才能更好地理解和接受思想政治教育的内容和要求。

大学生素养的提升还可以帮助他们树立正确的人生观和价值观。大学生正处于人生观和价值观形成的关键时期，他们在高校期间接受的素质教育对其人生观和价值观的形成具有重要影响。而大学生素养的提升可以帮助他们更清晰地认识自我、审视自我，不断完善自我，形成积极向上、健康向善的人生观和价值观。

在大学生素养的提升过程中，思想政治教育扮演了重要角色。思想政治教育是贯穿于整个高等教育过程的教育内容，旨在引导学生明辨是非、坚定信念、培养道德情操。它包括马克思主义基本原理、中国特色社会主义理论体系等多个方面的内容，要求学生在学习和理解这些内容的过程中进行自我反省、思辨，最终形成坚定的信念和正确的人生态度。

大学生素养与思想政治教育之间存在着密切的联系和互动。大学生素养的提升可以促进他们对思想政治教育内容的理解和接受，有助于他们树立正确的人生观和价值观，培养积极向上、健康向善的品格和能力素质。思想政治教育则可以引导学生不断提升自我素养，加深对人生意义和社会责任的认识，帮助他们更好地实现自我完善和社会发展的目标。因此，大学生素养与思想政治教育之间的互动作用应该被充分重视，为大学生的全面发展和社会进步提供有力支持。

在大学生的成长过程中，素养的提升是至关重要的。素养不仅包括学生的学术能力和专业素养，更包括了他们的思想道德修养和社会责任感。大学生应当通过思想政治教育的引导，不断完善自我，树立正确的人生观和社会观，不断提高自己的综合素养。

在学习马克思主义基本原理和中国特色社会主义理论体系的过程中，大学生需要做到思辨和自我反省，从而形成坚定的信念和正确的人生态度。只有通过不断的学习和思考，大学生才能真正领会思想政治教育的内涵，将其内化为自己的精神财富。

大学生的素养对思想政治教育的促进作用是显而易见的。只有不断提升素养，才能更好地理解和接受思想政治教育的内容，形成正确的人生观和价值观。素养的提升可以帮助大学生更好地适应社会变革和发展，为建设美好的社会做出积极贡献。

因此，大学生应当珍视素养的提升，注重思想政治教育在自己成长中的作用，不断完善自我，实现个人价值和社会责任的有机结合。素养与思想政治教育之间的互动作用，不仅是大学生发展的需要，更是社会进步的重要保障。让我们共同努力，为素养与思想政治教育的融合贡献自己的力量。愿每位大学生都能在不断完善自我素养的过程中，勇敢前行，成为社会的栋梁之材。

二、大学生素养的特征

大学生素养的概念和内涵是一个涉及多方面的综合性概念，它不仅仅包括了学生学业上的成绩和能力，更关注了学生的道德品质、人格魅力、社会责任感等方面。大学生素养的内涵是多元的，包括了扎实的学术基础、广泛的知识储备、较高的文化品位、健全的思维方式等。总的来说，大学生素养旨在培养学生全面发展，具备良好的思想道德素质、卓越的学术能力和创新精神，具备批判性思维和团队合作精神。

大学生素养的定义涉及多个方面，它是大学生综合素质的体现，反映了学生在学习、生活和社会实践中的各方面能力表现。大学生素养是一种终身学习的态度和能力，是一个不断提升和完善的过程。同时，大学生素养还体现了学生对文明传统和历史文化的尊重和继承，是一种文化自觉和文化自信的表现。

大学生素养的特征主要包括文化素质、道德素质、智力素质、身心素质和社会责任感。其中文化素质是大学生素养的重要组成部分，它体现了学生对文化传统的了解和尊重，具备欣赏文化、创造文化的能力。道德素质是大学生素养的重要保障，包括遵纪守法、公正廉洁、诚信守约等方面。智力素质则是大学生素养的核心要素，它反映了学生的学习能力、创新意识和批判思维。身心素质体现了学生的身体健康和心理健康，是大学生全面发展的保证。而社会责任感则是大学生素养的社会参与和服务意识，体现了学生对社会、国家和人民的责任担当。

总的来说，大学生素养是学生全面素质培养的重要内容，是推动学生综合能力发展和社会进步的重要保障。在当今社会，大学生素养的培养已经成为高校教育的重要任务，需要学校、家庭和社会共同努力，为学生提供一个全面的成长环境和学习平台。只有通过全社会的共同努力，才能培养出更多优秀的大学生，为国家建设和社会发展做出更大的贡献。

在当今社会，大学生的文化素养不仅仅是学习知识的重要保障，更是一个人综合素质的体现。文化素养包括了对待他人的尊重和关爱、对社会规范的遵循以及对民族文化的传承和发扬。一个拥有良好文化素养的大学生，不仅在学术上能够取得优异的成绩，更能在人际关系中表现得更加成熟和稳重。

智力素质作为大学生素养的核心要素，反映了大学生解决问题的能力和创新意识。一个拥有较高智力素质的大学生，能够在面对挑战和困难时保持冷静和清醒的头脑，不被短暂的困难所击倒，能够勇敢面对问题并找到解决问题的办法。

身心素质体现了大学生的全面发展和健康状态。一个拥有良好身心素质的大学生，不仅能够在学习中取得优异的成绩，更能够在课余时间进行各种锻炼和活动，保持身体的健康和心理的平衡。这样的大学生能够更好地适应社会的竞争和压力，保持优秀的工作状态和生活品质。

社会责任感是大学生素养的重要组成部分，体现了学生对社会、国家和民族的责任担当。一个有着强烈社会责任感的大学生，不仅会积极参与社会公益活动，还会在日常生活中关心他人、帮助他人，在自己的岗位上为社会做出贡献。这样的大学生不仅能够成为人民的可靠后盾，更能够在社会发展中发挥积极的作用，推动社会的进步和发展。

大学生素养是一个人全面素质的体现，是推动学生自身发展和社会进步的重要保障。各界应共同努力，为大学生的素养培养提供更好的环境和条件，共同营造一个和谐、进步的社会氛围。只有这样，我们才能培养出更多优秀的大学生，为国家的建设和发展贡献力量。

大学生素养的概念和内涵既包括道德素养、学术素养、身心素养等方面，又体现了对民族传统文化和国家法律法规的认知与理解。在当今社会，随着社会的发展和进步，大学生的素养水平受到了更高的关注。大学生素养的提高不仅关系到个人成长，更关系到整个社会的和谐发展。在这种背景下，思想政治教育成为大学生教育中不可或缺的一环。

大学生素养的定义是一个多维度的概念，不仅仅是指从学术、技能方面的培养，更重要的是要关注其道德伦理、社会责任等方面的提升。大学生应该具备的素养特征包括文明礼貌、自律守法、学识渊博、心态积极、社会责任感强等。这些特征综合体现了大学生的全面素养水平。

道德素养作为大学生素养的一个重要组成部分，更是大学生的核心素养之一。道德素养是指个体对自我要求和社会规范的认同程度，表现在个体的行为准则、行为习惯、情感态度和心理品质等方面。大学生应当具备正确的社会伦理观念，尊重他人，遵纪守法，维护社会公共利益，树立正确的世界观、人生观和价值观。这些道德素养的形成与培养离不开对大学生进行深入的思想政治教育，在学校加强对大学生道德素养的培养，引导他们树立正确的道德观念，构建良好的人际关系。

大学生素养与思想政治教育的研究是当今大学教育领域的热点问题。只有通过全面系统的教育培养，提高大学生的整体素养水平，才能更好地适应社会的发展需求，为国家和社会做出更大的贡献。希望未来在大学生素养与思想政治教育的研究方面能够取得更多的进展，为培养具有高素质的新时代大学生贡献力量。

大学生的道德素养是其整体素质的重要组成部分，不仅包括行为准则和行为习惯，还涉及情感态度和心理品质等方面。正确认识社会伦理观念对于大学生的成长至关重要，只有树立正确的道德观念，才能构建良好的人际关系。大学生应当尊重他人、遵纪守法，维护社会公共利益，从而真正实现自我提升与社会责任的统一。

深入的思想政治教育是培养大学生道德素养的重要途径，大学应当加强对学生道德素养的培养，引导他们树立正确的世界观、人生观和价值观。只有通过全面系统的教育培养，大学生的整体素质才能得到提高，才能更好地适应社会的发展需求。

当前，大学生素养与思想政治教育的研究已成为大学教育领域的热点问题。不断深化研究，探索有效的培养模式，是提高大学生素养水平的关键所在。希望未来在这一领域的研究能够取得更多的进展，为培养具有高素质的新时代大学生贡献更多力量，推动社会和国家的发展进步。

大学生素养的概念和内涵既包括了个体学生的基本素质，也涉及整体学生群体的共同品质。大学生素养一词本身是一个涵盖广泛的概念，包括了知识、技能、能力、态度等多方面的要素。大学生素养不仅仅是指学生在专业知识上的掌握，更重要的是指学生在人文精神、道德品质、审美情趣、科学思维、实践能力等多方面的全面发展。

大学生素养的定义是多维度的，有的学者认为大学生素养应包括文化素养、学术素养、实践素养、道德素养、审美素养等方面。在当今社会，大学生除了要具备扎实的专业知识和技能外，还应具备独立思考、创新能力、团队合作、跨学科交叉应用等方面的能力。

大学生素养的特征是多元化和全面性。大学生需要不断提升自我素养，培和完善自身的综合素质，才能更好地适应社会的发展需求。在教育过程中，大学生的素养应当得到全方位的培养，使其具备扎实的学术基础、做较高的综合素质、健全的人格品质、积极的社会责任感和创新能力。

能力素养是大学生素养中的一个重要方面，强调大学生要具备一定的学习和实践能力，才能更好地适应社会的多样化需求。在当今社会，大学生既要具备传统学科的知识储备，同时也需要具备跨学科的综合能力，能够解决复杂问题和面对多样挑战。

大学生素养是大学生应具备的全面品质，它不仅关乎个体学生的发展，也关系到整个社会的进步和发展。大学生素养与思想政治教育的研究，有助于更加深入地探讨大学生应具备什么样的素养，以及如何通过教育手段来培养和提升大学生的素养水平。这对于提高大学生的综合素质，增强他们的社会责任感和创新能力，具有重要的意义。

能力素养作为大学生素质的重要组成部分，是大学教育的重点之一。在现代社会，大学生需要具备跨学科的能力，能够独立思考、主动学习、灵活应用知识。他们需要具备扎实的学术基础，以便能够不断提升自己的综合素质，应对社会和工作中的各种挑战。

除了学术基础外，健全的人格品质也是大学生素养的重要组成部分。大学生应该具备诚实守信、独立自律、团队合作等品质，这些品质将帮助他们在人际交往和职业发展中更加成功。同时，大学生还应该有积极的社会责任感，关心社会大局，乐于助人，为社会贡献自己的力量。

大学生的创新能力也是素养的重要方面。他们需要具备独立思考、勇于实践、善于创新的能力，不断探索未知领域，为社会发展带来新的活力和动力。通过培养和提升这些能力，大学生可以更好地适应社会的需求，为自己的未来发展打下坚实的基础。

大学生应该注重培养自身的能力素养，努力提升自己的学术基础、综合素质、人格品质、社会责任感和创新能力。只有这样，他们才能真正做到全面发展，为社会的进步和发展做出更大的贡献。

创新素养是大学生素养中的重要组成部分之一。它是指大学生具备创新意识、创新能力和创新精神，能够积极面对挑战，勇于探索未知领域，不断追求新知识、新技术和新方法。具有创新素养的大学生在面对问题时能够灵活运用知识，勇于尝试新思路和新方法，敢于突破传统束缚，勇于创新和改变，能够在不断变化的社会环境中脱颖而出。

创新素养具有多重特征。它包含了敢于挑战权威、敢于质疑传统观念的精神。具有创新素养的大学生对传统的看法不会盲目接受，而是能够进行独立思考，提出自己的见解，并敢于与他人讨论争辩。创新素养还包括了勇于面对失败、勇于接受挑战的品质。创新本身就是一个不断试错、反复尝试的过程，只有敢于冒险、敢于失败的人才能获得成功。具有创新素养的大学生还具有高度的自信心和自主性，他们能够自主学习、自主判断、自主思考，不被外部因素左右，不畏困难，敢于跨越困难。

创新素养的培养离不开思想政治教育的引导。在大学生的思想政治教育中，要注重培养和激发学生的创新精神和创新意识，引导他们积极参与到各种实践活动中，不断拓展自己的知识面和见识，培养他们的创新思维和创新能力。同时，还应该注重激发学生的自信心和自主性，鼓励他们勇于尝试、勇于挑战，在实践中不断积累经验、总结教训，提高自己的创新能力和创新水平。

总的来说，创新素养是大学生素养中重要组成部分，它不仅是大学生发展个人能力、提高综合素质的重要途径，也是大学生思想政治教育的重要内容。通过培养和提升创新素养，可以促进大学生全面发展，激发其创造力和创新潜能，为他们未来的发展奠定良好的基础。因此，大学应该重视创新素养的培养，为学生提供各种机会和平台，让他们能够充分展现自己的创新能力和创新精神，为社会发展和进步做出积极贡献。

大学生的创新素养是建立在他们的实践活动中的，只有通过积极参与各种实践活动，不断拓展自己的知识和见识，才能培养出他们的创新思维和创新能力。在这个过程中，激发学生的自信心和自主性至关重要，只有勇于尝试、敢于挑战自己，才能在实践中不断积累经验、总结教训，提高自己的创新能力和水平。

大学生的创新素养不仅仅是为了个人能力的提高，更是为了推动社会进步和发展。只有通过培养和提升创新素养，才能激发出大学生的创造力和创新潜能，为他们未来的发展奠定坚实的基础。因此，大学在教育教学中应该重视培养学生的创新素养，为他们提供充分展示自己才华的舞台和机会。

通过不断的实践和挑战，大学生可以探索自己的潜力，发现自己的优势和劣势。在这个过程中，他们将不断完善自己的创新思维方式，锻炼自己的创新能力和创造力。同时，他们也会逐渐意识到，只有勇于面对挑战、敢于接受失败，才能真正成长为一个有创新能力的人。

大学应该为学生提供丰富多彩的实践机会和平台，让他们能够充分展现自己的创新能力和精神。只有如此，才能为社会的不断发展和进步贡献力量，同时也为个人的发展和进步打下坚实的基础。只有不断地追求创新，才能在激烈的竞争中立于不败之地，实现个人的梦想和价值。

三、大学生素养的评价标准

作为评价大学生素养的标准之一,学业成绩在大学教育中扮演着重要角色。学业成绩是大学生学习过程中的一个重要指标,反映了学生在各门课程中的学习成果和表现。一般来说,学业成绩高的学生往往被认为是学习努力、学识广博、能力强的优秀学生,因此学术成绩往往被用来评价大学生的学习态度和能力。

学业成绩作为评价大学生素养的标准具有一定的优点。一方面,学业成绩直观、客观,可以直接反映出学生在各门课程中的学习情况和表现,为学生的学习态度和能力提供了一个清晰的量化指标。另一方面,学生的学业成绩也是评价教学质量的重要参考,可以帮助教师和学校对教学效果进行评估和改进。学业成绩还可以作为学生申请研究生、就业以及各类奖学金等的重要依据,有助于学生提高竞争力和获得更多的机会。

然而,学业成绩作为评价大学生素养的标准也存在着一定的局限性。学业成绩只能反映学生在学术领域的表现,而无法全面评价学生的综合素养。大学教育的目标是培养学生健全发展,包括知识、能力、素质等多方面的培养,但学业成绩只能提供学术方面的评价,无法反映学生的实践能力、创新能力、团队合作能力等其他重要素养。

学业成绩还存在着可能被过分追求和夸大的问题。在当前社会,学术成绩往往被视为评价学生能力和价值的唯一标准,导致学生和家长过分重视学业成绩,甚至出现了为了追求高分而荒废其他方面能力培养的情况。而实际上,真正具有综合素质和创新能力的优秀人才并非只有高学业成绩,这种单一评价标准可能会阻碍学生全面发展和个性成长。

学业成绩作为评价大学生素养的标准具有其一定的优点和局限性。在评价大学生素养时,应该综合考虑学生在学术、实践、品德、能力等多方面的表现,避免过分追求学业成绩而忽视其他重要素养的培养。只有在多维度的评价体系下,才能更全面、更准确地评价大学生的素养水平,促进他们全面发展和成长。

在实际工作和生活中,学业成绩所反映的只是学生在特定知识领域的掌握程度,而并不是一个人全部能力和潜力的唯一体现。因此,我们不能仅凭学业成绩来评判一个人的价值和能力。在现代社会,综合素质和创新能力日益受到重视,这些都不能仅仅通过学业成绩来体现。一个人的成功与否,不仅取决于他在学业上的成绩,更取决于他是否具备良好的人际关系、较强的团队合作能力以及创新意识。

对于学生来说,除了追求高分外,应该注重自身的全面发展。在学习的过程中，不仅要注重知识的积累和技能的掌握，还要培养自己的创新思维和解决问题的能力。只有这样，才能在未来的工作和生活中更加游刃有余地应对各种挑战和困难。

教育机构和家长也应该注意引导学生正确看待学业成绩。不能片面追求所谓的优秀成绩，而忽视了学生个性的培养和发展。应该给予学生更多的机会和空间去发展自己的潜能，更加注重培养学生的创造力、合作精神和社会责任感。

学业成绩虽然重要，但并不是唯一的衡量标准。只有在全面发展的基础上，学生才能真正成为具有综合素质和创新能力的人才，为社会的进步和发展做出更大的贡献。

作为评价大学生素养的标准之一，社会实践的重要性不可忽视。在传统的学习模式中，学生们往往只停留在书本知识的理论学习阶段，缺乏实际操作的机会和体验，这样的学习模式容易导致学生们对知识的局限性和片面性理解。而通过参与社会实践活动，学生们可以将所学知识和理论运用到实践中，加深对知识的理解，培养解决问题的能力和实践能力。社会实践不仅可以帮助大学生拓展视野，增强综合素质，还可以提高社会责任感和团队合作意识，对于大学生素养的提升具有重要意义。

影响大学生参与社会实践的因素有很多，首先是学校和社会组织对社会实践的重视程度。学校在开展社会实践方面是否给予足够的支持和指导，社会组织是否提供丰富多样的实践机会和资源，都将直接影响到学生参与社会实践的积极性和效果。其次是学生个人的意识和态度。大学生自身是否具有对社会实践的认识和意识，是否愿意主动参与其中，以及是否具备充足的自我管理和组织能力，都将对他们的实践效果产生直接影响。

家庭背景和社会环境也是影响大学生参与社会实践的重要因素。家庭对大学生的教育理念和态度，以及社会对实践活动的宣传和推动，都将影响到大学生对社会实践的态度和行为。在当下社会，随着社会变革和发展的加快，社会实践的形式和方式也在不断丰富和多样化，为大学生提供了更广阔的参与平台和可能性。

总的来说，社会实践作为评价大学生素养的标准之一，具有重要意义，可促进大学生全面发展、提高综合素质，增强社会责任感和团队合作精神。而学校、社会组织、家庭和社会环境等因素都将影响到大学生参与社会实践的积极性和效果。通过不断加强对大学生社会实践的重视和支持，可以更好地培养出具有高素养、扎实基础、创新能力和实践能力的大学生，为社会发展和进步贡献更多智慧和力量。

社会实践对大学生的重要性不言而喻，不仅可以帮助大学生在实践中提高专业技能，还可以培养大学生的团队合作意识和社会责任感。在社会实践活动中，大学生可以结识各行各业的人士，拓展自己的人脉圈，了解社会的多样性和复杂性。家庭对于大学生的教育理念和态度也不可忽视，家庭对大学生参与社会实践的支持和鼓励，将对大学生的成长产生积极的影响。

社会对实践活动的宣传和推动也是至关重要的。随着社会的不断发展和变革，社会实践活动的形式和方式也在不断更新和拓展。社会通过各种渠道向大学生宣传实践活动的意义和重要性，激励大学生积极参与到社会实践中来。通过社会的精心组织和宣传，大学生将有更多的机会展现自己的能力和才华，为社会做出更多的贡献。

总的来说，社会实践为大学生提供了一个宝贵的机遇，可以锻炼大学生的学术能力和社会能力，促进大学生的全面发展。学校、社会组织、家庭和社会环境等各方面的支持和协作都是实现社会实践目标的关键。通过共同努力和合作，可以培养出更多具有社会责任感和团队精神的高素质大学生，为建设一个和谐、繁荣的社会贡献自己的力量。

四、大学生素养的培养路径

课堂教学在大学生素养培养中扮演着至关重要的角色。课堂教学是大学生接受思想政治教育的主要途径之一，是传授知识、引导学生思考、培养学生综合素质的重要平台。在课堂上，教师可以通过讲解、讨论、案例分析等方式，引导学生深入思考、批判性思维，培养他们的道德情操、人文素养和社会责任感。

课堂教学不仅仅是知识的传递，更重要的是引导学生独立思考、自主学习。通过课堂教学，学生可以接触到丰富的知识资源，了解不同领域的观点和理论，拓宽自己的视野和思维方式。在讨论和交流中，学生可以分享自己的见解，学习他人的观点，从而形成辩证思维和批判性思维能力。

课堂教学还可以帮助大学生提高信息获取和处理能力。通过课堂讲解、文献阅读、资料查找等方式，学生可以学会如何获取有效的信息资源，如何准确地分析和评估信息的可靠性和价值，从而提高自己的信息素养和批判性思维能力。

课堂教学还可以培养学生的团队合作意识和沟通能力。在课堂讨论和小组活动中，学生需要与他人合作，交流观点，协商解决问题。通过这样的互动和合作，学生可以培养团队协作精神，提高自己的沟通表达能力，并学会倾听和尊重他人的观点。

总的来说，课堂教学对大学生素养的培养起着不可替代的作用。通过课堂教学，学生可以接触到多元化的知识资源，培养批判性思维和综合素质，提高信息获取和处理能力，培养团队合作意识和沟通能力。因此，加强对课堂教学的重视，提高教学质量，对于促进大学生素养的全面发展具有重要意义。在这个过程中，教师的作用至关重要，他们应当不断提高自身教育教学水平，创新教学方法，激发学生的学习兴趣和主动性，引导学生积极参与思想政治教育，共同促进大学生素养的提升和发展。

在课堂教学中，学生不仅需要接触到丰富的知识资源，还需要通过与他人合作和互动，培养团队合作精神和沟通交流能力。在讨论和小组活动中，学生不仅仅是单打独斗，而是需要与同学共同思考问题，分享观点，达成共识。通过这样的互动和合作，学生可以拓展自己的视野，学会从不同角度思考问题，培养批判性思维和创新能力。

除了学术能力的培养，课堂教学还有助于提高学生的自信心和自我管理能力。在课堂上，学生需要积极表达自己的观点，主动参与讨论，这有助于培养他们的自信心和表达能力。同时，在老师的引导下，学生学会规划时间，合理安排学习任务，提高自我管理能力，养成良好的学习习惯和生活态度。

在课堂教学中，教师的角色至关重要。他们不仅要传授知识，更要激发学生学习的热情，引导他们主动思考和探索。通过独特的教学方法和策略，教师可以帮助学生建立正确的学习观念，培养他们的学习兴趣，激发他们的想象力和创造力。同时，教师也是学生的引路人和榜样，他们的言传身教对学生的成长发展起着至关重要的作用。

因此，课堂教学对大学生素养的培养具有重要意义。通过课堂互动和合作，学生可以提高综合素质，增强团队意识，培养沟通能力。教师的积极引导和悉心教导，将帮助学生全面提升自己，成为有担当、有情怀、有理想的新时代青年人。

学术研究对大学生素养培养的重要性和影响是不可忽视的。通过学术研究，可以深入探讨大学生素养的内涵和特点，从而引导教育实践，提高大学生的综合素质和能力。

学术研究可以帮助人们更准确地理解大学生素养的概念和内涵。素养不仅仅是指知识储备和技能掌握，更包括了思维方式、道德观念、价值取向等方面。通过对素养的深入研究，可以更好地把握大学生的需求和特点，为素养教育提供科学的理论基础。

学术研究可以为大学生素养的培养路径提供指导。大学生的素养培养是一个系统工程，需要从学术、实践、道德、文化等多个方面进行全面培养。学术研究可以通过梳理相关理论，总结成功经验，探索新的教育方式，为教育实践提供参考和借鉴，进一步完善大学生素养培养的路径和方法。

学术研究还可以促进思想政治教育的发展。大学生素养的培养不仅仅是个体素养的培养，更应该是全社会价值观念的传承和发展。学术研究可以通过对思想政治教育的理论体系、实践经验进行总结和反思，为大学生思想政治教育提供新的理论支撑和实践路径。

学术研究对于大学生素养的培养具有重要的意义和深远的影响。通过学术研究，可以更好地理解大学生素养的内涵和特点，为素养教育提供理论指导；可以为大学生素养的培养路径提供指导，提高教育实践的针对性和有效性；可以促进思想政治教育的发展，为传承和发展社会主义核心价值观提供理论支撑和实践路径。在今后的教育实践中，应该重视学术研究的作用，不断深化对大学生素养培养的认识，推动素养教育的深入发展。

学术研究在大学生素养的培养中扮演着至关重要的角色。通过深入的学术研究，我们可以更全面、深入地了解大学生素养的内涵和特点，为素养教育提供更加精准的理论指导。同时，学术研究也可以为大学生素养的培养路径提供指导，帮助教育实践更有针对性和有效性。

在实践中，学术研究可以促进思想政治教育的持续发展，为传承和发展社会主义核心价值观提供理论支撑和实践路径。通过不断深化对大学生素养培养的认识，我们可以推动素养教育的深入发展，为学生们提供更加丰富和全面的素养教育资源。

学术研究也有助于提高大学生对思想政治教育的认同和参与度，激发他们对于社会主义核心价值观的理解和拥护。通过开展学术研究，我们可以发现更多有效的教育手段和方法，为大学生思想政治教育注入新的活力和力量。

因此，在今后的教育实践中，我们应该更加重视学术研究在大学生素养培养中的作用，不断探索新的研究领域，为大学生的全面发展和成长提供更多有益的帮助和支持。通过共同努力，我们可以打造更加健康、积极向上的大学生群体，为社会主义事业的发展做出更大贡献。愿学术研究继续在大学生素养培养中发挥重要的作用，为未来更美好的社会奠定坚实基础。

社会活动作为一种重要的教育方式，对大学生素养的培养起着不可替代的作用。参与社会活动可以帮助大学生拓展视野，增强社会责任感和使命感，提高团队合作能力，培养实践能力和社交技能。在社会活动中，大学生可以结识不同背景的人，接触各种不同的想法和观点，从而更加立体地认识社会和世界，形成开放包容的心态。

同时，通过参与社会活动，大学生可以将课堂上学到的知识和理论应用到实践中，加深对所学知识的理解和掌握。在解决活动中遇到的各种问题和挑战过程中，大学生可以不断提升自己的解决问题能力和创新思维，培养实践能力。社会活动也是大学生实践"以人为本"的理念、锻炼自己的人际交往能力和沟通能力的重要途径。

通过参与社会活动，大学生还可以拓展自己的社交网络，结识志同道合的朋友和导师，为以后的学习和职业生涯奠定基础。对于思想政治教育来说，社会活动也是一个非常重要的教育载体，通过参与社会活动，大学生可以不断接触和体验社会风貌，增强政治意识和法治观念，提高思想品质和道德素养，形成正确的世界观、人生观和价值观。

总的来看，社会活动在大学生素养的培养过程中扮演着至关重要的角色，通过参与社会活动，大学生可以全面发展自己的思想素养、道德素养和文化素养，提升自己的综合素质和竞争力，成为德智体美劳全面发展的社会主义建设者和接班人。因此，大学生应该积极参与各种社会活动，不断锤炼自己，培养自己的多方面素养和能力，为国家和社会的发展做出积极贡献。

参与社会活动对于大学生来说，不仅可以帮助他们扩大人脉圈，结识志同道合的朋友和导师，还能够促进个人全面发展。在社会活动中，大学生不仅能够增加社会经验，还能培养自己的组织能力、沟通能力和团队协作能力。通过参与各种社会实践活动，他们可以更好地锻炼自己的观察力、分析能力和解决问题的能力，同时也能够提高团队合作和领导能力。

通过参与社会活动，大学生还可以增强自己的社会责任感和社会参与意识，培养自己的公民意识和社会奉献精神。在参与志愿活动、公益项目或社会实践中，大学生可以更好地了解社会的现状与问题，关注弱势群体的困境，促进社会公平与正义。同时，通过社会活动的参与，大学生也能够提高自己的社会情怀和爱心品质，培养出更广阔的世界观和人文情怀。

总的来看，通过积极参与各种社会活动，大学生不仅可以提升自己的综合素质和竞争力，还可以为社会发展贡献自己的一份力量。因此，大学生们应该在日常学习生活中注重社会实践，多参与社会活动，不断丰富自己的社会阅历和体验，成为具有社会责任感和使命感的新时代青年。只有这样，才能更好地实现个人价值与社会价值的统一，为建设美好中国贡献自己的力量。

第二节 提高大学生综合素养水平

一、促进学生身心健康发展

大学生是社会的希望和未来，他们的素养和思想政治教育至关重要。在大学校园里，学生们开始独立生活，面对各种诱惑和挑战，需要具备一定的素养和思想政治素质才能更好地应对。培养健康的生活方式和习惯是促进大学生身心健康发展的重要途径。

健康的生活方式和习惯对大学生的身心健康具有积极的影响。良好的生活习惯包括规律作息、均衡饮食、适量运动等，这些都是保持身体健康的重要条件。而身体健康是心理健康的基础，只有身体健康，才能有更好的心理状态和更高的学习效率。养成良好的生活方式和习惯还能增强学生的自律能力和抗压能力，使他们更好地适应学习和生活的压力。

健康的生活方式和习惯有助于提升学生的综合素养水平。大学生不仅需要具备学术素养，还需要有一定的文化素养、道德素养和社会素养等。而良好的生活方式和习惯可以培养学生的自律性、责任感和团队合作能力，使他们成为全面发展的人才。拥有健康的生活方式和习惯的学生更容易受到家庭和社会的欢迎，也更容易在社会上取得成功。

总的来说，大学生素养与思想政治教育研究是十分重要的。培养健康的生活方式和习惯对学生身心健康的重要性不言而喻，只有通过不断的加强大学生的健康教育和生活指导，才能使他们拥有健康的身心，成为德智体美劳全面发展的人才。希望教育部门和社会各界更加重视大学生素养的培养和提升，为建设社会主义现代化强国做出更大的贡献。

培养健康的生活方式和习惯对大学生的成长起着至关重要的作用。良好的生活习惯不仅可以提高学生的自律性和责任感，还可以帮助他们养成高效学习的习惯，建立良好的人际关系和情感管理能力。在大学生活中，形成健康的生活方式和习惯，不仅有助于保持身心健康，还可以提升学生的综合素养水平。

通过培养健康的生活方式和习惯，大学生可以更好地适应社会的发展和变化，具备应对挑战的能力。同时，良好的生活习惯也会对学生的未来职业发展起到积极的促进作用。健康的身体和积极的心态是成功的基石，只有通过保持良好的生活方式和习惯，大学生才能实现自身的全面发展目标。

除此之外，培养健康的生活方式和习惯还可以促进大学生的团队合作能力和社会适应能力的提升。在团队合作中，学生需要相互信任、互相支持，这需要他们具备良好的协调能力和沟通技巧。而通过养成健康的生活方式和习惯，大学生可以更好地管理自己的情绪，增强团队合作意识，提高自己在团队中的表现和贡献。

总的来说，培养健康的生活方式和习惯对大学生的成长和发展至关重要。只有通过不断加强大学生的健康教育和生活指导，帮助他们养成良好的生活习惯，才能使他们成为全面发展的人才，为社会的繁荣和进步做出更大的贡献。希望教育部门和社会各界能够更加重视大学生的素养培养工作，为建设社会主义现代化强国助力。

在当今社会，大学生素养的提高已成为教育界和社会各界共同关注的焦点。大学生是国家的未来和希望，他们的全面发展对于社会的进步和发展具有重要意义。大学生素养的提高不仅仅是知识的堆积和技能的培养，更重要的是要注重学生的心理素质和心理适应能力的提升。

大学生的心理素质和心理适应能力对其身心健康的发展起着至关重要的作用。心理素质是指一个人在面临各种社会和生活压力时，能够保持心理平衡和积极态度的能力。而心理适应能力则是指一个人适应环境变化和应对各种挑战的能力。大学生作为正在成长的群体，面临着来自学业、生活、人际关系等方面的各种压力和挑战，因此他们的心理素质和心理适应能力的提升尤为重要。

当大学生具有良好的心理素质和心理适应能力时，他们能够更好地应对各种挑战和压力，保持积极的心态和健康的身心状态。他们能够更好地适应大学生活的各种变化和挑战，更好地实现自己的人生目标和追求。同时，他们也能够更好地处理自己的情绪和人际关系，更好地发展自己的社会交往能力和人格魅力。

因此，提升大学生心理素质和心理适应能力已成为高校思想政治教育工作的一项重要任务。只有帮助大学生建立健康的心理素质和提升自己的心理适应能力，才能更好地促进他们的身心健康发展，更好地实现教育教学的目标和任务。在今后的工作中，高校应该更加重视大学生的心理素质和心理适应能力的培养，不断完善思想政治教育工作，为大学生的全面发展和身心健康的促进提供更好的保障和支持。

提升学生心理素质和心理适应能力，是高校思想政治教育工作的一项紧迫任务。只有当学生具备良好的心理素质和较强的心理适应能力，他们才能更好地应对生活中各种挑战和压力。在大学生活中，他们面临着许多变化和挑战，需要有足够的心理素质来保持积极的心态和健康的身心状态。

通过提升学生心理素质和心理适应能力，他们可以更好地实现自己的人生目标和追求。他们将更加自信和坚定地朝着自己的目标前进，不会被外界的干扰所动摇。同时，他们也能更好地处理自己的情绪和人际关系，建立良好的社会交往能力和人格魅力。

高校应该加强对学生心理素质和心理适应能力的培养，为他们提供更多的支持和指导。只有当学生在心理上得到充分的关注和帮助，他们才能在学业和生活中取得更好的成绩和进步。因此，大学应该建立更加健全的心理健康服务体系，培养学生健康的心理素质，帮助他们更好地适应大学生活的各种挑战和压力。

提升学生心理素质和心理适应能力是大学思想政治教育工作的重要内容。只有通过不懈的努力和关怀，学生才能在大学期间得到全面的发展和成长，实现个人价值和社会目标。希望每一个大学生都能够拥有良好的心理素质和强大的心理适应能力，迎接未来的挑战，展现出自己的无限潜力。

学生的社会交往能力对身心健康的重要性不容忽视。大学生作为成年人，即将步入社会，需要具备良好的社会交往能力，才能在工作和生活中更好地融入社会、获得更多的机会和资源。社会交往能力不仅有助于学生建立良好的人际关系，还可以帮助他们更好地适应社会环境，提升职业竞争力。

在大学期间，学生们会接触到各种各样的人，有不同的文化背景、价值观念，需要学会与他人进行有效沟通和合作。比如在团队项目中，学生需要协调各自的角色和任务，倾听他人的意见，解决分歧，最终实现团队的共同目标。这种合作和沟通的能力不仅是在学校学习中需要的，更是将来在社会工作和生活中至关重要的能力。

学生在大学期间还需要通过参加各种社团活动、志愿者服务等方式，拓展自己的社交圈子，结交不同背景的朋友。这样不仅可以增加学生的人脉资源，还可以拓宽自己的视野，了解不同的文化和思想，培养宽容和理解他人的品质。通过与不同人交往，学生可以从中学习到更多的知识和经验，提升自己的综合素养和能力。

良好的社会交往能力还有助于学生建立积极的情感关系，减轻学习和生活中的压力。研究表明，社交支持可以缓解学生的焦虑和抑郁情绪，提升他们的幸福感和生活满意度。有朋友、有人倾诉、有人支持，是每个人都需要的。学生们在大学生活中，如果能够建立良好的人际关系，互相扶持、共同进步，将会更加快乐和健康地成长。

总的来说，提高大学生的社会交往能力对身心健康的重要性不言而喻。通过培养学生的社会交往能力，不仅可以帮助他们更好地适应社会、提升职业竞争力，还可以促进学生的身心健康发展，使他们更加全面地成长。因此，大学应当注重培养学生的社会交往能力，为他们的未来发展奠定良好的基础。

提高大学生的社会交往能力不仅是提升个人综合素养的必然选择，更是促进学生学习和生活的一大利器。在大学生活中，良好的社会交往能力可以帮助学生建立广泛的社交网络，增强与他人合作的能力，培养解决问题的智慧。通过与同学、老师、社会各界人士的互动交流，学生可以开拓自己的视野，获得更多的学习和成长机会。

社会交往能力的提升也有助于学生塑造积极的人格品质，培养健康的人际关系。学生们学会尊重他人、理解他人，从而提升自身的情商和情感管理能力。在人际交往中，学生们能够学会倾听、体谅和包容，培养良好的沟通技巧和解决冲突的能力，从而更好地适应社会的复杂环境。

良好的社会交往能力也有助于学生在日常生活中更好地处理人际关系，减轻压力，享受生活的乐趣。学生们能够通过社交支持获得情感上的满足，减轻焦虑和抑郁情绪，提升生活品质和幸福感。在朋友的支持和鼓励下，学生们能够更加积极乐观地面对生活中的困难和挑战，保持心情愉快，健康成长。

提高大学生的社会交往能力对于他们的全面发展和健康成长至关重要。通过培养学生的社会交往能力，大学可以为学生未来的职业发展和个人成长奠定坚实的基础，让他们更加自信、开朗地走向社会，迎接挑战，实现自己的人生价值。

正确认识人生，塑造积极乐观的人生态度也是大学生思想政治教育的重要内容之一。在大学生活中，学生面临着各种各样的挑战和困难，如学业压力、人际关系、就业压力等。如果大学生不能树立正确的人生观和价值观，很容易在这些问题面前产生消极情绪，甚至会导致心理健康问题的出现。

塑造积极乐观的人生态度对大学生身心健康发展至关重要。只有拥有积极乐观的人生态度，大学生才能在面对困难和挫折时不气馁、不放弃，保持乐观的心态去应对挑战。这不仅有利于大学生克服困难，提升自我实力，还能够帮助他们建立正确的人生目标，把握发展方向，实现自我价值。

同时，积极乐观的人生态度也有助于大学生建立健康的人际关系。在社会化的大学生活中，人际关系尤为重要。只有树立积极向上的人生态度，才能够更好地与人沟通交流，建立良好的人际关系，促进自己的成长和发展。

积极乐观的人生态度在大学生的成长过程中扮演着至关重要的角色。这种态度不仅是一种心态，更是一种行为方式。拥有积极乐观的人生态度可以让大学生更好地应对压力，解决问题，迎接挑战。同时，这种态度也能够帮助他们更好地适应社会的变化，提高自身的竞争力。通过树立正确的人生观，大学生能够更加明确自己的发展目标，不断提升自我实力，实现个人的梦想和追求。

在大学生活中，积极乐观的人生态度不仅可以帮助他们面对学业上的挑战，也能够影响他们建立健康的生活方式。通过保持乐观的心态，大学生可以更好地管理自己的情绪，保持身心健康。同时，这种态度也会促使他们形成积极向上的生活态度，学会承担责任，勇于迎接生活中的各种挑战和困难。

如今，社会在发展，各行各业都在不断变化，面对竞争激烈的现实，拥有积极乐观的人生态度显得尤为重要。大学生应该不断提升自己的综合素养水平，树立正确的人生观，塑造积极向上的心态，努力实现自己的人生目标。只有不断学习进步，勇敢面对挑战、坚定信念，才能够在竞争激烈的社会中立于不败之地，展现自己的价值和魅力。因此，积极乐观的人生态度将成为大学生走向成功的重要支撑和动力。

二、增强社会责任感和公民意识

在当今社会，社会责任感和团队意识被认为是大学生必备的素养之一。强化社会责任感可以让大学生明白自己作为社会一员的责任和使命，从而更加积极地投入社会活动，关心社会问题，为社会发展做出贡献。而团队意识则能够培养大学生的合作意识、协作能力和团队精神，使他们更好地适应未来社会的竞争环境。

对于大学生而言，强化社会责任感和团队意识是至关重要的。大学生作为未来社会的中坚力量，他们的成长和发展不仅关乎个人的命运，也关系到整个国家和社会的发展进步。只有具备较高的社会责任感和团队意识，大学生才能更好地适应社会的需要，发挥出自己的潜力，实现自身的人生目标。

强化社会责任感和团队意识对大学生的影响是多方面的。社会责任感可以促使大学生更加关注社会问题，关心弱势群体，积极参与公益活动，从而提升自己的道德水平和社会价值观。团队意识可以使大学生更好地理解合作的重要性，学会倾听他人的意见，尊重他人的观点，有效地协同工作，实现共同目标。在团队中，每个成员都扮演着不可或缺的角色，只有团结一致，才能取得最终成功。

强化社会责任感和团队意识也是现代高校思想政治教育的重要内容之一。通过开展各类社会实践活动、志愿服务项目、团队合作训练等教育活动，高校可以引导学生树立正确的社会价值观和团队合作观念，帮助大学生增强社会责任感和团队意识，促进其全面发展。

总的来说，强化社会责任感和团队意识对大学生的意义重大，不仅有助于他们个人成长和发展，也有利于社会的和谐稳定和可持续发展。因此，高校教育应该注重培养学生的社会责任感和团队意识，为他们的未来发展奠定良好的基础。希望通过对大学生素养和思想政治教育的研究，可以更好地引导大学生树立正确的人生观、价值观世界观、人生观和价值观，成为德智体美劳全面发展的社会栋梁。

强化社会责任感和团队意识，是大学生应该注重的重要方面。在当今社会，个人的成长离不开社会的需要，团队的成功更离不开每个成员的奉献和合作。培养学生的社会责任感和团队意识，可以让他们更好地适应社会环境，更好地与他人合作，实现共同的目标。

社会责任感不仅仅是对自己负责，更是对整个社会负责。当每个人都能够意识到自己的行为会影响到周围的人和环境时，社会的整体素质和文明程度也会得到提升。而团队意识，则是一个集体能否取得成功的关键因素。在团队合作中，每个成员都应该充分发挥自己的优势，积极配合其他成员，共同努力，才能取得最终的成功。

通过参与各类社会实践活动和志愿服务项目，可以让学生更直观地感受到自己对社会的贡献，激发他们的社会责任感。而在团队合作训练中，学生可以学会倾听他人意见，协调矛盾，达成共识，这不仅会提高团队整体的执行力和凝聚力，也会让每个成员在合作中得到成长和锻炼。

强化社会责任感和团队意识是大学生充实自我的过程，更是积极投身社会，实现共同发展的必经之路。希望在高校的教育中，能够更多地注重培养学生的社会责任感和团队意识，为他们更好地融入社会，为社会的进步和发展贡献自己的力量。

在当今社会，大学生不仅要具备扎实的专业知识和技能，更重要的是要具备高尚的品德和道德素养。大学生作为社会的新生力量，其言行举止直接关系到国家和民族的未来发展。因此，提高大学生的综合素养水平是当前教育工作的重要任务之一。

大学生应当具备的素养包括文化素养、科学素养、艺术素养等多方面内容。只有全面发展自己的潜能，才能更好地适应社会的发展需求。同时，增强社会责任感和公民意识也是大学生教育工作中不可忽视的一环。只有让大学生认识到自己在社会中的责任和义务，才能更好地去承担起自己应尽的社会责任。

培养大学生正确认识和尊重社会公德是提高素养和思想政治教育的关键。大学生应当学会尊重他人，学会尊重社会规范和法律法规，做一个有担当、有爱心、有责任感的公民。只有这样，才能推动社会的和谐发展，让整个社会更加文明、和谐。

在大学生的成长过程中，学校和社会应当共同努力，为其提供良好的教育环境和社会氛围。通过开展各种形式的教育活动和课程设置，引导大学生正确看待自己的角色和责任,让他们深刻认识到个体与集体的关系,明白自己应当为社会做出的贡献。

大学生的素养和思想政治教育是大家共同关注的话题。只有通过不懈的努力,才能让大学生在成长过程中树立正确的世界观、人生观和价值观,成为德才兼备、有社会责任感的新时代青年。愿我们共同努力,为大学生素养与思想政治教育工作贡献自己的力量。

在大学生的成长过程中,社会和学校的共同努力尤为重要。学校不仅应提供优质的教育资源,更要注重培养学生正确的人生观和社会责任感。与此同时,社会也需要为大学生创造一个良好的发展环境,让他们在实践中学会尊重社会公德和法律法规。

大学生应该明白,作为社会的一员,每个人都有责任为社会的和谐发展贡献自己的力量。只有学会尊重他人、遵守规范,才能真正走向成熟。在这个过程中,学生们需要不断提升自己的素养和修养,树立正确的人生观和价值观。

而大学生思想政治教育的重要性也不言而喻。通过丰富多彩的教育活动和互动课程设置,学生可以更好地了解社会的运作方式,理解自己在其中所扮演的角色。在这个过程中,他们会逐渐增强对社会的责任感和爱心,成为一个有担当的公民。

总的来说,大学生是国家的希望,是社会的未来。只有通过良好的教育和社会环境的共同塑造,才能培养出德才兼备、有社会责任感的青年人才。希望学校和社会能够继续携手合作,为大学生的成长和发展共同努力,为建设更加文明、和谐的社会贡献力量。

在当前社会,大学生作为社会的一部分,应当具备一定的社会责任感和公民意识,积极参与社会生活并承担相应的责任。对于大学生而言,增强公民意识和社会参与意识意味着要能够认识并尊重社会规则、法律法规,具备独立自主的思考能力,勇于承担社会责任,在社会活动中积极参与并做出贡献。

要提高大学生的公民意识,可以从学校教育入手。学校作为大学生的主要教育场所,应该着力加强思想政治教育,引导学生树立正确的世界观、人生观和价值观,培养学生尊重他人、遵守法律、爱护环境的意识。同时,学校还应该注重教育学生关注国家大事、社会热点、民生问题,引导学生关心社会发展、参与社会实践,从而培养公民参与意识和社会责任感。

社会实践也是增强大学生公民意识和社会参与意识的有效途径。通过参加各类志愿服务活动、社会实践项目,大学生可以亲身体验社会实践的意义,了解社会的种种问题和现实,同时也能锻炼自己的观察力、分析能力和解决问题的能力。在实践中,大学生会逐步认识到自己作为一个公民、作为一个社会成员所应该承担的责任,进而形成积极的社会参与态度。

家庭教育也是重要的一环。家庭是孩子性格养成的第一课堂,父母的行为和言传身教对孩子的影响至关重要。家长应该注重对子女进行正确的思想教育,让他们懂得尊重他人、团结协作、积极向上的品质。家庭教育不仅可以培养出有责任感的个体,还可以为学校和社会教育提供良好的基础。

总的来说,增强大学生的公民意识和社会参与意识是一项长期而艰巨的任务,需要学校、家庭、社会等多方共同努力。只有让学生在成长过程中不断认识到自己的社会责任与义务,激发出他们对社会的热爱和对民族的责任感,才能真正培养出有素养、有担当的社会新一代。希望未来的大学生们能够以更加成熟和积极的态度投身社会,为国家和民族的繁荣进步贡献自己的力量。

在培养大学生的公民意识和社会参与意识方面,学校也起着至关重要的作用。学校不仅应该注重传授知识,更要注重培养学生的社会责任感和团队合作精神,让他们在课堂之外也能够积极参与到社会实践中去。学校可以通过组织各种社会实践活动、志愿服务等方式来引导学生认识社会的现实问题,激发他们的社会责任感和参与热情。

除了学校和家庭的教育,社会也要为大学生的公民意识和社会参与意识的培养提供更多支持。社会应该为大学生提供更多的机会参与社会实践活动,让他们在实践中学会承担责任、团结合作,不断提升自己的社会参与能力。同时,社会也应该为大学生提供更多的就业机会和平等发展的环境,让他们在工作中能够展现自己的价值和实践社会责任。

增强大学生的公民意识和社会参与意识不是一蹴而就的事情,需要学校、家庭和社会共同努力。只有让大学生在全方位的教育和实践中成长,才能真正培养出有担当、有责任感的社会新一代。希望未来的大学生们能够牢记社会责任,积极参与到社会建设中去,为社会的进步和发展贡献自己的力量。

大学生素养与思想政治教育研究是当前教育中一个备受关注的课题。在当今社会,大学生素养的提升不仅关乎个人发展,更重要的是关乎整个社会的进步和发展。大学生是未来社会的中坚力量,他们的素养水平直接影响着社会的文明进步和和谐发展。因此,加强大学生的思想政治教育,提高他们的综合素养水平,增强他们的社会责任感和公民意识,对推动社会文明进步和社会和谐发展具有重要意义和深远影响。

大学生是社会主义建设的重要力量,他们的综合素养水平直接关系着国家的未来和前途。只有通过加强对大学生的思想政治教育,培养他们正确的世界观、人生观和价值观,才能使他们成为具有社会责任感和公民意识的新时代公民。只有这样，才能有效推动社会的文明进步，促进社会的和谐发展。大学生应该树立正确的世界观和人生观，增强自身的社会责任感和公民意识，积极参与社会实践，为社会的文明进步和和谐发展做出自己的贡献。

加强大学生素养的培养，不仅需要学校和教育部门的努力，更需要社会各界的共同参与和支持。只有全社会共同努力，才能实现大学生素养的全面提升，促进社会的文明进步和和谐发展。希望全社会能够关注大学生素养与思想政治教育的研究，共同推动社会的文明进步和社会的和谐发展。愿我们的大学生能够成为具有社会责任感和公民意识的新时代公民，为实现中华民族伟大复兴的中国梦而共同奋斗！

在当今社会，作为新时代的大学生，我们肩负着推动社会文明进步和社会和谐发展的重要使命。只有深刻树立正确的世界观和人生观，才能增强自身的社会责任感和公民意识。积极参与社会实践，为社会的文明进步和和谐发展贡献自己的力量是我们义不容辞的责任。

大学生应当自觉将学到的知识转化为实际行动，不断提升自身素养，努力做一个有担当、有智慧、有情怀的新时代公民。只有在实践中不断磨砺自己，才能更好地适应社会发展的要求，更好地推动社会的文明进步和和谐发展。

为了实现社会的文明进步和和谐发展，我们需要教育部门、社会团体以及全社会的共同努力。只有通过多方力量的支持和参与，才能确保大学生素养的全面提升，为中华民族的伟大复兴贡献自己的力量。

每一个大学生都应该树立正确的人生目标，不断努力学习，提升自身素质，勇于承担社会责任，积极践行公民意识。只有这样才能真正成为社会需要的人才，为实现国家繁荣富强、社会进步发展而努力奋斗。

愿我们的大学生在成长的道路上，砥砺前行，不辜负时代赋予的使命，为实现中华民族的伟大复兴梦想努力奋斗！愿我们共同努力，让社会变得更加文明进步，和谐发展。

三、提升学生自我管理和生活技能

在大学生活中，培养学生自律管理和时间管理能力是非常重要的。学生们需要学会规划自己的时间，合理安排学习和生活，不仅可以提高学习效率，还可以更好地享受大学生活。自律管理能力可以帮助学生克服拖延症，提高自控能力，让他们更加专注于学习和成长。同时，时间管理能力也可以让学生学会分清轻重缓急，做到事事有序，做事有计划，让每一分钟都得到充分利用。这样的能力不仅可以在学习中受益，也会在未来的工作和生活中受益无穷。通过培养学生自律管理和时间管理能力，可以帮助他们更好地适应未来的社会发展，并成为具有高素质的人才。

在大学生活中，培养学生自律管理和时间管理能力是至关重要的。学生们需要学会合理规划自己的时间，把握好学习和生活的平衡。自律管理能力可以使学生更好地克服拖延症，增强自控能力，让他们更专注于学业和个人成长。同时，时间管理能力也让学生能够事事有序，有计划地安排好每一天的生活，使每一分钟都能被充分利用。这种能力的培养不仅在学习中有益，还会为未来的工作和生活奠定坚实基础。通过培养学生自律管理和时间管理能力，可以帮助他们更好地适应社会发展的需求，成为有竞争力的优秀人才。

拥有自律管理和时间管理能力的学生不仅学习进步明显，而且生活品质也得到提升。他们能够在闲暇时间进行自主学习、阅读或参加课外活动，丰富自己的人生阅历。同时，他们能够有效应对挑战和困难，勇于接受新事物，不断拓展自己的视野。这种积极主动的态度也会影响他们的未来职业发展，让他们更具竞争力和适应力。

在实践中，学校可以通过制订科学的时间管理计划和提供相关的培训课程来引导学生培养自律管理和时间管理能力。同时，学校也可以通过组织各种活动和比赛，激发学生的学习热情和积极性，让他们在参与中提升自己的自律管理和时间管理能力。通过学校和家庭的共同努力，相信每个学生都能够成为拥有优秀自律管理和时间管理能力的人才，为社会的发展贡献自己的力量。

通过加强学生实践能力和创新能力的培养，大学生将能够更好地将课堂所学知识与实际应用相结合，进一步提升自己的综合素养水平。在实践中，大学生将学会如何运用所学专业知识解决现实问题，培养独立思考和问题解决能力。同时，通过不断探索创新，大学生将能够开拓思维，勇于尝试新理念新技术，为社会发展带来新的活力和动力。加强实践和创新能力的培养，是提高大学生素养的重要途径之一，也是大学生在未来发展中必不可少的能力。

通过加强学生实践能力和创新能力的培养，大学生不仅能够将理论知识与实践经验相结合，还能够在解决现实问题的过程中培养自己独立思考和解决问题的能力。在实践中，他们将学会从多个角度思考问题，提出创新性的解决方案。通过不断的探索和创新，大学生将能够不断拓展自己的思维空间，勇于尝试新的理念和新的技术，为社会发展注入新的活力和动力。

加强学生的实践能力和创新能力，可以使他们更加适应未来社会的发展需求。在实践中，他们将与真实的问题和挑战打交道，从中学会如何合理利用资源、团队协作以及有效沟通。而在创新能力的培养过程中，大学生将变得更加勇于拥抱变化和尝试新事物，不断挑战自己的极限，在尝试中不断突破自我。

这种能力的培养不仅可以提升大学生的综合素养水平，还将为他们未来的职业发展打下坚实的基础。

因此，加强大学生实践能力和创新能力的培养是至关重要的。只有通过实践和创新，大学生才能更好地适应社会的发展需求，为社会的进步和发展做出更大的贡献。随着社会发展的不断变化和进步，我们期待大学生们能够不断提升自己的实践和创新能力，成为未来社会的中流砥柱和引领者。

在大学生素养与思想政治教育研究中，培养学生独立思考和解决问题的能力是至关重要的。这种能力不仅仅是为了应对学术挑战，更是为了适应社会发展的需要。通过培养学生独立思考的能力，可以让他们更好地理解问题的本质，找到解决问题的途径，并承担起自己的责任。在现代社会，面对各种复杂的问题和挑战，只有具备独立思考和解决问题的能力，大学生才能真正成为社会发展的中坚力量。因此，大学论文导师在培养学生素养的过程中，应该注重培养学生独立思考和解决问题的能力，帮助他们成为未来社会的栋梁之材。

在大学教育中，培养学生独立思考和解决问题的能力不仅仅是一项任务，更是一种责任。学生应该在学习过程中逐渐培养起独立思考的意识和解决问题的能力，而这种能力的培养需要导师们的悉心指导和引导。通过激发学生的思维潜能，引导他们面对问题不畏惧，积极主动地寻找解决方法，才能真正达到独立思考和解决问题的目标。

在当今社会，信息爆炸的时代，学生需要具备批判性思维和判断能力，以应对日益复杂和多变的挑战。只有培养学生独立思考和解决问题的能力，才能使他们在面对困难和挑战时不轻言放弃，而是坚定地寻找解决之道。这种能力的培养不仅仅是在课堂上完成的，更需要学生在实践中不断地探索和总结，以不断提升自己的能力水平。

同时，培养学生独立思考和解决问题的能力也是提高综合素质的重要途径之一。通过思辨和探究，学生不仅可以提升自己的学术水平，更能够培养自己的创新意识和实践能力。随着社会的不断进步和发展，需要具备独立思考和解决问题能力的人才越来越受到社会的青睐，这也进一步凸显了培养学生这一能力的重要性。

培养学生独立思考和解决问题的能力是大学教育的重要使命之一。只有通过不懈的努力和实践，才能使每一个学生都成为自信、清晰思维、勇于探索的优秀人才，为社会的发展贡献自己的力量。

在当今社会，大学生作为社会的新生力量，其自我保护和自我发展能力至关重要。提升大学生的综合素养不仅仅是为了使他们在学业上更出色，更是为了培养他们的综合能力和社会适应能力。通过对大学生进行思想政治教育，可以帮助他们建立正确的人生观、价值观，以及正确的社会责任感和担当精神。只有这样，大学生才能够在社会竞争中立于不败之地，实现自我保护和自我发展的目标。

大学生作为社会的中流砥柱，他们要面对各种各样的挑战和压力。只有经过系统的素养培养，才能够帮助他们更好地应对这些挑战。提高大学生的综合素养水平不仅仅是指他们的学术水平，更是指他们的思想道德素养、文化修养、身心健康等方面。只有这样，大学生才能够在社会中立足，实现自我价值的最大化。

在大学生自我管理和生活技能方面，我们更应该注重培养他们的独立思考能力和问题解决能力，提升他们的团队合作和沟通能力，以及培养他们的创新精神和实践能力。只有这样，大学生才能够更好地适应社会的发展和变化，实现自我管理和生活技能的提升。

总的来说，提高大学生的综合素养水平，提升他们的自我管理和生活技能，增强他们的自我保护和自我发展能力，是当前高校重要的任务之一。只有通过对大学生进行思想政治教育和素养培养，才能够真正培养出德才兼备、全面发展的社会主义建设者和接班人。

在培养大学生综合素养水平的同时，我们还要关注他们的社会责任感和公民意识，引导他们积极参与公益活动和社会实践，促使他们关心社会热点问题，参与社会治理和社会建设。只有这样，大学生才能够树立正确的世界观、人生观和价值观，担当起建设美好社会的责任和使命。

我们还需要重视大学生的心理健康和情感管理能力的培养，关注他们的情绪管理和压力调适能力，提升他们的心理韧性和抗挫折能力。只有这样，大学生才能够更好地面对生活中的各种挑战和困难，保持内心的坚强和稳定。

在大学生自我保护和自我发展能力方面，我们还应该重视他们的法律意识和安全意识的培养，教育他们遵纪守法，增强自我保护意识，预防各种意外事件的发生，确保他们的人身和财产安全。只有这样，大学生才能够在社会中自主自立，实现自我保护和自我发展的良好状态。

总的来说，大学生的成长成才是一个全方位、多维度的过程，需要高校、家庭、社会等各方面的共同努力和关注。通过综合素质教育和全面培养，我们可以培养出一代又一代德才兼备、充满活力和创造力的优秀人才，为社会的发展和进步注入新的活力和动力。

提升学生就业竞争力和社会适应能力，是大学生素养与思想政治教育研究中至关重要的一环。通过培养大学生的综合素养水平，学校可以帮助他们具备更强的竞争力，更好地适应未来社会的挑战。这种综合素养不仅包括知识技能的掌握，更重要的是培养学生的创新思维、团队合作能力和社会责任感。只有这样，学生才能更好地面对职场竞争，更好地适应社会发展的需求，实现自身的人生价值。大学生素养的重要性和意义在于通过提升大学生的自我管理能力和生活技能，为他们未来的职业生涯和社会角色扮演提供更好的支持和保障。

在当今社会，面对激烈的就业竞争和快速变化的社会环境，大学生需要具备更多的素养和能力。除了掌握专业知识和技能外，他们还需要具备创新精神和团队合作能力。在大学教育中，学校应该加强对学生社会责任感的培养，让他们意识到自己在社会中的角色和责任。通过参与各种社会实践活动，学生可以增强自己的社会适应能力，更好地适应未来社会的挑战。

大学生还需要具备自我管理能力和生活技能，才能更好地展现自己的潜力和价值。学校可以通过开展各种素质拓展课程，培养学生的领导能力和沟通能力，帮助他们更好地适应未来职业生涯的挑战。同时，学校也应该注重学生的身心健康，提供适当的心理健康支持和指导，让学生在面对压力时能够保持积极乐观的心态，健康成长。

综合来看，提升学生就业竞争力和社会适应能力是大学教育的重要任务之一。通过培养学生的综合素养水平，学校可以为他们的未来发展提供更好的支持和保障。只有这样，学生才能在竞争激烈的社会中脱颖而出，实现自己的人生目标和价值。大学生素养的提升不仅是学校的责任，也需要学生自身的努力和不断的学习进步。希望每一位大学生都能珍惜这段宝贵的时光，不断提升自己，为未来的人生道路奠定坚实的基础。

四、塑造正确的世界观和人生观

大学生是国家的未来和希望，他们肩负着建设社会、推动国家发展的重要使命。因此，提高大学生的综合素养水平就显得尤为重要。大学生应当具备广博的知识储备，拥有扎实的专业技能，具备坚定的理想信念和正确的世界观和人生观。唯有如此，他们才能在未来的工作和生活中胸怀大志、树立远大目标、不断追求进步。

弘扬爱国主义和中华优秀传统文化是提高大学生素养的关键环节。作为中华民族的一员，大学生应当热爱自己的国家，自觉维护国家的尊严和利益。同时，大学生应当秉承中华优秀传统文化的精神，传承发扬中华民族的优良传统，弘扬民族精神。这不仅是对自身文化底蕴的尊重，更是对国家繁荣发展的积极贡献。

大学生是社会的中坚力量，他们的成长和发展对整个社会具有重要意义。因此，在大学生思想政治教育中，要注重培养大学生的社会责任感、民族观念和国家意识，引导他们自觉践行社会主义核心价值观，积极投身到建设社会主义现代化强国的伟大实践中去。只有在这样的教育引导下，大学生才能真正领悟到自己的责任和使命，努力成为有用之才，为实现中华民族伟大复兴的中国梦做出自己的贡献。

弘扬爱国主义和中华优秀传统文化，是大学生思想政治教育的重要内容之一。作为新时代的大学生，他们更应当把爱国主义和传统文化融入自己的日常学习生活中。只有在实践中不断强化爱国情怀和传承中华优秀传统文化的意识，才能真正使这一价值观成为大学生行为准则的内在动力。

爱国主义是大学生教育中不可或缺的重要环节，要坚定地立足于爱国情怀，自觉维护祖国的尊严与利益。在日常学习中，大学生应当积极关注国家发展，关心国家大事，积极参与国家建设和发展，用实际行动践行对国家的爱和忠诚。

同时，大学生也要传承弘扬中华优秀传统文化，尊崇优秀传统，传承中华文明。要珍视中华传统文化的博大精深，传承中华民族的优良传统，以文化自信滋养自己的精神世界，以文化自觉增强自身的文化底蕴。

弘扬爱国主义和中华优秀传统文化不仅是对自己文化传承的尊重和继承，更是对国家繁荣发展的积极贡献。只有让大学生深深体会到这种责任和使命，才能推动他们在实现个人价值的同时，为中华民族伟大复兴的中国梦贡献力量。愿每一个大学生都能在弘扬爱国主义和传承传统文化的伟大实践中，成长为对国家社会有用的栋梁之材。

在当今社会，培养大学生的国际视野和全球胸怀具有重要意义。随着全球化进程的加速，国际间的交流和合作变得日益频繁和密切。作为未来的栋梁之材，大学生不仅需要具备扎实的专业知识和技能，更需要具备跨文化的沟通能力和全球化的思维意识。培养大学生的国际视野，可以帮助他们更好地适应多元化的社会环境，拓宽他们的视野，提高他们的综合素养水平。

通过开展国际交流项目和参与国际学术合作，可以帮助大学生更好地了解不同国家和文化的特点，增强他们的包容性和开放性。在这个过程中，大学生将接触到各种不同的观念和思想，从而有机会审视和思考自身的世界观和人生观。同时，也可以通过与国外学生的互动，提高自身的语言能力和交流技巧，为未来的职业发展打下坚实的基础。

培养学生的全球胸怀，可以帮助他们更加关注全球性的问题和挑战，从而成为具有责任感和使命感的全球公民。在全球化背景下，大学生需要具备跨文化的沟通技能、团队合作精神和全球意识，才能在国际舞台上展现自己的才华，为世界的和平与发展贡献力量。因此，大学生在大学期间应该注重开展国际交流与合作，加强对全球性问题的研究和思考，不断拓展自己的国际视野，培养自己的全球胸怀，为成为具有国际竞争力的人才打下坚实的基础。

在培养学生的国际视野和全球胸怀的过程中，大学生将会拓展他们的思维和认知边界，接触到不同文化背景下的观念和价值观。这种跨文化的交流和互动，不仅可以促进学生的语言能力和交流技巧的提高，更重要的是可以让他们从不同角度去审视和思考世界，培养出更加开放包容的心态。

同时，通过多样性和包容性的国际交流，学生们也会更加关注全球性的问题和挑战，如气候变化、贫穷问题等。这种全球意识让他们认识到自己所承担的责任和使命，激发出为改善世界、促进公平正义的愿望和动力。他们开始意识到，自己作为全球公民应该为全球的和平与可持续发展出一份力。

因此，大学生需要在国际交流与合作中不断提升自己的跨文化沟通能力和团队合作精神，积极参与全球性问题的研究和讨论。只有不断开拓自己的国际视野，培养自己的全球胸怀，才能在未来的职业发展中具备国际竞争力，为建设一个更加和平、包容、可持续的世界贡献自己的力量。愿每个大学生都能拥有一颗铺设在全球的心，为构建一个更美好的世界而努力奋斗。

在当前社会环境中，大学生作为未来社会的中坚力量，其素养水平的提高显得尤为重要。通过正确的思想政治教育，可以帮助大学生树立正确的世界观和人生观，使他们具备高尚的品德和良好的道德修养。只有当大学生具备了这样的素养，才能更好地承担起社会发展和人类命运的责任，为构建和谐社会、促进人类进步做出积极贡献。

大学生应当从综合素质教育中受益，不仅要注重专业知识的学习，更要注重全面发展个人能力与修养。只有全面提升素养水平，大学生才能在社会中更好地适应和发展。在快速发展的社会中，大学生需要具备辨别是非曲直的能力，这就需要塑造正确的世界观和人生观。同时，增强学生对社会发展和人类命运的责任感，不仅是教育的任务，更是每个大学生应有的担当。

大学生素养的提高需要教育部门、家庭、社会以及学生自身共同努力。只有当这些力量共同作用，才能形成合力，使大学生的素养水平不断提升。通过思想政治教育，大学生能够更好地认识自我、理解社会、把握世界，从而更好地担负起社会责任，关注社会发展，积极参与公益事业，为人类命运和社会进步贡献自己的力量。大学生的责任感不仅表现在个人行为上，更体现在集体和社会责任中。

大学生素养与思想政治教育研究是一项重要的课题，其意义在于提高大学生的综合素养水平，塑造正确的世界观和人生观，增强学生对社会发展和人类命运的责任感。只有不断探索和完善思想政治教育体系，才能更好地培养出德才兼备的优秀大学生，为社会的繁荣与进步做出更大的贡献。

大学生作为社会的中坚力量，肩负着重要的责任和使命。他们应该以积极的态度参与到社会实践中，关注社会的发展和变化，不断提升自身的综合素养和能力。通过参与公益事业和志愿活动，大学生可以实实在在地回馈社会，传递正能量，促进社会进步和发展。

在日常生活中，大学生应该树立正确的世界观和人生观，注重提升自身的道德修养和社会责任感。只有在思想政治教育的引导下，大学生才能更好地认识自己、理解社会，从而更好地适应社会的需求和发展，为社会的繁荣与进步贡献自己的力量。

同时，教育部门、家庭和社会也需要共同努力，为大学生提供更好的教育资源和社会环境。教育部门应该加强思想政治教育的力度，培养学生正确的人生观价值观；家庭应该注重对大学生的关爱和引导，帮助他们养成良好的生活习惯和道德品质；社会应该给予大学生更多的机会和平台，让他们展现自己的才华和能力，为社会发展贡献积极的力量。

增强大学生对社会发展和人类命运的责任感是一项长期而艰巨的任务，需要各方共同努力，共同推动。只有当教育资源得到充分利用，家庭教育得到有效支持，社会环境得到积极营造，大学生的综合素养才能不断提升，为社会的繁荣与进步贡献更多的力量。这是一个关乎国家未来发展的重要议题，也是每个大学生应该积极思考和践行的使命。

第三节 传统教育模式下的大学生思想政治教育

一、传统思想政治教育的特点

在传统教育模式下，大学生思想政治教育起源于古代的儒家思想。传统思想政治教育以道德修养为主要内容，注重培养学生的品德、道德和人格等方面的素养。在这种教育模式下，学生被灌输着传统的道德观念和价值观，强调忠诚、守法、廉洁等品质的培养。基于德育为主的思想政治教育旨在通过道德修养的途径，影响学生的行为和态度，塑造其为德才兼备的社会主义建设者和接班人。传统思想政治教育注重教师的示范作用和学生的模仿学习，通过言传和身教的方式传递道德规范和行为准则，塑造学生的思想和品德，培养他们成为符合社会主义核心价值观的人才。

在现代社会，随着时代的发展和社会的进步，传统思想政治教育模式逐渐显露出一些不足之处。在这样的背景下，基于德育为主的思想政治教育显得尤为重要。现代社会变革迅速，价值观念多元化，传统思想政治教育已经无法完全满足学生多元化的需求。因此，基于德育为主的思想政治教育倡导注重学生个体的价值观念，尊重学生的个性和差异，引导学生树立正确的世界观、人生观、价值观。不再是一味地灌输，而是通过开展讨论、激发思考、提供示范，引导学生自主学习、自主思考、自主成长。基于德育的思想政治教育也更注重培养学生的创新思维和实践能力，引导他们不仅成为道德上的模范，更要成为有担当、有责任心的公民。在这样的教育模式下，学生在学习中不仅要接受知识，更要树立正确的人生观和价值观，在实践中不仅要完成学习任务，更要积极参与社会实践，为社会发展做出积极贡献。基于德育为主的思想政治教育提倡尊重个体差异，重视学生个性发展，引导学生树立正确的人生观和价值观，培养他们成为符合社会发展需求的人才。在现代社会背景下，基于德育为主的思想政治教育模式显得更为适应时代要求，能够更好地激发学生的内在动力和潜能，为学生的综合发展提供更广阔的空间。

在传统教育模式下，大学生的思想政治教育主要采取了以灌输和规范为主要手段的方式。传统思想政治教育的特点在于强调对学生进行思想意识形态的灌输，通过规范行为、价值观和态度，来达到塑造学生思想政治素养的目的。这种教育方式通常是由教师或教育机构对学生进行一定的思想意识形态的灌输，强调学生的听从和服从，忽视学生的自主性和创造性，过度规范学生的行为和思想，阻碍了学生个性的发展。在这种教育模式下，教师和教育机构对学生的监管和管理比较严格，学生的自由度和独立思考能力受到了一定程度的限制。通过灌输和规范的方式进行思想政治教育，虽然能够在一定程度上规范学生的行为和思想，但却忽视了学生个性的多样性和独立思考能力的培养，容易造成学生思维僵化和缺乏创新意识的问题。因此，传统教育模式下的大学生思想政治教育需要更加注重引导学生独立思考、培养创新能力，打破传统的灌输和规范模式，为学生的综合素质和思想政治素养的全面发展提供更加有效的教育方式和手段。

在当今社会，传统的教育模式已经逐渐显露出一些弊端。学生需要更多的自主性和创造性，在培养独立思考和创新能力方面，传统的灌输和规范方式已经显得力不从心。因此，教育机构需要更新教育理念，更加注重引导学生积极主动地参与学习过程，培养他们的创新精神和独立思考能力。通过激发学生的好奇心和求知欲，让他们拥有更多的探索和发现的乐趣，才能真正激发他们的学习潜力。

面对日益快速变化的社会环境和复杂多变的问题,在传统的教育模式下,学生往往缺乏解决问题的能力和创新思维。因此,教育机构需要重新思考教育的目标,让学生在学习过程中能够灵活运用知识,勇于挑战难题,培养解决问题的能力。只有让学生真正成为独立思考和创新的人才,才能更好地适应未来社会的发展需求。

在未来的教育中,需要更多注重学生个性发展的教育方式。教育机构应该重视每个学生的特长和兴趣,鼓励他们多元化的发展,培养他们的综合素质。通过开展多样化的课程和活动,让学生在不同领域展现自己的才华,激发他们的学习热情和动力。

传统教育模式下的思想政治教育需要更加开放和多元化。通过引导学生独立思考、培养创新能力,教育机构可以为学生的全面发展提供更加有效的教育方式和手段。只有打破传统的灌输和规范模式,让学生具备更多的探索和开拓精神,才能真正培养出具有创新能力和竞争力的人才。

在传统教育模式下,大学生的思想政治教育主要以灌输和传授知识为主要方式。这种方式强调学生被动接受和被灌输,缺乏互动和参与性。传统思想政治教育的特点是注重权威性和单向性,学生往往是被"灌输"思想和观念,而非通过思考和讨论去形成独立的意识和观点。在这种教育模式下,学生缺乏思辨能力和批判意识,难以真正理解和掌握思想政治知识。由于教育方式单一,学生缺乏对思想政治教育的兴趣和动力,导致教育效果不佳。

在缺乏互动和参与性的传统教育模式下,大学生往往成为知识的被动接受者,而非积极的思考者和参与者。他们习惯于被灌输思想和观念,而缺乏独立思考和批判能力。这种单向传授的教育方式导致学生对思想政治知识的真正掌握和理解局限,并难以形成自己的独立意识和观点。由于教育的单一性和缺乏互动,学生对思想政治教育常常感到枯燥乏味,缺乏兴趣和动力去深入思考和学习,进而影响教育效果的提升。

在这种教育氛围下,学生很容易被动地接受所谓的"正确答案",而忽视了批判性思维的重要性。他们不能主动地提出问题、思考问题,不能通过与他人交流、讨论来深化对知识的理解和应用。缺乏实质性的互动和参与,思想政治教育往往只停留在表面传授知识的层面上,无法真正激发学生的内在学习动力和探究欲望。

在当今社会,信息传播飞速,传统的灌输式教育模式已越来越难以适应学生们快速变化的需求和思维方式。为了培养学生的思辨能力和批判意识,教育应该更加注重互动性和参与性。让学生发挥主体性,提出自己的见解和疑惑,与他人分享思考,共同探讨问题,才能激发他们的学习热情和动力,真正实现思想政治教育的有效传达和落实。只有在充分互动和参与的氛围中，学生才能够建立起扎实的思想基础和正确的世界观，从而更好地应对未来的挑战和变革。

传统教育模式下，大学生思想政治教育一直是教育工作的重要组成部分。传统思想政治教育以灌输式教育为主，注重对学生进行意识形态的统一和思想的塑造，让学生接受既定的意识形态观念和政治理念。在这种教育模式下，学生被视为被灌输的对象，被动接受教育，缺乏主体性和独立思考能力。

传统思想政治教育的特点包括强调思想的一致性和政治的正确性，忽视个体差异，强调规范化行为和思维的一致性。教育者往往强调学生应当相信什么，怎样思考问题，怎样行动，而缺少对学生的个性和自主性的尊重和培养。

基于意识形态的统一思想教育，是传统思想政治教育的一种理论基础和实践方式。这种教育模式认为，通过意识形态的统一，可以实现社会的稳定和和谐，保持政治权力和社会秩序。在这种教育模式下，教育活动被用来巩固和强化特定的意识形态观念，通过对学生的思想进行干预和控制，达到统一思想的目的。

在基于意识形态的统一思想教育中，学生的自主性和独立思考能力往往被抑制，他们被灌输特定的政治观念和意识形态，以实现社会的统一和控制。这种教育模式下，学生缺乏批判性思维，只能被动接受所谓正确的思想和观念，而个体差异被忽视和排斥。

教育者通过对学生的思想进行干预和控制，使得学生无法真正表达自己的独立意见和看法。他们被要求遵循特定的行为准则和思考方式，追求一致性和统一性，而不是尊重和培养个体的个性和自主性。这种教育模式下，学生的主体性受到严重削弱，他们成为被操控和操纵的对象。

传统思想政治教育强调思想的一致性和政治的正确性，忽视了学生的多元思维和创造力。教育者往往强调学生应当相信什么，怎样思考问题，而忽略了学生自身的成长和发展需求。基于意识形态的统一思想教育，在将学生视为被灌输的对象的同时，也限制了他们的成长空间和自由发展的可能性。在这种教育模式下，学生的个性和自主性受到严重侵犯，他们无法真正实现自己的人生目标和追求。

二、新时代大学生思想政治教育模式的崛起

在传统教育模式下，大学生思想政治教育是以灌输的方式进行的，主要侧重于理论知识的传授和政治观念的灌输。随着时代的发展和社会的变迁，新时代的大学生思想政治教育模式不断崛起，注重培养学生的创新思维和综合素养，

推动学生思想政治素养的全面提升。而基于互联网平台的思想政治教育，则为大学生教育提供了更多的可能性和途径，通过互联网平台的普及和应用，可以更有效地传递思想政治理论知识，拓宽学生的视野和思维方式，从而促进大学生全面发展和成长。

在互联网平台的支持下，大学生思想政治教育变得更加开放和多元化。学生们可以通过在线课程、讨论论坛和社交媒体等渠道，获取来自全球范围内的各种思想政治观念和信息。这种开放性不仅有助于学生对于政治理论知识的深入理解，还能够激发学生对于社会问题的独立思考和批判性思维能力的培养。

互联网平台还为大学生提供了更多参与思想政治实践的机会。通过线上活动和互动平台，学生们可以参与到各种有意义的政治实践中，例如参与社会公益活动、关注公共政策讨论、参与政治实践调研等。这种参与性教育不仅促进了学生思想政治素养的提升，还有助于培养学生的社会责任感和公民意识，让他们成为更加积极参与社会发展的人才。

值得一提的是，互联网平台的思想政治教育还可以促进学生间的交流和合作。在线讨论和协作平台让学生们能够分享自己的观点和想法，与他人进行思想碰撞，共同探讨和解决重要的社会问题。这种开放和民主的交流氛围有助于打破思维定式，拓宽学生的视野，培养团队合作精神和跨学科思维能力。

基于互联网平台的思想政治教育为大学生的全面发展和成长提供了全新的路径和机遇。通过互联网平台，大学生将不再受限于传统教育模式的束缚，而是可以更加自主地探索和学习，拓展自己的知识面和思考深度，从而实现个人价值的最大化。

在新时代，大学生思想政治教育的方式和方法正在发生深刻的变化。在传统教育模式下，大学生思想政治教育往往以灌输和口头讲解为主，学生被动地接受知识，缺乏思辨和批判性思维的训练。然而，随着社会的不断进步和发展，新时代要求大学生具备更强的自主学习能力和创新精神。因此，引入问题式学习和案例教学成为当下大学生思想政治教育的重要趋势。

问题式学习和案例教学为大学生提供了更为具体和实践性的学习方式，通过学生自主探究和分析问题、解决问题的过程，培养了他们的批判性思维和创新意识。学生在解决实际问题的过程中，不仅能够掌握相关知识，还能够培养解决问题的能力和意识，提升自己的综合素质。

随着问题式学习和案例教学的广泛应用，大学生思想政治教育进入了一个全新的阶段。教师的角色也发生了变化，不再是简单地传授知识，而是引导学生主动思考和探索，激发他们的学习兴趣和创造力。通过问题式学习和案例教学，大学生的思想政治素养得到了有效的提升，为他们未来的成长和发展奠定了坚实的基础。

随着社会的不断发展和变革，大学生思想政治教育也面临着新的挑战和机遇。在这样的背景下，问题式学习和案例教学的重要性越发凸显。通过引入这些新的教学方法，不仅可以激发大学生的学习热情，还可以提高他们的思维能力和解决问题的能力。

在问题式学习和案例教学的指导下，大学生可以在实践中学习知识，更好地掌握理论与实践相结合的能力。通过分析和解决问题的过程，他们能够培养自己的判断力和批判性思维，提高自己的综合素质和竞争力。而教师的角色也变得更加重要，他们不再是简单的传授知识，而是要引导学生主动思考和学习，培养他们的创新精神和解决问题的能力。

问题式学习和案例教学的引入，为大学生的思想政治教育注入了新的活力和动力。学生们不再只是被动接受知识，而是通过自主学习和实践探究，不断提升自己的能力和素质。这种教育方式不仅使学生能够更好地适应社会的发展需求，还为他们未来的发展和成长打下了坚实的基础。

因此，问题式学习和案例教学成为当今大学生思想政治教育的主流趋势，为培养德智体美劳全面发展的社会主义建设者和接班人提供了有力支撑。希望在这样的教育模式下，大学生能够不断锤炼自己的技能和意识，成为国家和社会发展的中坚力量。

在新时代大学生思想政治教育模式的崛起中，基于学生自主性和参与性的思想政治教育成为一种重要的教育模式。这种教育模式不再是简单的灌输知识和观念，而是鼓励学生积极参与和主动思考，培养他们的自主性和创造性。通过让学生参与到教育过程中，他们能够更好地理解和接受思想政治教育的内容，提高他们的综合素养和社会责任感。这种教育模式让学生成为学习的主体，促使他们积极参与到思想政治教育中来，不仅提高了教育的效果，也增强了学生的思想品质和价值观念。通过基于学生自主性和参与性的思想政治教育，可以培养出更加综合和全面发展的大学生，为他们未来的发展奠定坚实的基础。

在新时代大学生思想政治教育模式的崛起中，基于学生自主性和参与性的思想政治教育成为一种重要的教育模式。这种教育模式不仅是教师单方面传授知识，而是与学生建立起一种平等互动的关系。通过学生自主参与和主动思考，他们不仅能够更好地理解和接受思想政治教育的内容，同时也能够提高自身解决问题的能力和创造性思维。学生在参与教育过程中逐渐明白，思想政治不仅是一种学科知识，更是一个人综合素养和社会责任感的培养。

基于学生自主性和参与性的思想政治教育，让学生在思考问题时更具批判性和独立性，不仅可以对所学知识有更深入的理解，同时也能够形成自己独特的见解和观点。这种教育模式让学生的学习更加有动力和目标性，他们会在参与中获得成长，不断提升自我。通过参与性教育，学生能够更全面地发展自己的能力和潜力，为未来的发展打下坚实的基础。

在这种教育模式下，学生不再是被动接受者，而是积极的参与者和探索者。他们的思维会更加活跃，对世界的认知也会更加深刻。基于学生自主性和参与性的思想政治教育，是教育的未来发展方向，是培养具有创新精神和社会责任感的新时代大学生的必然选择。通过这样的教育模式，我们相信，未来的学生将会更加自信、独立，也将会在社会中更加出色地展现自己。

在传统教育模式下，大学生思想政治教育注重灌输知识和理论，强调学生的理性思维和学术能力的培养。然而，随着社会的不断发展和变革，新时代的大学生思想政治教育模式开始崛起，更加注重培养学生的情感素养和人文素质。这种转变不仅使大学生在专业知识上得到提升，更重要的是让他们具备积极的心理品质和社会责任感。

新时代大学生思想政治教育模式的崛起，呼唤着教育者关注学生的内在需求和情感体验，引导他们树立正确的人生观和价值观。重视情感教育和素质培养，不仅能够帮助大学生更好地适应社会的发展需求，还能够提升他们的综合素质和社会竞争力。因此，大学生思想政治教育的重要性不仅在于传授知识，更在于培养学生全面发展的能力，让他们成为具有高度文化素养和积极向上精神的优秀青年。

在当今社会，大学生除了学习专业知识外，更需要具备一定的情感素养和人文素质。这种全面发展的培养模式，正是为了让他们在未来的社会生活中能够更好地适应和融入。通过重视情感教育，学生可以更好地锻炼自己的情感表达能力和人际交往技巧，培养出积极向上的心态和品格。同时，注重人文素养的培养也能够使他们更加关注社会热点问题、提高社会责任感，从而为社会发展贡献自己的力量。

新时代大学生思想政治教育模式的崛起，不仅是对以往传统教育模式的一种补充和完善，更是对教育理念的更新和升华。这种全面发展的培养模式，强调个体的内在需求和个性发展，追求学生身心的健康和全面成长。在这样一个多元化和开放的时代，大学生更需要具备跨学科的综合素养和思维能力，才能真正拥有竞争力和适应力。

因此，大学生思想政治教育不再只是传授知识，更加注重培养学生的全面发展能力。只有通过重视情感教育和人文素养的培养，大学生才能真正成为具有高度文化素养和积极向上精神的优秀青年,为国家和社会的发展贡献自己的力量。

传统教育模式下的大学生思想政治教育一直是以灌输为主要方式,通过一种特定的意识形态进行教育。然而,随着社会的不断发展变化,新时代大学生思想政治教育模式逐渐崛起,更加注重个体的价值观和多元文化的融合。这种教育模式以尊重个体差异和多元文化为核心,致力于培养学生的思辨能力和创新精神,使他们更好地适应社会的发展需求。基于多元文化和价值观的思想政治教育模式不仅关注学生的思想品质和道德风范,更重要的是引导学生建立正确的世界观、人生观和价值观,使他们具备独立思考和判断的能力,成为德智体美劳全面发展的社会主义建设者和接班人。

在新时代的大背景下,多元文化和不同价值观的融合成为当下思想政治教育的重要内容。学校应该致力于培养学生的开放性思维,让他们能够接纳并尊重不同文化的存在。通过多元化的教学内容和教学方法,学生可以更好地理解和包容不同文化之间的差异,从而更好地融入社会。思想政治教育不再是简单地灌输某种特定的思想,而应该引导学生自主思考,形成独立的价值观。

在这种教育模式下,学校的培养目标也发生了一定的变化。不再是仅追求学生的学术成绩,而是更加注重学生的综合素质和社会适应能力。学校应该提供一个多元化的学习环境,让学生能够在其中获得不同文化和思想的碰撞,进而形成自己的独特见解。通过这种方式,学生可以更好地适应社会的变化,成为具有创新精神和人文关怀的综合型人才。

基于多元文化和价值观的思想政治教育模式,不仅仅是为了培养学生的道德品质,更是为了引导他们树立正确的世界观和人生观。只有通过这种方式,学生才能更好地理解社会的本质,积极融入社会生活,并为未来的社会主义建设做出积极贡献。多元文化和价值观的融合,将为学生的成长提供更广阔的空间,让他们在不断的思考和探索中实现自己的人生理想。

三、大学生思想政治教育的现状和挑战

大学生思想政治教育的教育资源不足和分配不公问题已经成为当前教育领域的热点话题。随着社会的发展和经济水平的提高,大学生思想政治教育面临着越来越多的挑战。教育资源的不足和分配不公问题在很大程度上影响了大学生思想政治教育的质量和效果。教育资源的不足导致大学生思想政治教育缺乏足够的支持和保障,影响了教育的全面发展。同时,教育资源的分配不公也使得一些地区和学校得到了较多的资源支持,而其他地区和学校却面临着资源匮乏的困境。这种不公平的分配导致了教育资源的浪费,严重影响了大学生思想

政治教育的发展。同时,教育资源的不足和分配不公还会加剧教育不公平现象,使得一些学生无法获得良好的教育资源,影响了他们的思想政治教育水平和素养提升。因此,我们需要关注和解决教育资源不足和分配不公问题,为大学生的思想政治教育提供更好的支持和保障。

教育资源的不足和分配不公是当前教育体制中一个亟须解决的问题。这种现象导致了大学生思想政治教育受到了严重的影响,使得一些学生无法获得到应有的教育资源。在这种情况下,很难保证大学生的思想政治教育能够达到预期的效果,甚至会对他们的综合素养和发展产生不利影响。

面对教育资源的不足和分配不公,我们需要加强对教育资源的合理配置和利用,确保每个学生都能够平等地享受到优质的教育资源。还需要建立更加公平和公正的教育资源分配机制,避免资源过度集中在某些学校或地区,导致其他地区和学校资源匮乏的状况。只有通过这样的努力,才能使大学生思想政治教育得到全面的发展,确保他们都能够受益于高质量的教育资源。

同时,政府和社会各界也需要加大对教育资源的投入和支持,为教育体系的良性发展提供坚实的基础。只有通过全社会的共同努力,才能够改变当前教育资源不足和分配不公的局面,为大学生的思想政治教育打下更加坚实的基础。让每位大学生都能够接受到有力支持和保障的思想政治教育,让他们在成长过程中得到全面的提升和发展。

大学生的参与度和学习积极性普遍较低,这已经成为当前大学思想政治教育面临的一个重要挑战。这种现象的存在与多种因素有关,需要我们深入探讨和思考。学生在思想政治教育中的被动性和消极性不仅影响了他们个人的素养提升,也对整个教育体系的有效性和可持续性构成了严峻的考验。如何引导学生更加积极主动地参与思想政治教育,激发他们的学习热情和求知欲,是当前迫切需要解决的问题之一。

大学生的参与度和学习积极性的低下不仅是一个个体的问题,更是整个教育体系中的一个亟待解决的难题。对于大学生而言,积极主动参与思想政治教育是提升自身素养和增强社会责任感的重要途径。然而,在当前背景下,学生往往因为各种外部和内部因素而表现得消极被动。面对这种现象,我们不能简单地归咎于学生个人,而是需要从制度、教育方式、课程设置等多方面入手,共同努力解决。

大学应该在思想政治教育课程的设计上进行优化,创新教学方法和内容,使之更加贴合学生的实际需求和兴趣。通过引入互动性强、具有挑战性和启发性的教学内容和活动,激发学生的学习兴趣和动力,让他们在参与的过程中真正体验到知识的魅力和影响力。

学校和老师应该更加关注学生的心理健康和情感需求，创造一个积极向上的学习氛围。对于一些学习压力较大或缺乏自信心的学生，可以通过心理辅导和个性化指导，引导他们建立正确的人生观和价值观，从而更好地融入思想政治教育中，并从中受益。

家庭和社会也应该共同参与到大学生思想政治教育的过程中。家长和社会应该给予学生更多的关爱和支持，鼓励他们勇敢表达自己的观点和见解，培养他们独立思考和批判精神。只有全社会共同努力，才能让大学生的参与度和学习积极性得到有效提升，为思想政治教育的深入发展打下坚实基础。

四、未来大学生思想政治教育的发展趋势

在未来的大学生思想政治教育中，强化实践教育和综合素养培养将成为重要的趋势。通过实践教育，学生可以将所学知识应用于实际生活中，培养解决问题的能力和创新思维。同时，综合素养培养则能帮助学生全面发展，不仅在学术上有所突破，还在人文、社会、自我管理等方面得到提升。

实践教育和综合素养培养的目的在于让学生更好地适应社会发展的需求，培养具有综合素质的人才。这不仅要求学生具备扎实的学术基础，还需要具备实践能力、综合素养和创新意识。只有这样，大学生才能在未来的社会中发挥重要作用，为国家和社会的发展做出贡献。

综合素养包括了多方面的素养，如文化素养、科学素养、人文素养、艺术素养等。通过综合素养培养，可以促使学生全面发展，不仅是培养一种单一能力，而是让学生在各个方面都有所突破，具备全面的综合素质。

强化实践教育和综合素养培养是大学生思想政治教育的重要内容，是推动大学生全面发展的关键。通过实践教育和综合素养培养，可以让学生在学习中更具动手能力和实践能力，提升学生的综合素养水平，为未来的发展奠定坚实的基础。

在当今社会，随着科技和经济的不断发展，社会对人才的需求也在不断增加。为了适应这种需求，大学应该更加注重强化实践教育和综合素养培养。只有通过实践，学生才能真正地将所学知识运用到实际生活中，才能更好地适应未来复杂多变的社会环境。同时，综合素养的培养也能够帮助学生在各个领域都有所建树，拥有更广泛的视野和更丰富的人生经验。

强化实践教育和综合素养培养不仅仅是为了学生个人的发展，更是为了国家和社会的繁荣进步做出贡献。通过这样的培养模式，大学生不仅能够在学术上有所突破，更能够在实践中展现自己的能力，为社会做出更多的贡献。实践

能力和创新意识的培养,将使大学生在未来的竞争中更具优势,更能够胜任各种复杂的工作和挑战。

综合素质的培养将帮助学生更好地理解和尊重不同文化背景的人,更加具备社会责任感和团队合作精神。同时,综合素养也包括了对环境保护和可持续发展的关注,让学生在成长过程中就能够树立正确的价值观念和行为准则。

总的来说,强化实践教育和综合素养培养是大学教育中至关重要的部分,将会对学生的成长和未来发展产生深远影响。只有在这种全面培养的模式下,大学生才能真正成为具有综合素质的人才,为社会的进步和发展贡献自己的力量。

在传统教育模式下,大学生思想政治教育一直是以标准化、集中化为主要特点。但随着社会的不断发展和教育理念的不断更新,未来大学生思想政治教育将呈现更加多元化、个性化的发展趋势。推行个性化教育和因材施教将成为教育改革的重要方向,以更好地满足每个大学生的个性需求,培养更多具有独立思考能力和创新精神的人才。

在推行个性化教育和因材施教的重要方向下,大学生思想政治教育将变得更加灵活多样。学校可以根据学生的不同特点和需求,设计相应的教育方案,为每个学生量身定制最适合他们发展的培养计划。通过个性化教育,可以更好地激发学生的学习热情和潜能,培养出更具有综合素质和创新意识的人才。

在个性化教育的框架下,学生将有更多的选择空间,可以根据自己的兴趣和特长选择不同的学习路径和课程。学校可以通过开设各种不同形式的思想政治教育课程,如讨论班、研讨会、实践活动等,来满足学生对于思想政治教育多样化的需求。同时,个性化教育也将促进学生之间的交流和互动,培养学生的合作能力和团队精神。

在因材施教的原则下,老师将更加关注学生的个体差异,采取灵活的教学方法和手段,帮助学生解决学习中遇到的问题和困难。老师可以通过个性化辅导、导师制度等方式,为学生提供更加贴心和有效的教育指导,帮助他们更好地成长和发展。同时,因材施教也能够激发学生的学习动力和创新能力,使他们在思想政治教育中获得更为全面和深入的提升。

总的来说,推行个性化教育和因材施教将为大学生思想政治教育带来新的发展机遇和挑战,促进学生个性化成长和素质提升。只有不断创新教育模式,从个体需求出发,才能更好地适应当代大学生的教育需求,培养更多具有创新精神和综合素质的人才。

在未来大学生思想政治教育的发展中,新技术和多元化教学手段将起着至关重要的作用。随着科技的不断进步,传统的教育模式已经不能满足大学生的学习需求,因此引入新技术成为必然选择。同时,多元化教学手段的应用也能够更好地满足个性化学习的需求，提高教学效果和学生的学习兴趣。这种变革不仅能够促进大学生的全面素养提升，还能够更好地培养他们的思想政治素养，助力他们成为德智体美劳全面发展的社会主义建设者和接班人。

在未来的大学生思想政治教育中，引入新技术和多元化教学手段将对学生的发展起到至关重要的作用。新技术的使用不仅可以提供更便捷、高效的学习方式，还能够激发学生的学习热情，使他们更主动地参与到课堂教学中来。同时，多元化的教学手段也能够满足不同学生的学习需求，帮助他们更好地理解和吸收知识。

通过引入新技术和多元化教学手段，教师能够更好地发挥自己在课堂中的引导作用，促使学生更深入地思考和探索知识。这种教学方式能够培养学生的批判性思维能力和创新意识，使他们具备更强的自主学习能力。同时，多元化教学手段也能够促进学生之间的合作与交流，培养他们的团队合作意识和沟通能力。

除此之外，新技术和多元化教学手段的运用还可以提升学生的信息素养和科技素养，使他们更好地适应未来社会的发展需求。学生通过这种方式学习，不仅可以获取更广泛的知识，还能够培养跨学科的思维能力，为他们将来从事各行各业打下坚实的基础。

总的来说，引入新技术和多元化教学手段必将为大学生的思想政治教育带来全面的提升，帮助他们更好地成长为具有社会责任感和创新精神的优秀人才。这种教学变革不仅是对传统教育的一次革命性突破，也是为培养未来社会的建设者和领导者注入了新的活力与希望。

在传统教育模式下，大学生思想政治教育主要注重灌输传统的思想观念和意识形态，强调学生应该服从权威、维护秩序，缺乏对学生个性和思维方式的重视。然而，随着时代的变迁和社会的发展，传统教育模式逐渐暴露出许多弊端和局限性。未来的大学生思想政治教育将更加注重培养学生的创新能力和独立思考能力，鼓励学生积极参与社会实践，培养自主学习和解决问题的能力。倡导注重创新和独立思考的教育理念呼吁教育者要关注学生的个性发展，激发学生的求知欲和探索精神，引导学生不断探索自我、拓展思维边界，培养具有批判性思维和创造性思维的综合能力。

在当今社会，大学生思想政治教育的重要性日益凸显。随着社会的不断进步和发展，传统的思想政治教育方式已经显得有些滞后和不适应，急需更新换代。未来的大学生思想政治教育需要更加注重学生个性的培养，激发学生的内在潜能，引导他们去探索和实践。通过开展多元化、富有启发性的教学活动，使学生在实践中获得成长和提升。

倡导注重创新和独立思考的教育理念，需要教育者在传授知识的同时，注重培养学生的独立性和创造性思维能力。只有让学生习得知识，才能"灌输"给他们一种主动学习、批判思维的态度和方法，让他们在自主学习中不断地挑战自己，突破自我，实现个性化的发展。教育者要做的是引导学生去发现问题、思考问题，并尝试解决问题，而非简单地灌输知识。

在未来大学生思想政治教育中，应该为学生提供更广阔的社会实践场景，鼓励他们积极参与社会活动，从而更好地融入社会，增强责任感和使命感。教育者应该成为学生身边的指引者和支持者，为他们搭建成长的舞台，让他们敢于面对挑战，勇于创新思考，培养他们具备批判性思维和创造性思维的综合能力。

未来的大学生思想政治教育需要摆脱传统的束缚，走向更为开放、多元、创新的道路，助力大学生全面成长，为社会的发展和进步贡献自己的力量。愿所有教育者和学生共同努力，打造更加和谐、开放、包容的教育生态，让每个大学生都能在这里茁壮成长，放飞理想，实现自我。

加强师资队伍建设是提高大学生思想政治教育质量的关键一环。教师的专业水平和思想政治素养是影响教学效果的重要因素。通过加强教师的培训和学习，提升他们的专业知识和能力，使他们能够更好地传授思想政治理论知识，引导学生树立正确的世界观、人生观和价值观。

教师的教学能力也是影响教学质量的重要方面。教师需要不断提升自己的教学方法和手段，注重培养学生的独立思考能力和创新精神，引导他们积极参与社会实践，将理论知识应用于实际生活中。

除了加强师资队伍建设，优化教学管理也是提高思想政治教育效果的重要途径。课程设计需要更加贴近学生的需求和实际情况，注重培养学生的综合素养和终身学习能力。教学内容要丰富多样，注重理论联系实践，引导学生从课堂走向社会，将所学知识运用于实际中。

教学评估也是教学管理的重要环节。通过建立科学合理的评估体系，可以全面、客观地评价教师的教学效果和学生的学习成果，及时发现问题并加以整改。同时，要注重教学成果的及时反馈和总结，不断改进教学方法和手段，提高教学质量和效果。

加强师资队伍建设和优化教学管理是提高大学生思想政治教育质量的重要途径。只有不断提升教师的专业水平和教学能力，优化教学管理，才能真正实现大学生思想政治教育的目标，培养德智体美劳全面发展的社会主义建设者和接班人。

通过持续不断的加强师资队伍建设和优化教学管理，大学可以确保学生接受到高质量的思想政治教育。教师们应当不断提升自身的专业水平，积极参加教育培训，增强自己的教学能力，以更好地引领学生走向成功。教学内容的丰富多样也能激发学生的学习兴趣，激发他们的求知欲和自主学习能力。同时，建立科学合理的评估体系有助于全面客观地了解教学效果和学生学习成果，为改进教学提供有力的数据支撑。教学成果的及时反馈和总结，则能帮助教师掌握学生学习情况，及时调整教学方法，不断提升教学效果。

除此之外，加强教学管理也是至关重要的。建立健全的管理制度，明确教学目标和方向，规范教学行为，有序推进教学工作。教师要发挥示范引领作用，引导学生积极参与课堂活动，培养良好的学习习惯和自觉性。同时，也要加强与家长的沟通，形成家校合作的良好氛围，共同关注学生的学习和成长。通过不断完善教学管理，学校可以在教学过程中发挥更大的作用，为学生成长提供更加稳固的支持。

总的来说，加强师资队伍建设和教学管理优化是提高大学生思想政治教育质量的关键所在。只有不断改进教学方法，提高教学水平，才能真正实现大学生思想政治教育的目标，培养更多优秀的社会主义建设者和接班人。通过共同努力，我们一定能为学生的综合素养和终身学习能力的提升贡献自己的力量。

第四节 大学生素养对思想政治教育的影响

一、大学生素养的内涵与特点

大学生素养的提升不仅是指知识水平的提高，还包括了道德修养、创新意识、综合能力等方面。在这其中，知识水平的提升起着至关重要的作用。作为大学生，他们在学习过程中接触到各种学科知识，拓宽了视野、增长了见识，这有利于他们形成独立思考的能力，提高对事物的认知水平。

知识水平的提升对大学生的思想认识和政治素养有着深远的影响。知识水平的提升能够让大学生更加客观地看待问题，不被片面和主观的观点所左右。通过学习不同学科知识，大学生能够更好地理解历史、政治、社会等方面的发展规律，从而形成全面、科学的思维方式。

知识水平的提升也有助于大学生提高政治素养。在大学期间，学生接触到了丰富的思想文化资源，了解到了不同政治体制下的国家发展和政治变革。这些知识的积累使得大学生更加懂得尊重历史、珍惜和平、维护社会和谐，具备正确的政治认知和价值观念。

知识水平的提升也为大学生树立正确的人生观、价值观奠定了基础。通过学习社会科学、人文学科等知识，大学生能够更好地理解人类社会的进步和发展，领悟到人生的意义和价值所在。这样的认知有助于他们树立正确的人生目标，塑造积极向上的人格，为社会贡献力量。

总的来说，知识水平的提升对大学生的思想认识和政治素养具有重要的影响。通过不断学习、积累知识，大学生能够成长为具备良好素养、正确思想和政治自觉的新时代青年，为构建社会主义现代化建设的中国梦不懈努力。当然，大学生素养的提升也需要思想政治教育的引导和支持，只有在思想政治教育的指导下，大学生的素养和思想觉悟才能得到更好的提升。

大学生是国家的未来和希望，他们的知识水平的提升不仅是个人发展的需要，更是整个社会进步的关键。通过学习，大学生可以拓宽视野，提升自身修养，增强社会责任感和使命感。这些都是他们成长过程中重要的一部分。在不断学习和积累知识的过程中，大学生也可以更好地适应社会的发展变化，更好地适应未来的挑战和机遇。

知识水平的提升也可以帮助大学生更好地理解世界，从而培养他们的批判性思维和创新能力。在知识的海洋中徜徉，大学生能够不断挖掘未知领域，探索新的思维模式，开拓新的研究方向，为人类社会的进步和发展贡献力量。同时，通过学习，大学生可以提升自己的竞争力，更好地适应职场的需求，实现个人的价值和梦想。

总的来说，知识水平的提升是大学生成长过程中不可或缺的一部分。只有不断学习、不断积累知识，大学生才能在未来的社会中立于不败之地，展现自己的风采，为建设美好的社会贡献自己的力量。所以，让我们一起努力，不断提升自己的知识水平，为美好的未来而努力奋斗吧！

道德修养是大学生素养的重要组成部分，也是塑造其思想品质和道德观念的关键环节。道德修养的培养不仅仅是对学生行为的规范，更是对其内心世界的引导和培养。大学生在校园里接受的道德修养教育，不仅是在课堂上进行，更多的是通过各种形式的活动、交流和实践来体现和巩固。

道德修养的培养需要学校、家庭和社会的共同努力。学校是培养大学生道德修养的主要场所，通过思想政治课、道德修养讲座、志愿活动等形式，引导学生树立正确的道德观念和行为准则。同时，家庭是学生道德修养的起点，家庭教育对学生道德品质的养成起着至关重要的作用。社会则是学生道德修养的实践场所，通过学生参与社会实践、志愿活动等，引导学生将道德观念付诸实践，增强道德实践能力。

道德修养的培养需要注重学生的情感教育和人文关怀。大学生正处于青春期，情感起伏较大，情感教育可以帮助学生正确看待自己的情感变化，树立正确的人生观和价值观。人文关怀则是对学生身心健康的维护和关爱,学校和社会应该给予学生足够的关怀和支持,使他们在健康快乐的环境中成长。

道德修养的培养需要引导学生注重自我认知和自我调控。学生应该自我审视,及时发现自己的道德问题,并主动进行自我调整和改正。同时,学校和社会也需要建立起健全的道德监督制度,对学生的行为进行监督和引导,使之遵纪守法,端正行为,树立正确的社会道德观。

道德修养是大学生素养的重要体现,是塑造学生思想品质和道德观念的基础。要加强对大学生的道德修养培养,不仅需要学校、家庭和社会的共同努力,更需要关注学生情感教育和人文关怀,引导学生注重自我认知和自我调控。只有这样,才能有效提升大学生的道德修养水平,为他们的健康成长和社会发展贡献力量。

道德修养的培养是大学教育的重要任务之一,对于学生的素质提升和未来发展至关重要。在这个过程中,学校、家庭和社会都需要共同发挥作用,给予学生足够的关怀和支持。除了引导学生注重自我认知和自我调控外,还需要注重情感教育和人文关怀的传递。学生在接受教育的同时,也需要学会尊重他人,关心他人,培养同理心和责任感。道德修养的培养不是一蹴而就的事情,需要长期的指导和引导,需要从点滴小事做起,让学生在日常生活中自然而然地养成正确的道德观念和行为习惯。只有这样,学生才能在健康快乐的环境中茁壮成长,为社会的发展做出更大的贡献。让我们共同努力,为大学生的道德修养培养贡献自己的力量,让他们成为德才兼备的栋梁之材,为构建和谐美好的社会贡献自己的一份力量。

大学生素养的内涵与特点体现了一个人的整体素质和修养水平,包括道德素养、学术素养、创新素养、文化素养等多方面内容。然而,在这其中,思想觉悟的增强是至关重要的一个方面。当大学生的思想觉悟达到一定程度时,不仅可以帮助他们正确看待社会现实,还可以促使他们更好地接受思想政治教育,提升其思想认识和政治意识。

思想觉悟的增强使大学生更加开放与包容。随着社会的不断发展和进步,大学生必须具备开放的心态和包容的态度,才能更好地适应多元化的社会环境。当大学生的思想觉悟得到增强时,他们往往能更加客观地看待问题,更加理性地对待他人的不同观点,这有助于培养他们的开放性思维和包容性情感,使其更具有社会责任感和社会参与意识。

思想觉悟的增强还能够提升大学生的思想认识水平。在传统的思想政治教育中,大学生通常被灌输一些理论知识和政策宣传,而这些知识往往较为抽象和晦涩,难以被大多数学生真正理解和接受。然而,当大学生的思想觉悟得到提升时，他们更容易理解并吸收这些知识，通过自主思考和独立思考，形成独立的思想认识体系，从而提升自己的思想认识水平。

思想觉悟的增强还能够加强大学生的政治意识。在当今社会，政治意识是每个公民都应具备的意识形态，尤其是大学生这一群体，他们将成为社会的中坚力量，其政治意识的形成对于社会的稳定和发展至关重要。当大学生的思想觉悟得到提升时，他们会更加重视政治知识的学习和政治现象的观察，对于国家的政治体制和政治运行有更深入的了解和认识，从而形成积极的政治态度和社会责任感。

总的来说，大学生素养与思想政治教育之间存在着密不可分的关系，其中思想觉悟的增强对大学生思想认识和政治意识的提升起到了至关重要的作用。只有通过加强大学生的思想觉悟培养，才能更好地推动大学生素养的提升，实现大学生健康成长和全面发展的目标。希望在未来的教育实践中，能够更加注重大学生思想觉悟的培养，为他们的健康成长和社会发展贡献力量。

大学生作为社会的中坚力量，其思想觉悟的增强对于整个社会的稳定和发展起着重要作用。当大学生对政治有深入的了解和认识时，他们会更加关注国家的政治体制和政治运行，形成积极的政治态度和社会责任感。这种政治意识的提升可以促进大学生的综合素养的提高，使他们在社会中发挥更大的作用。

大学生是社会未来的希望，他们需要具备较高的道德觉悟和社会责任感。只有通过不断增强思想觉悟，大学生才能更好地理解社会现实，更好地适应社会发展的需要。在这个过程中，政治知识的学习和社会实践的经历同样至关重要。大学生要具备独立思考和批判性思维能力，这样才能在复杂多变的社会环境中立于不败之地。

同时，大学生的思想觉悟的增强可以提高他们的社会参与意识和公民意识，促进社会的民主化进程。只有当大学生具备了正确的思想认识和政治态度，才能更好地为社会的发展贡献力量。因此，大学生的思想觉悟培养既是个人成长的需要，也是社会繁荣的基础。

总的来说，在大学生思想觉悟的增强过程中，教育部门和社会应该共同努力，为大学生提供更广阔的学习平台和成长空间，帮助他们树立正确的世界观和人生观。只有这样，才能培养出更多具备高素养和积极社会责任感的新一代青年，为建设美好的社会贡献力量。

二、大学生素养与思想政治教育的互补关系

大学生素养与思想政治教育的互补关系密不可分，二者相互促进，相辅相成。理论学习与实践相结合是大学生素养提升和思想政治教育推动的重要途径之一。在校园内，学生们通过课堂学习了解到各种理论知识，学习到各种学科的原理和方法，培养了批判性思维和综合分析能力。例如，政治理论课程能够帮助学生理解和掌握党的理论和路线方针政策，提高他们的思想政治素养，增强他们的思想自觉和行动自觉。

然而，学生们要真正将所学的理论知识运用到实践中，才能更好地提升自己的综合素养。实践是检验理论的最好方法，只有将理论知识与实际问题结合起来，才能真正理解并应用所学知识。例如，学生们可以通过参加社会实践活动、参与社团组织、志愿者活动等，将所学的理论知识运用到实践中去，锻炼自己的实际工作能力和解决问题的能力，同时也增强了自己的社会责任感和使命感。

大学生的思想政治教育也需要与学生的综合素养相结合，促进学生全面发展。思想政治教育不仅是灌输理论知识，更要引导学生树立正确的世界观、人生观和价值观，在实践中不断提升自身修养和素质。通过开展各种思想政治教育活动，学校可以引导学生主动参与社会实践，拓宽自己的视野，增强社会责任感和使命感，培养学生的领导能力和创新思维。

总而言之，大学生素养与思想政治教育之间存在着密切的互补关系，二者相辅相成，相互促进。只有理论学习与实践相结合，才能真正提升学生的综合素养；只有思想政治教育与学生综合素养相结合，才能推动学生全面发展。大学生素养和思想政治教育的互补关系不仅有利于学生的个人发展，也有利于社会的进步和发展。希望学校和社会能够共同努力，为大学生的素养提升和思想政治教育的推动创造更好的条件。愿大学生们能够在学习和实践中不断成长，成为具有综合素养和正确思想政治觉悟的新时代青年。

在大学教育中，理论学习和实践相结合是非常重要的。只有当学生将所学的理论知识应用到实践中去，才能真正地加深理解和掌握。通过参与各种实践活动，学生可以将抽象的理论知识转化为具体的能力和技能，并在实践中不断完善和提升自己。

思想政治教育的目的在于引导学生树立正确的世界观、人生观和价值观。只有通过思想政治教育，学生才能明确自己的人生目标，树立正确的人生追求，并在行动中体现出自己的社会责任感和使命感。通过不断参与思想政治教育活

动,学生可以增强自己的思想政治觉悟,提高对社会的认识和理解,从而更好地担负起自己的社会责任。

大学生的素养和思想政治教育之间的互补关系是相辅相成的。只有当学生综合素养得到提升,他们才能更好地理解和接受思想政治教育的内容;而只有通过思想政治教育,学生的综合素养才能更好地得到锤炼和提升。这种互补关系不仅有利于学生的全面发展,也对社会的进步和发展起到了积极的推动作用。

因此,大学应该致力于创建良好的学习和实践环境,同时更加注重开展精彩纷呈的思想政治教育活动,以促进学生的全面发展和提高他们的综合素养。希望学校和社会能够共同努力,为大学生的成长和发展提供更加有利的条件,让他们成为具有综合素养和正确思想政治觉悟的新时代青年。愿所有大学生在理论学习和实践中不断探索、不断进步,成为为社会进步和发展贡献力量的中坚力量。

大学生素养与思想政治教育的互补关系密不可分。大学生素养是指大学生的知识水平、专业技能、思维能力、道德品质等综合素质。与此同时,思想政治教育旨在引导学生树立正确的世界观、人生观和价值观,培养学生的政治觉悟和社会责任感。两者相辅相成,相互促进,使得大学生在接受知识的同时也能够树立正确的思想觉悟和政治意识。

在思想政治教育中,思想政治理论与现实问题相结合至关重要。理论是指导实践的灯塔,而实践是考验理论的试金石。只有将理论与实践相结合,才能使思想政治教育更加深入人心,更有实效性。通过将理论引导与实际案例相结合,可以使大学生更加深刻地理解和领会理论的真谛,同时也能更好地将理论落实到实际生活中,提高实践能力。

例如,在学习马克思主义的理论基础上,结合当下社会热点问题进行研讨和讨论,可以使学生更加深刻地认识到马克思主义的时代性和现实意义,激发他们对社会主义事业的热爱和信念。而通过学习和探讨历史事件和政治案例,在掌握了相关理论知识的同时,也可以使学生更加客观全面地认识社会现实,增强分析和解决实际问题的能力。

正是因为思想政治理论与现实问题相结合,大学生思想觉悟的提升和政治意识的培养才能更加深入有效。通过理论教育激发学生的思考和探索,通过实际问题引导学生的分析和解决,使得大学生在素养和思想政治教育两方面均得到全面提升,成为具有高度社会责任感和价值观的现代青年。

大学生素养与思想政治教育的互补关系在当今社会教育中具有重要意义。只有通过理论知识与实际问题相结合,将思想政治教育落实到实际行动中,才能更好地提升大学生的素养和思想觉悟，培养他们成为社会主义建设的合格接班人。

思想政治理论与现实问题相结合，是大学生培养综合素质的关键。在理论知识的指导下，大学生能够更好地认识社会的复杂性和多样性，在实际问题的挑战中不断提升自身的解决问题能力。只有通过思考历史事件和政治案例，结合当下的社会现实，大学生才能更加深刻地理解理论知识的内涵和现实意义。

思想政治教育不仅仅是灌输知识，更重要的是引导学生树立正确的世界观、人生观和价值观。当大学生能够将理论知识与实际问题相结合时，他们将更加坚定自己的信念，更加自信地面对未来的挑战。通过思想政治理论与现实问题的结合，大学生可以不断拓展自己的认知边界，提高自己的综合素养和社会责任感。

在当今社会，大学生的使命不仅是接受优质的教育，更重要的是肩负起社会责任，积极参与到国家建设和社会发展中去。只有思想政治理论与现实问题相结合，大学生才能真正成为具有使命感和担当精神的新时代青年。通过不断学习思考，运用理论知识解决实际问题，大学生将不断成长，迎接未来社会的挑战。思想政治教育的目的就在于培养出这样一批具有扎实理论基础和实际能力的优秀青年，他们将成为国家和社会发展的中坚力量。

三、大学生素养促进思想政治教育的提升

大学生素养对思想政治教育的影响体现在于对学生综合素质的提升和对个人行为规范的引导，从而促进思想政治教育水平的不断提高。大学生素养的增强不仅关乎学生的学业表现，更重要的是对学生立德树人的教育效果。通过培养学生正确的价值观和道德观，有助于增强其对社会主义核心价值观和中国特色社会主义理论的认同和理解，进而促使其在思想政治教育方面达到更高水平。

大学生应当积极参与社会实践活动，这不仅可以增加学生的社会经验和实践能力，更可以让学生更好地了解社会现实，接触社会问题，增强社会责任感和使命感。通过参与社会实践活动，大学生可以更好地将所学理论知识与社会实践相结合，从而更深刻地领会思想政治教育的重要性和必要性，促使其在实践中不断提升自身的思想政治素养。

大学生应当注重个人修养和道德品质的培养，树立正确的人生观和价值观，牢固树立社会主义核心价值观，自觉遵守社会道德规范，做一个对社会有益处的人。通过培养正直、诚信、勤奋、守纪律等良好品质，大学生可以更好地践

行社会主义核心价值观，积极传承和弘扬中华民族优秀传统文化，为实现中华民族伟大复兴的中国梦贡献力量。

大学生不仅应当积极参与社会实践活动，还应当注重个人修养和道德品质的培养。只有通过不断提升自身素养和品质，才能更好地服务社会、回馈社会。正直、诚信、勤奋、守纪律等良好品质是大学生必须具备的基本素质，只有这样才能更好地践行社会主义核心价值观，为社会做出积极的贡献。

与此同时，大学生还应当树立正确的人生观和价值观，牢固树立社会责任感和使命感。只有明确自己的责任和使命，才能更好地为实现中华民族伟大复兴的中国梦贡献力量。通过传承和弘扬中华民族优秀传统文化，大学生可以更好地培养爱国主义情怀和民族自豪感，坚定信念，勇往直前。

在社会实践活动中，大学生要不断完善自己，提高自身素养和综合能力。只有不断地学习和进步，才能更好地适应社会的发展需求，实现自己的人生价值。勇于担当，乐于奉献，才能成就一番事业，引领社会前行。因此，大学生要积极参与社会实践活动，不断提升自身素质，为社会发展和民族复兴贡献自己的力量。

主动学习相关知识与理论，对大学生的素养和思想政治教育起着至关重要的作用。大学生通过主动学习相关知识和理论，能够提升自身的综合素质，拓宽自己的视野，增强自己的批判思维能力。这种主动学习的态度和行为不仅有助于提高大学生的学术水平，还能够促进他们对思想政治教育的理解和实践。大学生通过主动学习，可以更好地理解和把握国家的政治方针政策，增强民族自豪感和国家责任感。因此，大学生的素养与思想政治教育之间存在着密切的联系，相互促进，共同推动社会的发展与进步。

大学生在主动学习相关知识与理论的过程中，不仅可以提升自身的学术水平，还可以培养自己的独立思考能力和批判性思维。通过主动学习，他们可以更好地理解社会现实，审视问题的多面性，并提出积极的解决方案。主动学习还能够帮助大学生拓展自己的知识领域，增强综合素质，让自己在不同领域都能够游刃有余。

除此之外，主动学习还可以让大学生更加了解国家的政治方针政策，激发他们对国家发展的热情和责任感。他们会更加珍惜来之不易的和平与稳定，积极践行社会主义核心价值观，为推动社会的发展与进步贡献自己的力量。通过主动学习，大学生能够树立正确的人生观、价值观，树立正确的世界观，培养积极向上的心态。

总的来说，主动学习相关知识与理论对大学生的素养和思想政治教育有着非常重要的意义和作用。只有通过主动学习，大学生才能够更好地适应社会发展的需求，实现个人价值与社会价值的统一，不断提高自身综合素质，成为具有社会责任感和国家认同感的新时代青年。这种主动学习态度将会激发大学生更多的创新与进取精神，为构建和谐、和睦、共同繁荣的社会贡献力量，谱写属于自己的华丽人生篇章。

在大学生素养与思想政治教育之间存在着密切的联系。大学生素养是思想政治教育的基础，是培养学生综合素质和全面发展的重要保障。大学生素养的提高不仅可以增强学生对思想政治教育的接受能力和执行力，还可以促进思想政治教育的实效性，使其取得更加显著的成效。加强思想政治教育实效性，需要注重提高学生自身素质，培养学生正确的思想道德观念和政治立场，使其具有正确的人生观、价值观和世界观，做到学以致用，将所学到的知识与实际生活和社会实践结合起来，真正做到知行合一，为社会主义建设做出积极的贡献。

在大学生素养与思想政治教育之间存在着密切的联系，这种联系是一种内在的必然性。大学生作为未来社会的中坚力量，其素质的提高对于国家和社会的发展至关重要。在大学教育中，思想政治教育扮演着至关重要的角色。通过对学生进行正确的思想道德教育和政治教育，可以培养学生正确的世界观、人生观和价值观，使他们在日常生活和社会实践中树立正确的行为准则。

加强思想政治教育实效性，需要学校和教师加大对学生的引导和教育力度，指导学生正确看待国家政策和社会现象，增强社会责任感和使命感。同时，学生个体也要注重提高自身的素质，不断充实自己的知识储备，不断提升自己的综合能力。只有将所学到的知识与实际生活和社会实践结合起来，才能真正做到知行合一，才能在各个领域取得更好的发展。

大学生应当注重自身修养的提高，注重培养正确的思想道德观念和政治立场，做到始终保持清醒的头脑，坚定正确的信念，不被外界的干扰所动摇。只有这样，才能使大学生在未来的道路上更加坚定，更加自信，更加具有担当之心。随着社会的不断进步和发展，大学生需要不断提高自身素质，把握时代脉搏，积极投身社会主义建设中，为国家繁荣稳定做出积极的贡献。通过加强思想政治教育实效性，大学生将能够更好地适应社会的发展需求，也将更有力量为社会主义事业的持续发展贡献力量。

四、大学生素养对思想政治教育工作的启示

培养全面发展的人才，是大学教育的根本任务。大学生素养对思想政治教育有着深远的影响。通过培养学生的素养，可以更好地促进他们的思想政治教育工作。大学生的素养涵盖了广泛的知识和素养，这对于他们接受思想政治教育

具有重要意义。大学生的素养不仅是指他们的专业知识，更包括了对社会、文化、历史等方面的了解。这种全面的素养可以帮助学生更好地理解思想政治教育的内涵和重要性，使他们具有更深刻的思想政治素养。

大学生的素养对思想政治教育工作起着重要的启示作用。通过提高学生的素养水平，可以增强他们的思想政治教育意识和自觉性。大学生通过学习和培养自己的素养，可以更好地接受和理解思想政治教育的内容和要求，增强思想政治教育的针对性和有效性。培养学生的素养，有利于他们树立正确的思想政治观念，增强思想政治自觉，促进思想政治觉悟的提高。

培养全面发展的人才是大学教育的根本任务，大学生的素养对思想政治教育具有重要的影响。只有通过提高学生的素养水平，促进他们更好地接受和理解思想政治教育，才能更好地实现培养全面发展的人才的目标。大学教育应当注重培养学生的素养，加强思想政治教育工作，努力提高学生的思想政治素质，为他们的成长和发展奠定坚实基础。

在培养全面发展的人才这一重要任务中，大学教育需要更加注重学生的综合素养提升。综合素养不仅包括思想政治素质，还包括文化素养、科学素养、艺术素养等多个方面。通过全面提高学生的综合素养水平，可以使他们更具有综合能力和竞争力。在当今社会，竞争日益激烈，需要具备多方面的能力才能立于不败之地。

提高学生的文化素养可以拓宽他们的文化视野，增强文化自信。了解和传承中华优秀传统文化，对于培养学生正确的价值观念和道德观念具有积极作用。同时，科学素养的提升可以使学生更好地应对现代科技的发展，具备批判性思维和解决问题的能力。艺术素养的培养则可以陶冶学生的情操，提高审美修养，使他们更加全面发展。

同时，综合素养的提升也需要大学教育注重学生的实践能力培养。实践教学可以使学生将所学理论知识应用到实际生活中，培养他们的动手能力和创新思维。只有通过实践，学生才能更好地发现自身的潜能和优势，为未来的发展打下坚实的基础。

综合素养的提升需要学校、教师和学生共同努力。学校要加强对学生的综合素养培养规划，为学生提供更多元化的学习资源和机会。教师应该引导学生全面发展，不仅关注专业知识的传授，还要注重学生的品德、人格、思维等方面的培养。而学生本身也要树立正确的人生目标和价值观，主动参与各项实践活动，不断提升自身的素养水平。

综合素养的提升是培养全面发展的人才的关键所在，只有全面发展的人才才能适应社会发展的需求，为国家和社会做出更大的贡献。

大学生的素养水平与思想政治教育之间存在着密切的联系。在大学生的成长过程中，良好的素养水平可以为他们的思想政治教育提供坚实的基础。大学生的素养水平对于思想政治教育工作的开展起着至关重要的作用。通过加强对大学生素养的培养和提升，可以更好地引导他们树立正确的世界观、人生观和价值观，从而帮助他们更好地接受和理解思想政治教育的内容与精神。

大学生素养的提升对思想政治教育工作带来了许多启示。只有不断加强大学生的素养教育，才能真正实现思想政治教育工作的有效开展。通过注重培养大学生的综合素养、文化素养和道德素养，可以帮助他们提高对思想政治教育的接受度和理解度。只有在大学生素养的提升基础上，思想政治教育工作才能更加深入人心，取得更好的效果。

强化思想政治教育的针对性意味着要根据大学生不同的特点和需求，有针对性地进行思想政治教育工作。只有深入了解大学生的思想状况、价值观念和需求，才能更好地制定出符合大学生实际情况的思想政治教育方案。通过不断完善思想政治教育的内容和方法，可以更好地引导大学生树立正确的政治观念和思想觉悟，从而提高他们的思想政治素养和思想政治教育的效果。

大学生素养与思想政治教育之间存在着密不可分的联系。只有不断强化大学生的素养培养，才能更好地推动思想政治教育工作的深入开展。只有通过加强思想政治教育的针对性，才能更好地引导大学生积极参与和支持国家的发展建设，实现思想政治教育工作的最终目标。强化思想政治教育的针对性，是我们在思想政治教育工作中不可忽视的重要任务。

在大学生的思想政治教育工作中，要注重对个体需求和特点的深入了解，以及有效的方法和手段来引导他们树立正确的政治观念和思想觉悟。在这个过程中，我们应该不断完善思想政治教育的内容和方法，适应不同学生群体的思想需求，提升他们的思想政治素养和教育效果。

强化思想政治教育的针对性意味着我们需要根据大学生的不同特点和背景进行有针对性的思想政治教育工作。通过加强对大学生思想状况和价值观念的了解，我们可以更好地制定出符合他们实际情况的教育方案，从而更好地引导他们积极参与和支持国家的建设事业。

只有深入了解大学生的思想状况，才能有效地引导他们树立正确的政治观念。强化思想政治教育的针对性是一项重要任务，我们必须认真对待并不断完善这一工作，以提高大学生的思想政治素养，促进他们的全面发展。通过加强思想政治教育的针对性，我们可以更好地引导大学生树立正确的世界观、人生观和价值观，从而推动思想政治教育工作的深入开展，实现其最终目标。

大学生素养不仅是学生个人的修养和素质，更是思想政治教育工作的基础和前提。大学生素养的提高对思想政治教育工作起着积极作用，可以促进学生的思想政治觉悟和政治立场的形成，增强学生的道德修养和社会责任感，培养学生的社会主义核心价值观和全面发展。大学生素养与思想政治教育是相辅相成、相互促进的关系，只有加强对大学生素养的培养，才能更好地推进思想政治教育的深入开展。

大学生素养在思想政治教育工作中的作用不可小觑，它不仅是学生综合素质的重要组成部分，更是思想政治教育的内在需求和前提条件。大学生素养的提高不仅可以加强学生的思想政治觉悟和政治立场，还可以提升学生的道德修养和社会责任感，培养学生的社会主义核心价值观和全面发展。只有通过提升大学生的素养水平，才能更好地推动思想政治教育工作取得实效。

大学生素养的不断提高对思想政治教育工作具有深远的启示意义。要注重大学生思想政治觉悟的培养和引导，加强对学生的思想政治教育，引导他们树立正确的世界观、人生观和价值观。要注重大学生道德修养的培养和提升，加强对学生的道德教育，引导他们树立正确的道德观念和行为准则。要注重大学生社会责任感的培养和强化，加强对学生的社会实践教育，引导他们积极参与社会活动，承担社会责任。

推进思想政治教育的深入开展，需要不断加强对大学生素养的培养，促进学生综合素质的全面提升。大学生素养是思想政治教育工作的基础和前提，只有不断加强对大学生的思想政治教育，才能够培养更多德智体美劳全面发展的社会主义建设者和接班人。希望各高校和相关部门共同努力，积极探索大学生素养与思想政治教育工作的新路径和新方法，推动思想政治教育的深入开展，为培养德智体美劳全面发展的社会主义建设者和接班人做出更大贡献。

在推进思想政治教育的深入开展过程中，我们还需重视培养大学生的创新精神和实践能力。大学生是国家的未来，他们具有丰富的潜力和创造力，只有通过思想政治教育的引导和培养，才能激发他们的创新意识和实践能力。因此，加强对大学生的创新教育和实践活动，引导他们积极参与科技创新、社会服务等实践项目，不断提升他们的综合素质和竞争力。

推进思想政治教育的深入开展还需要注重对大学生的人文关怀和情感教育。大学生处于青春期，面临着各种情感和心理问题，需要得到良好的情感引导和心理辅导。通过加强大学生心理健康教育和人文关怀，促进他们的身心健康发展，建立积极健康的人际关系，提升他们的情商和认知能力。

推进思想政治教育的深入开展也需要重视对大学生全球意识和国际视野的培养。随着全球化的发展，国际交流与合作变得日益重要，大学生需要具备全球意识和国际眼光，才能适应国际社会的发展需求。因此，引导大学生关注国际形势，开阔国际视野，促进他们的跨文化交流和合作能力，培养他们成为具有全球竞争力的人才。

第二章 大学生思想政治教育的概念和内容

第一节 思想政治教育的概念

一、思想政治教育的定义

思想政治教育（以下简称思政教育）的重要性在于引导大学生形成正确的世界观、人生观和价值观，帮助他们树立正确的政治立场和思想方向。通过思政教育，可以促进大学生的全面发展，增强他们的社会责任感和使命感。同时，思政教育还可以帮助大学生正确处理各种复杂的社会现实问题，提升他们的综合素质和创新能力。思政教育不仅仅是一种传统意义上的教育活动，更是培养人才、提高国家整体素质的迫切需求。在当今社会，大学生作为未来社会的中坚力量，思政教育更显得尤为重要和必要。因此，加强大学生思想政治教育，提高他们的综合素养和思维能力，对于建设社会主义现代化国家具有重要意义。

思政教育的重要性不仅在于引导大学生形成正确的世界观、人生观和价值观，更在于帮助他们树立正确的政治立场和思想方向。通过思政教育，可以激励大学生积极参与社会实践和公益事业，促进他们的全面成长和个性发展。思政教育的意义还在于提高大学生的情商和智商，培养他们具有社会责任感和创新精神的专业素养。在当今社会竞争激烈的背景下，大学生需要不断强化对社会现实问题的认识和思考，不断提升自身的综合素质和创新能力，以适应日新月异的社会发展需求。思政教育作为一种重要的教育形式，应当赋予大学生更多的人文关怀和社会责任，引导他们塑造积极向上的人生态度和社会行为规范。大学生作为未来社会的中坚力量，思政教育的深入开展不仅有助于强化国家整体素质和提高社会文明程度，更有利于推动社会主义现代化事业不断取得新的成就。因此，加强大学生思想政治教育，提升他们的综合素质和思维能力，对于建设现代化、法治化和创新型社会主义国家具有深远的战略意义，应当引起广泛重视和积极支持。

思政教育的目的是通过教育和引导，促进学生思想意识的提升，增强其政治觉悟和思想品德，培养他们正确的世界观、人生观和价值观，使他们具备独立思考、辨别是非、拒绝错误的能力。只有通过思政教育，大学生才能够在成长过程中树立正确的人生目标，坚定理想信念，树立正确的行为准则，增强社会责任感和使命感。只有正确的思想政治教育，才能够培养出德智体美劳全面发展的社会主义建设者和接班人，为国家和民族的繁荣富强不懈奋斗。

思政教育的目的是引导学生树立正确的人生观和价值观，使他们具备辨别是非、拒绝错误的能力。只有通过思政教育，大学生才能够在成长过程中树立正确的人生目标，坚定理想信念，树立正确的行为准则，增强社会责任感和使命感。思政教育不仅要关注学生的学业成绩，更要注重他们的思想道德修养，培养他们的独立思考能力和创新意识。通过思政教育，我们能够培养出德智体美劳全面发展的社会主义建设者和接班人，他们将为国家和民族的繁荣富强不懈奋斗，承担起历史使命。思政教育的目的在于唤醒学生内心的良知和责任感，引导他们树立正确的人生导向，弘扬社会正气，建设和谐社会。通过思政教育，学生能够认识到自身在社会中的责任和义务，为人民利益发声，为社会和谐贡献自己的力量。思政教育旨在唤起学生对真善美的向往，塑造他们高尚的道德品质，培养他们成为具有爱心、责任感和担当精神的新时代人才，为建设美好家园贡献力量。通过思政教育，能够锤炼学生的意志品质，提高其社会适应能力和自我管理能力，使他们在未来的人生道路上能够成为有担当、有品德、有情怀的栋梁之材。愿思政教育的阳光照耀每一个学子的心田，为祖国和人民培养出更多有情有义的栋梁之材。

思政教育的特点主要包括以下几个方面：第一，思政教育是一种全面的、系统化的教育形式，旨在通过对学生进行思想品德、道德素养和政治觉悟等方面的培养，使其全面发展。第二，思政教育是一种长期性的教育过程，不仅涵盖了学生在校期间的教育过程，也包括了毕业后的社会实践和发展过程。第三，思政教育是一种渗透性的教育形式，它贯穿于学生的学习生活的各个方面，与学科教育、课外活动等相互融合，形成了相互促进、相互支持的教育体系。第四，思政教育是以学生为主体的教育过程，通过激发学生的主动性、创造性和思考能力，使其在教育过程中不断提升自我，实现自我价值。以上就是思政教育的特点，它的实施需要全社会的共同努力，才能使大学生真正受益，走上健康、积极的人生道路。

思政教育的特点不仅体现在培养学生的思想品德、道德素养和政治觉悟等方面，更重要的是其全面性、长期性、渗透性和以学生为主体。在实施思政教育的过程中，学校需要结合自身特点，制定切实可行的教育方案和政策措施，注重培养学生的自主学习能力和团队协作精神，激发学生的创新意识和实践能力。

思政教育需要全社会的支持和关注，只有社会各界的共同努力，才能够真正实现大学生的全面发展和成才目标。作为学校的一分子，教师和教育工作者要时刻关注教育教学的效果，不断改进教育方法和手段，为学生提供更加优质的教育资源和服务，引导他们正确树立人生观和价值观，塑造积极向上的人格品质。

而对于学生来说，要树立正确的学习态度和人生观念，珍惜在校学习的宝贵时光，主动参与各项思政教育活动，积极表达自己的见解和意见，不断提升自己的综合素质和能力。只有这样，才能在大学生活中真正实现自我价值的提升，为将来走上健康、积极的人生道路打下坚实的基础。

思政教育是教育事业中非常重要的一环，它直接关系到国家的长远发展和社会的和谐稳定。只有将思政教育工作抓实抓好，才能培养出德才兼备、具有社会责任感和创新精神的优秀人才，为社会的进步和发展贡献自己的力量。希望广大教育工作者、学生和社会各界能够共同努力，共同推动思政教育事业不断取得新的成就和进展。

二、思想政治教育的内容

思想政治教育的概念是指通过系统的教育和培养，引导和教育人们树立正确的思想观念，坚定正确的政治立场和世界观，使其逐步形成正确的人生观、价值观和社会观。思想政治教育的内容包括马克思列宁主义、毛泽东思想、邓小平理论、"三个代表"重要思想、科学发展观等党的基本理论。党的基本理论是指党在长期的实践中总结出的关于革命胜利的理论原则和经验教训，是党的指导性思想，是确保党和国家长治久安、繁荣发展的根本保证。

在思想政治教育的实践中，我们要深入学习党的基本理论，不断加深对马克思列宁主义、毛泽东思想、邓小平理论、"三个代表"重要思想、科学发展观等理论的理解和领会。只有通过系统的学习和思考，我们才能树立正确的思想观念，坚定正确的政治立场和世界观，逐步形成正确的人生观、价值观和社会观。党的基本理论是我们党长期实践的宝贵经验总结，是我们奋斗的指导思想。只有深入领会和贯彻党的基本理论，我们才能确保党和国家的长治久安、繁荣发展。思想政治教育的内容丰富多样，不仅包括党的基本理论，还包括党的路线方针政策、党的光辉历史等各个方面。我们要在实践中不断加强思想政治教育，引导人们积极树立正确的世界观和人生观，坚定信念，勇于担当，从而推动党和国家事业不断向前发展。在今后的工作中，我们要继续加强思想政治教育，使广大党员干部和人民群众能够深刻理解党的基本理论，增强忠诚度和使命感，为实现中华民族伟大复兴的中国梦而不懈努力。

国家法律法规是指国家制定的法律、法规和政策文件，以及对公民行为和社会关系进行规范和管理的法律性文件。这些法律法规对大学生思想政治教育具有重要的指导意义和规范作用。在大学生思想政治教育中，必须遵循国家法律法规的要求，促进学生思想政治觉悟的提高，培养社会主义核心价值观，提高学生的法制意识和社会责任感。通过学生对国家法律法规的学习和了解，可以增强学生的法治思维，规范学生的行为举止，使大学生在思想上、行为上更好地融入社会主义法治社会的大河流。在大学生思想政治教育实践中，不能忽视国家法律法规的重要性，必须把国家法律法规教育纳入教育教学的各个环节，全面提升学生的法治素养和思想政治觉悟。

在大学生思想政治教育中，国家法律法规的重要性是不言而喻的。只有通过学习国家法律法规，大学生才能树立正确的法治观念，自觉遵守法律法规，增强法治意识和法治能力。在实践中，教育者应该注重国家法律法规的贯彻执行，引导学生深入了解法律知识，提高法治素养。

同时，国家法律法规也为大学生提供了保障和规范。在校园中，学生应该遵守校规校纪，不违反国家法律法规，维护良好的校园秩序。在社会实践中，大学生要树立正确的法治观念，自觉维护自己的合法权益，依法维护社会公共利益，增强社会责任感和使命感。

国家法律法规的学习不仅仅是学生自身素养的提升，更是社会稳定和发展的基础。只有在遵纪守法的基础上，社会秩序才能得到有效维护，社会主义法治国家的法律体系才能得到巩固和完善。因此，只有将国家法律法规教育作为大学生思想政治教育的重要内容，引导学生积极参与法治实践，才能实现大学生成为社会主义法治建设的生力军，为国家法治事业贡献力量。

总的来说，国家法律法规是大学生思想政治教育的重要内容之一，应该得到高度重视和积极推动。通过加强对国家法律法规的学习和宣传，培养学生的法治观念和法治精神，推动大学生在思想、行为上更好地融入社会主义法治社会，为建设法治中国贡献自己的力量。

社会主义核心价值观是指党和国家要求全社会遵循的基本准则和道德规范，是中国特色社会主义的精神支柱。思想政治教育的内容包括社会主义核心价值观的宣传教育，引导大学生树立正确的世界观、人生观和价值观。通过开展各种形式的思想政治教育活动，帮助大学生树立正确的社会主义核心价值观，增强爱国主义、集体主义、社会主义的意识，牢固树立正确的政治立场和世界观。大学生素养与思想政治教育研究论文，是探讨如何将社会主义核心价值观融入大学生的教育和培养中，促进大学生综合素质的提升和全面发展。

社会主义核心价值观作为中国特色社会主义的精神支柱，对大学生素质和思想政治教育起着重要的引领作用。在当今社会，大学生代表着国家的未来和希望，他们的思想境界和道德品质直接关系到社会的健康发展和国家的长治久安。因此，如何将社会主义核心价值观融入大学生的教育和培养中，促进他们的全面发展成为亟须解决的问题之一。

教育是培养人才的重要途径，而思想政治教育更是教育的灵魂。社会主义核心价值观作为中华民族优秀传统文化和先进社会制度的结合点，必须贯穿于教育教学的方方面面。只有引导大学生正确对待社会主义核心价值观，才能帮助他们明确正确的世界观、人生观和价值观，在思想道德建设上不断进步。

在实际教育教学中，宣传社会主义核心价值观的方式多种多样，可以通过课堂教学、社会实践、文化活动等形式。通过这些活动，大学生能够深入领会社会主义核心价值观内涵，树立正确的为人处世态度和行为规范。

同时，学校要积极引导大学生树立爱国主义、集体主义、社会主义的意识，增强他们的使命感和责任感。帮助大学生在接受专业知识的同时，注重思想道德素质的培养，把社会主义核心价值观内化于心，外化于行。这不仅是培养德智体美劳全面发展的社会主义建设者和接班人，更是国家长治久安的重要保障。

中国自古以来就有悠久的历史文化传统，深厚的民族精神蕴含其中。这些传统包括孔孟之道、礼仪文化、儒家思想、道家哲学等，形成了中国独特的文化风貌，影响着人们的思想观念和行为准则。

思想政治教育是一种通过系统的教育活动，引导大学生正确树立世界观、人生观、价值观的过程。其内容主要包括爱国主义教育、社会主义核心价值观教育、法治教育、民族精神教育等。通过这些教育内容，大学生能够树立正确的思想观念、提高素养水平，培养社会责任感。

思想政治教育是指在教育过程中，通过各种方式引导和教育人们正确树立政治观念和思想观念，培养健康的心理素质和道德观念的过程。这是一项综合性、系统性的教育工程，是培养社会主义建设者和接班人的必然要求。通过思想政治教育，可以增强大学生的社会责任感，提高综合素质，促进社会和谐稳定。

历史文化传统是一个民族的灵魂，它承载着丰富的文化遗产和历史记忆，深刻影响着人们的思想观念和行为准则。在现代社会，尤其是在高校教育中，对历史文化传统的传承和弘扬显得尤为重要。只有深入研究和理解历史文化传统，才能更好地把握民族精神的脉络，坚定文化自信，增强国家认同感。通过对历史文化传统的学习和传承，大学生能够树立起正确的价值观和行为准则，形成独立思考、勇于创新的素质，为建设和谐社会、实现民族复兴贡献力量。

历史文化传统不仅是一种宝贵的精神财富，也是潜移默化影响着人们的思维方式和生活方式。在现代社会快节奏的生活中，人们往往容易迷失自我，失去文化根基。而深入了解和传承历史文化传统，能够让人重新审视自我和世界，树立起正确的世界观和人生观，启迪心灵，照亮前行的道路。历史文化传统中蕴含的智慧和底蕴，可以帮助人们更好地面对困难和挑战，保持乐观向上的心态，提升内在修养，实现个人价值和社会责任的统一。

总而言之，历史文化传统是连接过去、现在和未来的重要纽带，是人们心灵的精神家园。唯有深入挖掘、传承和弘扬历史文化传统，才能不断激发人们的文化自信和自豪感，引领大家走向更加光明的未来。不忘记历史、不忘记传统，我们才能更好地前行，谱写新时代的华章。

思想政治教育一直是高校教育的重要组成部分，其概念和内容在当前全球化趋势下越发凸显出中国特色社会主义的重要性。思想政治教育旨在引导大学生正确处理个人理想信念与社会主义核心价值观的关系，培养他们坚定的共产主义信仰，增强社会责任感和家国情怀。通过开展思想政治教育，有助于引导大学生树立正确的世界观、人生观和价值观，促进他们具有强烈的爱国主义情感和社会责任感。

思想政治教育的内容丰富多样，包括马克思列宁主义、毛泽东思想、邓小平理论、"三个代表"重要思想、科学发展观等内容。通过学习这些理论，大学生可以深刻理解社会主义本质和中国特色社会主义的重要意义，增强对中国特色社会主义的认同感和归属感。在全球化的浪潮下，坚持中国特色社会主义的发展道路显得更加重要，这不仅是对中华民族传统文化的传承和发展，更是对世界发展潮流的积极回应和独特贡献。

全球化趋势与中国特色社会主义的结合，既是中国大学的思想政治教育的现实需要，也是中国特色社会主义的重要保障和发展基础。在这个时代背景下，大学生作为国家的栋梁之材，需要通过思想政治教育不断强化自身的意识形态自信和文化认同，坚定不移地走中国特色社会主义道路，为中华民族的伟大复兴做出积极贡献。愿中国大学生在思想政治教育中汲取智慧和力量，为实现中国梦而奋斗终身。

在全球化的背景下，我们必须深刻理解中国特色社会主义的内涵和核心意义，以更好地适应世界发展的潮流。作为国家的未来希望，大学生应当自觉把中国特色社会主义作为自己的核心信仰，从而在任何时候都能坚定不移地走在这条正确的道路上。同时，我们也要更加注重传承和发展中华民族的优秀传统文化，使其在当今世界多元化的文化环境中绽放光芒。

思想政治教育在大学生中的意义不仅在于塑造学生正确的世界观和人生观，更在于培养他们强烈的国家意识和国家责任感。唯有如此，我们才能在全球化浪潮中立于不败之地，为中华民族的复兴添砖加瓦。希望每一位大学生在思想政治教育中找到自己的使命和责任，为实现中国梦而努力奋斗。

在这个时代的洪流中，我们要明白，中国特色社会主义不仅是我们立足世界的根本，更是我们前行的道路。只有坚定信仰，不断学习，我们才能在全球化的大潮中保持自己的独特性和优势。愿每一位大学生在思想政治教育中汲取智慧和力量，为实现中华民族的伟大复兴贡献自己的力量。让我们共同努力，书写属于中国特色社会主义的壮丽篇章！

三、大学生思想政治教育目标

在大学生思想政治教育中，塑造正确的世界观、人生观、价值观是至关重要的目标。通过深入的教育和引导，大学生可以逐渐形成积极向上的世界观，正确的人生观和崇高的价值观。这不仅有助于他们正确看待世界、生活和自我，更能够使他们在未来的发展道路上有着坚实的理念和信念。思想政治教育的核心在于引导大学生树立正确的世界观，人生观和价值观，使他们牢固树立正确的信仰和思想基础，从而在日常生活和社会实践中抵御各种不良思想和谬误观念的影响，提高自身的思想品质和道德水平。通过引导大学生形成正确的世界观、人生观、价值观，可以提高他们的文化修养和人文素养，培养他们的综合素质和社会责任感，使他们成为德智体美劳全面发展的优秀人才。在如今快速发展和日新月异的社会背景下，大学生思想政治教育所面临的挑战和压力也日益增加，只有通过引导他们正确树立自己的世界观、人生观和价值观，才能更好地适应这一多变的社会环境，实现个人成长和社会发展的目标。

在大学生的成长过程中，正确的世界观、人生观和价值观的塑造至关重要。这种塑造不仅体现了个人的思想品质和道德水平，更是对社会责任和人文素养的培养。形成正确的信仰和思想基础，可以使大学生在未来的发展道路上有坚实的理念和信念。在现今社会发展迅速的背景下，大学生面临着越来越多的挑战和压力，只有拥有正确的世界观、人生观和价值观，才能更好地适应多变的环境，实现个人成长和社会发展的目标。

通过引导大学生树立正确的世界观，可以使他们更加注重文化修养和人文素养的培养，提高自身的综合素质和社会责任感。正确的人生观可以帮助他们树立远大的目标和理想，坚定不移地朝着自己的梦想前进。正确的价值观则是指导他们在面对挑战和困难时保持坚强的信念和态度，坚守自己的原则和信仰。

在大学生这一特殊阶段，思想政治教育的作用不可忽视。只有通过引导他们正确树立自己的世界观、人生观和价值观，才能在日常生活和社会实践中更好地抵御各种不良思想和谬误观念的影响。只有牢固树立正确的信仰和理念基础，才能成为德智体美劳全面发展的优秀人才，为社会的繁荣和进步贡献力量。

正确的世界观、人生观和价值观的塑造是大学生发展过程中不可或缺的一环，它不仅关乎个人的发展和成长，更关系到社会的进步和稳定。通过思想政治教育的引导和培养，我们相信大学生们将在正确的信念下茁壮成长，成为更好的自己，为建设美好的未来做出贡献。

大学生素养与思想政治教育研究是当下教育领域的热点话题。思想政治教育是大学教育的重要组成部分，其目标是培养学生正确的政治方向和正确的世界观、人生观、价值观。大学生思想政治教育是为了让学生在接受专业知识的同时，增强社会责任感和使命感，使其能够更好地融入社会，为社会发展做出贡献。

大学生在接受思想政治教育的过程中，应该明确自己的社会责任，树立正确的为人处世观念，理解社会的发展规律，关心国家民族的兴衰命运，担当起自己应尽的社会责任。教育者应该引导学生认识到社会责任感和使命感的重要性，通过多种形式的教育培养学生的社会责任感和使命感，使其意识到自己作为一名大学生应该如何践行社会责任，发扬使命感。

大学生素养与思想政治教育研究的内容丰富多样，其中增强社会责任感和使命感是其中重要的一环。大学生应该不断提高自己的社会责任感和使命感，将个人的学习、工作与社会发展结合起来，为实现中华民族伟大复兴的中国梦贡献自己的力量。只有真正树立正确的为人处世观念，才能不断完善自我，不断提高综合素质，实现个人价值和社会价值的统一。愿每一位大学生都能在思想政治教育的引领下，不忘初心，砥砺前行，为建设美好的中国和世界贡献自己的力量。

在大学思想政治教育过程中，增强社会责任感和使命感是至关重要的。大学生作为社会的一员，应该认识到自己的社会责任，不仅要关注自身的成长与发展，更要关注社会的整体利益。只有树立正确的价值观念，才能真正理解自己在社会中的定位，才能更好地实现个人价值和社会价值的统一。

在大学思想政治教育中，教育者应当引导学生树立正确的人生观和价值观，让他们明白作为一名大学生，应该如何践行社会责任和使命感。通过各种形式的教育，包括课堂教学、社会实践、志愿活动等，培养学生的社会责任感和使命感。只有让学生深入思考，不断反思自己的行为和价值取向，才能真正明白自己应该如何为社会做出贡献。

大学生应当树立正确的为人处世观念，要注重培养自己的社会责任感和使命感，将个人的成长与社会的发展有机地结合在一起。只有这样，才能更好地实现自我提升，真正成为对社会有益的人才。愿每一位大学生都能在教育的引领下，铭记初心，不负使命，为社会的进步和发展贡献自己的力量。愿大学生能够秉持正确的价值观，不断追求进步，为实现中国梦添砖加瓦，为建设美好的社会做出自己的贡献。

大学生思想政治教育旨在培养学生的创新思维和实践能力，引导他们不断探索、不断创新、不断实践，从而促进其个人全面发展。通过思想政治教育，大学生将更好地认识自我、认识社会、认识世界，增强社会责任感和使命感，培养出具有独立思考能力和创新精神的时代新人。同时，实践能力也是大学生在成长过程中必不可少的素养，只有通过实践，学生才能真正将理论知识转化为实际行动，将所学知识应用于社会实践中。大学生应积极参与各类实践活动，锻炼自己的动手能力和解决问题的能力，从而提升综合素质，为将来的社会发展做出更大的贡献。思想政治教育的目标就是通过培养创新精神和实践能力，引领大学生走上一条具有责任、担当和创造力的发展道路。

通过思想政治教育的引导和培养，大学生将逐渐形成积极向上的生活态度和工作精神，不断追求自我提升和成长。他们将通过实践活动锻炼自己的动手能力和解决问题的能力，从而不断强化自身的综合素质和实践能力。在参与各类实践活动的过程中，大学生将结合理论知识与实际行动，将所学知识应用于社会实践中，积极探索和创新，为实现个人价值和社会发展贡献自己的力量。

通过培养创新精神和实践能力，大学生将逐渐具备独立思考、批判性思维和解决问题的能力，能够在充满挑战和竞争的社会环境中胜任各种工作和挑战。思想政治教育旨在引领大学生树立正确的人生观、价值观和世界观，使他们在日常生活和未来职业发展中不断追求进步和完善自我。

通过思想政治教育的引领和培养，大学生将逐渐树立起责任担当和创新发展的意识，不仅关心个人发展，更重视社会责任和使命，希望能够为社会进步和人类文明做出自己的贡献。他们将通过不断学习和实践，探索创新的道路，引领时代潮流，成为具有独立思考能力和创新精神的时代新人。他们将以实际行动践行社会主义核心价值观，将艰苦奋斗、坚持不懈的精神融入生活和工作之中，为实现中华民族伟大复兴的中国梦而努力拼搏。

第二节　大学生素养与思想政治教育

一、素养的概念

在大学生素养与思想政治教育研究中,素养的内涵是一个全面的概念,不仅包括了学生的学术素养,还涉及他们的思想道德素养、职业素养、社会责任感等方面。大学生应该具备基本的知识技能,具备扎实的专业知识,具备较高的道德品质和社会责任感,具备一定的人文素养和审美修养等。这些方面的素养相互交织,相互促进,相互支撑,共同构成大学生的全面素养。素养的内涵是多元的、综合的,要求大学生在各个方面都要有所提高和完善。大学生必须具备扎实的专业知识,掌握一定的科学文化知识,具备一定的科学思维和创新意识,在社会生活中具备一定的社会交往能力和组织协作能力。素养的内涵要求大学生在全面发展的基础上,树立正确的人生观和价值观,提高自身的道德修养和社会责任感,增强与他人和社会良好沟通的能力,增强团队合作和创新创业的能力,增强国际交往和交流的能力,增强生活质量和工作效率。素养的内涵要求大学生具备开放的心态、积极的人生态度、乐观的情绪、勤奋的学习和工作态度,积极地参与社会活动和公益事业,尊重他人,关爱社会,传播正能量,树立理想信念,践行社会主义核心价值观,展现新时代大学生的风采。

在当今社会,大学生作为未来社会的中坚力量,需要具备全面的素养。除了扎实的专业知识和科学文化知识外,还需要具备良好的人文素养。这包括对文学艺术、历史传统的热爱与理解,对人类智慧的尊重与传承。在现代社会中,大学生需要具备审美情趣,善于欣赏和创造美的能力,致力于传播艺术文化,为社会带来更多美好。大学生还应当具备道德良知和社会责任感,积极参与各种公益事业,关心弱势群体,传递爱与希望。在人际交往与组织协作方面,大学生需要注重团队精神的培养,学会尊重他人、倾听他人的意见,在团队中发挥自己的长处,为实现共同目标而努力奋斗。同时,大学生还应当具备国际视野和跨文化交流的能力,积极参与国际交流活动,拓展自己的视野,增进国际友谊,为构建和谐世界贡献力量。在个人发展的过程中,大学生应当不断提升自己的修养,培养积极向上的人生态度,树立正确的人生观和价值观,努力实现个人价值与社会价值的统一。综合来看,素养的内涵要求大学生在各个方面都要有所提高和完善,以适应新时代的发展需求,展现大学生应有的风采和担当。

大学生素养与思想政治教育密不可分。大学生素养的特点包括提高综合素质、强化道德修养、培养创新思维、促进社会责任感等。通过思想政治教育的引导，大学生能够树立正确的世界观、人生观和价值观，增强自身的文化自信和国家意识，提升道德水平和社会责任感，从而全面提升自身素质和价值观念。在这个过程中，大学生将更好地认识自己、理解他人，关心社会、热爱祖国，成为具有社会责任感和创新能力的综合发展型人才。通过深入开展思想政治教育，我们能够更好地引导大学生提高综合素养，不断完善自身，推动个人与社会的和谐发展。

大学生素养与思想政治教育密不可分。在大学生活中，提高综合素质是至关重要的一环。这种素养不仅包括了学术方面的能力，更重要的是涵盖了对自己的认知、对他人的理解以及对社会的关注。通过思想政治教育的引导，大学生们能够逐渐培养起正确的世界观、人生观和价值观，建立起文化自信和国家意识。同时，强化道德修养也是大学生素养的重要特点之一。只有树立起正确的道德观念，大学生们才能在日常生活中做出正确的选择，做出符合社会伦理的行为。在这个过程中，大学生们的社会责任感也会得到提升，他们将更加意识到自己应该为社会贡献力量，关心他人、热爱祖国。随着创新思维的培养，大学生们将具备更强的解决问题能力和创造力，能够在各个领域展现出卓越的才华。通过深入开展思想政治教育，大学生将更好地认识自己的成长和变化，明白自己在社会中的责任和使命，从而成为具有社会责任感和创新能力的综合发展型人才。只有不断完善自身，大学生们才能在当代社会中立于不败之地，为社会的和谐发展贡献自己的力量。

大学生的思想政治教育是非常重要的。素养是一个人综合品德、理性、能力等修养的综合体现。通过思想政治教育，大学生能够树立正确的人生观、世界观和价值观，提高自身素养，增强社会责任感和使命感，培养正确的道德情操和人文精神，注重个人修养和社会责任，并促进大学生个人综合素质的提高。只有提高了大学生的素养，才能更好地推进社会主义核心价值观的传承。素养的提高对于大学生的成长和未来发展至关重要。

素养的重要性在大学生的成长和发展中扮演着至关重要的角色。通过思想政治教育的引导，大学生能够逐渐形成正确的世界观和人生观。这不仅有助于提高个人的道德修养，还能够增强社会责任感和使命感，培养出更具人文关怀和社会责任的品质。素养的提升不仅是为了个人的成长，更是为整个社会的发展和进步做出贡献。

在当今社会，价值观多元化的趋势下，大学生需要具备辨别是非的能力，树立正确的核心价值观。只有通过提高个人素养，才能更好地融入社会，为社会的和谐稳定做出贡献。培养正确的价值观和人文精神，注重个人修养和社会责任，是大学生成长道路上至关重要的一环。

素养的提升还能够促进大学生个人综合素质的提高。在知识经济时代，综合素质已成为成功的重要标志之一。只有具备高度的素养，大学生才能更好地适应社会的发展需求，为自己的未来发展打下坚实的基础。因此，大学生在接受思想政治教育的同时，也应注重提高个人素养，扩展自身修养，努力成为德才兼备的优秀人才。

总的来说，素养的重要性在当今社会更加凸显。大学生应该认识到素养的重要性，不断提升自我修养，注重个人价值观和人文精神的培养，牢记社会责任和使命，努力成为具有高素养的优秀人才。只有如此，才能更好地适应社会的发展，为建设和谐社会做出更大的贡献。

大学生素养与思想政治教育是密不可分的，素养的培养正是通过思想政治教育来实现的。素养是一个复合性的概念，包含着道德、智力、审美、身体、劳动等方面的素质和能力。在当今社会，大学生的素养不仅仅体现在知识和技能上，更要注重思想品德和社会责任等方面。

大学生的素养需要通过多种途径来培养和提升。教育部门可以通过课程设置和教学方法来引导学生全面发展，培养他们的创新思维和综合能力。学校可以组织一些素质拓展活动，如志愿者服务、社团活动等，让学生在实践中学会合作和分享，增强责任感和团队精神。家庭和社会也承担着重要的培养责任，要给予大学生更多的关爱和支持，帮助他们建立正确的世界观、人生观和价值观。

思想政治教育作为大学生素养的重要组成部分，旨在引导学生树立正确的思想观念和政治态度，提高他们的社会责任感和使命感。通过开展各种形式的思想政治教育活动，可以增强大学生的爱国主义情怀、社会主义信仰，培养他们的政治参与意识和法治观念。同时，思想政治教育也要着力解决当下大学生存在的一些教育困惑和心理问题，帮助他们树立正确的人生目标和职业规划。

总的来说，大学生素养与思想政治教育是相辅相成、互相促进的。只有在全社会的共同努力下，才能够有效地培养出高素质、全面发展的优秀大学生。希望未来在大学生素养与思想政治教育领域的研究能够不断深入，为我国高等教育事业的发展提供重要的理论支持和实践指导。

在当今社会，大学生素养的培养途径至关重要。除了思想政治教育之外，还需要注重学生的全面发展。学校可以通过开展各种形式的文化艺术活动、体育运动竞赛等，引导学生积极参与社会实践，培养团队合作意识和创新能力。同时，加强学生的职业技能培训，推动实践能力和专业素养的提升，为他们未来的职业发展打下坚实基础。

大学生的思想素养也需要通过课堂教学、学术讨论等形式进行引导和培养。学校应该注重学生的自主学习能力和批判思维能力的培养，引导他们形成独立思考的能力，培养学生的创新精神和实践能力。只有通过多种途径全面培养大学生的素质，才能够使他们在未来的社会发展中更好地发挥自己的作用。

因此，大学生素养的培养途径是一个系统工程，需要学校和社会各界共同努力。希望未来在这方面的研究和实践能够不断深入，为提升我国大学生的素质和水平提供更多有效的方法和途径。只有通过共同努力，才能够培养出更多具有高度素养和社会责任感的优秀大学生，为我国的发展贡献力量。

二、大学生素养的现状分析

在大学生中，素养缺失表现得十分明显。一方面，他们对社会责任意识淡薄，缺乏对社会的责任感和使命感，更多的关注点放在自己的利益和舒适区域。另一方面，大学生们缺乏团队合作意识和沟通能力，缺乏与他人共同合作的积极性和主动性。他们往往只注重学术知识的获取，而忽视了自身的思维能力、创新能力和综合素养的培养。由于缺乏对社会的深刻理解和批判性思维，大学生们容易受到一些偏激、极端思想的影响，缺乏辨别能力和思考能力。大学生素养缺失的表现在社会中越发显著，亟须加强思想政治教育的力度和深度。

在当今社会，大学生作为社会的中坚力量，他们的素养缺失不仅在个人层面表现得十分明显，同时也在集体和社会领域产生了不良影响。大学生的责任感不强，他们往往只顾及自身利益而忽视了社会责任和使命。这种缺乏社会责任感的表现不仅使他们在团队中显得冷漠和独断，还可能导致他们在面对社会问题时缺乏担当和责任心。大学生们缺乏团队合作意识和沟通能力，这导致了团队协作效率低下和沟通不畅，影响了整体团队的发展和成果；他们过度追求学术知识而忽略了自身的思维能力和创新能力，在处理实际问题时表现得力不从心。由于缺乏对社会的深刻理解和批判性思维，大学生容易受到一些不良思潮的影响，缺乏辨别和思考的能力。因此，加强大学生素养的培养成为当务之急。通过思想政治教育的力度和深度，可以增强大学生的社会责任感和团队合作意识，提升他们的综合素养和创新能力，使他们成为更具有社会责任感和使命感的人才，为社会的发展与进步贡献更多的力量。

在当今时代，大学生素养的提升已经成为一个挑战。随着社会的快速发展和信息的泛滥，大学生面临着各种各样的挑战，如信息过载、媒体不良影响等。

这些挑战不仅影响着大学生的思想观念，也影响着他们的政治意识和社会责任感。因此，如何有效地提升大学生的素养，成为当前教育界亟须解决的问题。

作为大学生思想政治教育的一部分，素养提升旨在帮助学生树立正确的人生观、价值观和世界观，培养他们良好的学术道德和社会责任感。然而，面对信息爆炸和谣言的扩散，大学生容易受到虚假信息的影响，产生盲目跟风和盲目相信的情况。这就需要大学思想政治教育部门采取有效措施，引导学生正确辨别信息，提高他们的判断能力和思考能力。

大学生在日常生活中也会面临各种各样的诱惑和挑战，如网络游戏、恋爱等。这些诱惑容易影响大学生的学习和发展，导致他们迷失方向，丧失奋斗的目标。因此，大学素养的提升也需要引导学生树立正确的人生目标和规划，培养他们坚定的意志和自律能力。

总的来说，大学生素养的提升不仅关乎个人发展，也关乎社会稳定和繁荣。只有通过加强大学生思想政治教育，引导他们正确地认识自己和世界，提高他们的道德素养和社会责任感，才能有效地推动社会的进步和发展。希望未来大学生能够在素养的提升中不断成长，成为德才兼备、有担当的新时代青年。

大学生素养的提升是一项持久而艰巨的任务，在这个过程中，学生需要不断地面对各种挑战和诱惑。除了思想政治教育的引导，学生还需要培养适应社会竞争的能力，学会处理人际关系，适应多样化的学术要求。同时，他们还需要注重提升自己的自我管理能力，养成良好的学习和生活习惯。

在大学期间，学生可能会遇到各种考试压力、学业困扰、职业规划等问题，这些挑战需要他们拥有坚强的意志和应对能力。要提升素养，学生需要学会面对困难和挫折，勇敢地克服自己的弱点，不断地完善自己，提高自身竞争力。

大学生还要注重锻炼自己的团队合作意识和社会责任感。通过参加社会实践活动、志愿服务等，学生可以更好地理解社会的需要，培养自己的人文关怀和社会担当。只有从身边小事做起，从点滴行动入手，才能真正体会到素养的提升对个人和社会的重要意义。

大学生在素养提升的道路上需要不断地克服各种挑战，拓展自己的视野和能力。只有通过自身不懈的努力和学校的有效引导，才能培养出有理想、有担当的新时代青年，为未来社会的繁荣与进步贡献自己的力量。愿大学生们在素养提升的道路上不忘初心，砥砺前行，成为社会的栋梁之材。

素养培养的难点在于如何全面提升大学生的综合素质，涵盖了思想道德素质、科学文化素养、社会实践能力等方面的培养。其中，思想政治素养的培养是一项重要内容，涉及大学生的世界观、人生观、价值观等方面的塑造和培养。在当前社会多元化、信息化的时代背景下，大学生接触到的信息多样性和复杂性也给思想政治教育带来了挑战。同时,大学生在接受思想政治教育过程中,可能存在认知能力、思维能力等方面的差距,导致教育效果不尽如人意。

素质教育理念的落实和践行也是素养培养的一个难点。素质教育要求教育者在教育过程中注重培养学生的创新精神、实践能力和团队合作意识,而这些都需要教育者具备相应的教育理念和方法。教育者需要根据学生的个体特点和成长需求,灵活运用教育资源和教育手段,制定符合学生实际情况的素养培养方案,以达到教育目标。

社会环境的影响也是素养培养的一个难点。社会环境的复杂性和多变性对大学生的思想政治教育提出了更高的要求,需要大学教育机构与社会各界共同努力,为大学生提供一个积极健康、和谐稳定的成长环境。只有在这样的环境中,大学生才能全面发展,素养培养的目标才能够得以实现。

素养培养的难点还体现在学生自身的认知和态度方面。面对素养培养的要求,一些学生可能缺乏自我认知和自我管理能力,导致他们对素养培养的重要性认识不足、态度消极。这就需要教育者在教育过程中引导学生建立正确的学习态度和学习习惯,培养他们自律自励的品质,以提高素养培养的效果。

教育资源的不足也是素养培养的一个难点。一些教育资源的匮乏或者不平衡,可能会对素养培养工作造成障碍,使得一些学生无法获得全面发展。因此,相关部门需要加大对教育资源的投入和配置,确保教育资源能够平衡而充足地满足学生的素养培养需求。

家庭教育的不足也会影响素养培养的效果。家庭是学生成长的第一课堂,家庭教育对学生的素养培养至关重要。如果家庭教育存在缺失或者不完善,学生会在很大程度上丧失自我觉知、责任感和学习动力,从而影响素养培养的效果。因此,家庭与学校应该携手合作,共同为学生的全面发展和素养培养提供良好的环境和条件。

三、思想政治教育与大学生素养的关系

思想政治教育对大学生素养的影响具有重要意义。通过开展思想政治教育,可以帮助大学生树立正确的世界观、人生观和价值观,引导他们正确认识社会现实,增强社会责任感和使命感。思想政治教育还可以提高大学生的道德水平和文化素养,培养他们具有较强的人文关怀与情感交流能力,有利于形成健全的人格和价值观。思想政治教育还可以激发大学生的创新精神和实践能力,帮助他们更好地适应社会发展的需要,为国家和社会做出更大的贡献。总的来说,

思想政治教育对大学生素养的提升具有重要的引导作用，是大学教育中不可或缺的重要内容。

思想政治教育对大学生素养的提升是一项十分重要的任务，因为它有助于大学生树立正确的人生观、价值观和世界观，引导他们更好地认识社会现实，增强社会责任感和使命感。通过思想政治教育，大学生可以提高道德水平和文化素养，培养出具有人文关怀与情感交流能力的优秀品质，有利于形成健全的人格和价值观。思想政治教育还可以激发大学生的创新精神和实践能力，帮助他们更好地适应社会发展的需要，为国家和社会做出更大的贡献。总的来说，思想政治教育在大学教育中扮演着不可或缺的重要角色，它是提高大学生素养的重要途径之一。思想政治教育的开展需要全社会的关注和支持，只有让大学生在这方面得到更好的培养和引导，才能培养出德智体美劳全面发展的社会主义建设者和接班人。

素养对思想政治教育具有促进作用。有大学生的素养是思想政治教育的重要组成部分，它涵盖了文化修养、人文精神、社会责任等多个方面。大学生的素养水平直接影响着其对思想政治教育的接受和理解程度。只有具备了一定的素养，大学生才能更好地理解和领会思想政治教育的内容，从而在实践中不断提升自身的综合素质。素养的提升可以帮助大学生更好地审视自身的思想和行为，提高对社会主义核心价值观的认同和理解，从而更好地践行社会主义核心价值观，助力大学生成为德智体美劳全面发展的社会主义建设者和接班人。素养对思想政治教育的促进作用不可忽视，必须加强对大学生素养的培养，提高大学生思想政治教育水平。

大学生的素养水平直接关系到他们对思想政治教育的理解和接受程度。一个素养高深的大学生能够更好地领会思想政治教育的核心内涵，能够更有力地实践社会主义核心价值观。素养的积淀能使大学生更清晰地认识到自身的思想和行为，更加自觉地担当社会主义建设者和继承者的使命。通过不断提升素养，大学生能够更深刻地理解社会主义核心价值观，更加积极地投身到社会主义建设实践中去。

在当今社会，素养不仅仅是一种修养，更是大学生综合素质的重要体现。一个具有高度素养的大学生在实践中不仅能更好地与人沟通交流，更能走向社会主义核心价值观的前沿，成为引领时代潮流的风向标。素养的提升需要大学生注重个人修养，树立正确的人生观价值观，努力提高自身道德素质和文化内涵，从而更好地融入国家社会主义建设的进程中。

在今后的工作中，大学生应该不断提升自己的素养，通过不断学习和实践，不断完善自己的人文精神和社会责任感，更好地将社会主义核心价值观内化于心、外化于行。通过加强对大学生素养的培养，提高大学生思想政治教育水平，大学生将能更好地在社会主义建设的征途上大显身手，成为弘扬社会主义核心价值观的中流砥柱。素养对于思想政治教育的促进作用无疑是实实在在的，我们应当珍惜这一机遇，不断完善自我，助力社会主义事业的蓬勃发展。

四、大学生在思想政治教育中的主体地位

大学生思想政治教育的自主性是指在教育过程中，学生能够自主地思考、自主地选择学习内容和方法、自主地参与讨论和交流，同时也要承担相应的责任和义务。这种教育方式旨在培养学生的独立性、自主性、主动性和责任心，帮助他们形成正确的世界观、人生观和价值观。通过自主性教育，大学生能够更好地理解和接受思想政治教育的内容，增强对党的领导、社会主义制度和社会主义核心价值观的认同，提升自身的素养和担当意识。

在大学生思想政治教育中，自主性不仅体现在学生个体的独立思考和抉择上，也包括学生与教师之间的互动关系。教师应该尊重学生的意见和选择，激发他们的参与热情和创造力，引导他们积极参与课堂活动和社会实践。同时，学生也应该树立正确的自主意识，主动参与学习和实践，深入思考和探索问题，提升自己的综合素养和社会责任感。

总的来说，大学生思想政治教育的自主性是一种双向互动的教育方式，要求学生和教师在教育过程中相互尊重、相互理解、相互帮助，共同促进学生全面发展和全面素质提升。通过自主性教育，大学生能够更好地适应社会发展的需求，增强综合竞争力，为建设社会主义现代化国家和实现中华民族伟大复兴的中国梦贡献力量。

在大学生思想政治教育中，自主性的重要性不言而喻。学生应该在教育过程中培养独立思考的能力，树立正确的人生观和价值观，自觉参与社会实践，提高自身的综合素养。教师则应该引导学生发挥自主性，激发他们的学习兴趣和创造力，帮助他们树立正确的人生目标和追求。只有在学生和教师共同努力下，大学生思想政治教育才能真正起到应有的作用。

自主性教育不仅是教育者的责任，也是学生自身的需求。只有通过自主性教育，大学生才能真正实现个人价值，不断提升自己的综合素养和社会责任感。在这个过程中，学生可以充分发挥自己的潜能，充实自己的知识储备，培养自己的创新精神，为自己的未来打下坚实的基础。

同时，自主性教育也是一种治学方法，可以激发学生的求知欲和学习动力，促进他们全面发展。在这种教育模式下，大学生可以根据自己的兴趣和特长选

择学习内容，主动参与课堂讨论和科研实践，为自己的学术和职业发展奠定坚实的基础。

大学生思想政治教育的自主性是一种重要的教育理念，是培养新时代大学生的必由之路。只有通过自主性教育，大学生才能更好地适应社会的发展需求，为建设美好的社会主义现代化国家和实现中华民族伟大复兴的中国梦贡献自己的力量。

大学生在思政教育中的角色定位是一个至关重要的议题。作为大学生，他们在思政教育中扮演着一个积极的参与者和学习者的角色。他们应当将思想政治教育作为增强自身理性思维能力、提高道德修养和社会责任感的重要途径。在现代社会中，大学生所担负的责任和使命日益重要，因此他们应当以正确认识和处理国家、社会以及个人之间的关系，不断完善自身的道德和人文素养。同时，大学生还要具备独立思考和批判性思维的能力，不盲从、不照搬，要有自己独立的思考和判断能力。总的来说，大学生在思政教育中的角色定位是积极的、主动的，要保持积极的学习态度和思考精神，不断提高自身的综合素养，为国家和社会的发展做出积极贡献。

大学生在思政教育中应当意识到自己作为社会主体的重要性，要牢记自己的社会责任和历史使命。他们应当注重提升自身的思想境界，保持谦虚谨慎的学习态度，积极融入社会实践中，不断学习和钻研，不断丰富自己的理论知识和实践经验。在承担自身责任的过程中，要保持谦和与开放的心态，善于倾听和尊重他人的不同意见，勇于批判自己的缺点和不足，不断完善自己的修养和素质。在塑造自身的理性思维和判断能力的同时，还应当注重培养自己的创新精神和实践能力，不断提高自己的学习和研究水平，努力成为国家和社会发展的中坚力量。大学生在思政教育中的角色定位不仅仅是一个传统意义上的学生，更应当是一个积极思考问题、勇于实践创新的社会活动者。他们要敢于担当、善于创新、不畏困难、不惧挑战，始终保持对未来的热情与希望，为实现中华民族伟大复兴的中国梦努力奋斗。只有这样，大学生才能真正成为时代的先锋和中流砥柱，为建设富强民主文明和谐美丽的社会主义现代化国家贡献自己的力量。

大学生思政教育的参与方式是指大学生作为思政教育的主体，通过参与各种形式的思政活动和课程学习，培养自身的思想道德素养和政治觉悟。大学生可以通过参加思政课程、社团活动、志愿服务等途径，增强自我修养，提升社会责任感和使命感。大学生应该积极参与各种思政活动，在实践中学习、在交流中成长，不断提升自身的思想品德修养。大学生要树立正确的世界观、人生观和价值观，树立正确的政治立场和思想意识，做一个有担当、有情怀、有理想的时代新人。在大学生素养与思政教育的过程中，大学生应当主动参与、积极实践、不断提升自己的综合素养水平，为建设社会主义现代化国家贡献自己的力量。

大学生在参与思政教育的过程中，应当注重实践和体验，将学到的理论知识转化为具体行动。可以通过参与社会实践活动、参与实验研究项目等途径，增强自己的综合素养和实践能力。同时，大学生还应该积极参与学校组织的各类学术讲座、政治演讲等活动，拓宽自己的知识视野，提升自我修养。在参与思政教育的过程中，大学生要不断强化自身的自我认知能力，不断审视和提升自己的思想觉悟和政治素养。要勇于表达自己的观点和看法，在与他人交流讨论的过程中不断完善和修正自己的思想体系。大学生还应该注重锻炼自己的批判性思维能力，在面对复杂问题时要善于思辨和分析，不轻易被他人影响和误导。大学生应该将思政教育融入日常学习和生活中，不断完善自己、提升自己，成为对社会有益、有责任感、有使命感的时代新人。在这个过程中，要时刻铭记初心、不忘使命、坚定信念，为实现中国梦而奋斗努力。愿每个大学生在思政教育的征程中不负韶华，不负时代，成就辉煌的人生。

在大学生思想政治教育中，大学生担负着重要的责任和使命。他们是思想政治教育的主体，需要积极参与并担当起思想政治教育的责任。大学生应当具备高度的责任感和使命感，积极主动地参与学校组织的各项思想政治教育活动，注重自身素养的提升，并将所学知识运用到实际生活中，做一个有理想、有信念、有担当的新时代大学生。同时，他们也需要关注社会时事、政治决策，拥抱祖国，传承和发扬优秀的中华民族传统美德，积极投身于社会建设和发展中，为实现中华民族的伟大复兴贡献自己的力量。大学生在思想政治教育中的责任与使命，既是对自己的要求，更是对时代和国家的要求。他们肩负着推动社会进步、促进民族团结、实现中华民族伟大复兴的历史使命，应当自觉地发扬爱国主义精神，培养社会责任感，把个人的理想和追求融入祖国的伟大事业中，为实现中华民族的伟大复兴而奋斗。

大学生在思想政治教育中的责任与使命是一种使命感和担当精神的体现，他们应当以实际行动践行这种责任。在学校组织的各项思想政治教育活动中，大学生应积极参与，不仅要注重自身素养的提升，更要将所学知识运用到实际生活中。作为新时代的大学生，应该具备理想、信念和担当，关注社会热点问题和政治决策，为祖国和民族的发展贡献自己的力量。

大学生承担着推动社会进步、促进民族团结的历史使命，他们的责任不仅是对自己，更是对时代和国家的要求。将爱国主义精神融入个人理想和追求之中，培养社会责任感，为实现中华民族的伟大复兴而努力奋斗是大学生义不容辞的责任。在当下这个充满挑战和机遇的时代，大学生应当自觉肩负起社会责任，传承和发扬中华民族优秀传统美德，积极投身于社会建设和发展中。

大学生在思想政治教育中的责任和使命需要他们保持独立思考的能力，勇于探索未知领域，勇担风险挑战。面对激烈的竞争和各种困难，大学生应以乐观的心态和饱满的热情迎接挑战，不断提升自己的综合素质和能力水平，做一个有血有肉的新时代大学生。责任与使命并肩而行，激励着大学生在成长的道路上不断前行，不断超越，为实现自己的人生价值和国家的繁荣发展做出积极贡献。

大学生素养提升的关键因素，在于思想政治教育的深入理解和认同。大学生作为现代社会的中坚力量，承担着维护社会稳定和推动社会进步的重要责任。在大学生活中，思想政治教育是必不可少的一环，通过深入学习和思考，学生们可以提升自身的思想觉悟和政治素养，增强社会责任感和使命感。同时，大学生还应树立正确的世界观、人生观和价值观，积极投身社会实践，培养批判思维和创新能力，从而全面提升自身的素养水平。思想政治教育不仅是大学生发展的内在需求，更是大学教育的根本任务。只有通过加强思想政治教育，引导大学生正确看待社会和世界，培养正确的人生观和价值观，才能有效提升大学生的素养水平，助力他们成为德智体美劳全面发展的社会栋梁之材。

大学生的素养提升是一个综合性工程，需要从多方面着手。除了思想政治教育的深入理解和认同外，还应注重学生的综合素质培养。在大学期间，学生不仅需要扎实的专业知识，还需要培养广泛的兴趣爱好，拓展自己的眼界和思维。通过参加各类社团组织、文体活动等，学生可以提升自身的综合能力，锻炼团队合作能力和沟通表达能力，培养领导才能和创业精神。

大学生还应注重实践能力的培养。只有将所学知识应用于实践中，才能真正将理论知识转化为实际能力。大学生可以通过参与社会实践、科研项目、创新创业等活动，提升自己的实践能力和创新意识，培养解决问题的能力和适应社会发展的能力。

大学生的身心健康也是重要的素养提升因素。良好的身体素质和心理素质是支撑学生全面发展的基石，需要注重养成良好的生活习惯、保持积极的心态，保持健康的身心状态。通过参加体育锻炼、心理辅导等活动，学生可以提升自身的身心素质，增强自我调节和抗压能力，保持积极向上的心态面对生活中的各种挑战。

总的来说，大学生素养提升的关键因素是多方面的，需要学生在大学生活中全面发展，提升自身的思想素养、综合素质和实践能力，做到德智体美劳全面发展，成为社会所需要的优秀人才。只有不断地努力和实践，才能使大学生的素养水平得到全面提升，为国家和社会做出更大的贡献。

五、大学生素养与思想政治教育的未来发展

未来大学生素养的趋势是多元化和个性化发展。在不断变革的社会环境中，大学生需要具备扎实的专业知识和技能，同时也需要具备广泛的社会实践能力和审美情趣。素养的提升需要个性化的发展路径，大学生应该根据自身特长和兴趣，选择适合自己发展的方向，不断完善自我，实现更高层次的素养。未来大学生素养的趋势也体现在对于综合素质的重视，培养学生的创新精神和实践能力，使其在未来社会能够有效应对各种挑战和机遇。素养的提升需要全方位的发展，不仅包括专业知识的掌握，还需要包括思想品德、文化素养、社会责任等方面的提升，才能真正做到全面发展，成为未来社会的栋梁之材。

未来大学生素养的趋势是多元化和个性化发展。在这个信息爆炸的时代，大学生需要不断学习适应新知识和技能，培养对未来社会的敏锐洞察力和创新思维。同时，大学生也需要具备批判性思维和自主学习能力，能够独立解决问题和应对挑战。素养的提升是一个持续的过程，需要大学生不断探索自我，完善自我，不断超越自我。

未来大学生素养的趋势还体现在对人际关系的重视，大学生需要培养团队合作精神和有效沟通能力，能够与不同背景的人合作共事，促进共同发展。未来大学生素养的提升也需要关注环境保护和社会责任感的培养，大学生应该意识到自己的行为对环境和社会的影响，积极参与公益活动，为社会贡献自己的一份力量。

未来大学生素养的趋势不仅在于个人能力的提升，更需要关注人文关怀和社会关怀。大学生应该关注国家和民族发展，保持文化传统的传承和创新，培养爱国情怀和国际视野，成为具有全球竞争力的优秀人才。未来大学生素养的提升是一个全方位的过程，需要大学生不断超越自我，探索未知领域，实现自我全面发展，为建设美好未来贡献自己的力量。

未来思政教育的创新方向是关注学生的全面发展，注重综合素质培养，引导学生树立正确的世界观、人生观和价值观。同时，创新思政教育内容和形式，注重学生的主体性和参与性，激发学生的学习兴趣和自主意识。结合时代特点和社会需求，加强信息化技术在思政教育中的应用，拓展思政教育的途径和方式，推动思政教育深入人心，实现更好的教育效果和社会效益。

在未来的思政教育中，关注学生的全面发展是至关重要的。在这个多元化和

快速变化的时代，我们必须注重培养学生的综合素质，使他们具备适应社会发展的能力。为了实现这一目标，我们需要不断创新思政教育的内容和形式，让学生在参与中感受到主体性，激发他们内在的学习兴趣和自主意识。同时，利用信息化技术在思政教育中的应用，不仅可以丰富教学资源，也可以拓展思政教育的途径和方式，让教育更贴近学生的需求。只有这样，思政教育才能真正深入人心，取得更好的教育效果和社会效益。未来的思政教育需要与时俱进、不断探索创新，为培养德智体美劳全面发展的社会主义建设者和接班人提供坚实的思想道德基础。愿未来的思政教育能够在不断创新中，为学生成长成才提供更加丰富多彩的可能性，引领他们走向更加光明的未来。

在大学生素养与思想政治教育研究中，应对策略是至关重要的。只有通过有效的应对策略，才能更好地实现大学生思想政治教育的目标，促进大学生全面成长。因此，制定科学合理的应对策略，是当前和未来大学生思政教育工作的重要任务之一。通过不断探索和实践，我们能够不断提升大学生素养，推动思想政治教育事业的健康发展。

在实践中，我们可以采取多种策略来应对大学生思政教育中的挑战。我们可以通过加强课程设置，引入更多思想政治教育相关内容，让学生在学习过程中不断接触和思考。利用现代科技手段，如网络教学平台和社交媒体，开展线上教育活动，让信息更加普及和便捷。还可以组织学生参与各类思政实践活动，让他们身临其境地感受思想政治教育的重要性。在教师方面，更要加强师德师风建设，提升教师的专业素养和教育水平，为学生树立榜样。在学生方面，应提高他们的意识和责任感，积极参与到思政教育中来，不断完善自我。只有不断寻找适合大学生思政教育的应对策略，并且在实践中修正和改进，才能更好地促进思政教育事业的发展，让大学生在全面成长的道路上取得更大的进步。

大学生素养的评价标准是一个复杂而又多维的问题，需要综合考量学生在各个方面的表现。学业成绩是评价大学生素养的重要标准之一。学业成绩反映了学生在知识学习和专业技能方面的掌握程度，是其综合能力的一种体现。优秀的学业成绩通常代表着学生在学习上的勤奋与努力，也反映了其学习态度和学习能力。

除了学业成绩，社会实践也是评价大学生素养的重要指标之一。社会实践可以帮助学生将所学知识应用到实际生活中，增强实践能力和解决问题的能力。通过参与社会实践，学生可以了解社会的需求和发展方向，培养社会责任感和团队合作意识。同时，社会实践也可以拓宽学生的视野，促进其全面发展。

身心健康也是评价大学生素养的重要标准之一。大学生作为社会主体之一，其身心健康状况直接关系到个人的综合素质和发展潜力。良好的身心健康可以增强学生的抗压能力和自我调节能力,有利于其积极面对学习和生活中的困难与挑战。

道德素养也是评价大学生素养的重要方面之一。大学生作为未来社会的建设者和发展者,其道德素养直接关系到社会风气和人文精神的培育。良好的道德素养可以帮助学生树立正确的人生观和价值观,培养健康的人际关系,同时也有利于学生成为社会主流价值观的传播者和守护者。

总的来说,评价大学生素养应该综合考量学生在学业成绩、社会实践、身心健康和道德素养等方面的表现。通过全面的评价,可以更准确地了解学生的综合素质和发展水平,为其今后的成长和发展提供有益的指导和支持。在未来的发展中,应该进一步完善大学生素养的评价制度,促进学生全面发展,为社会培养更多具有高素养和高道德标准的人才。

面对学习和生活中的困难与挑战,大学生需要具备坚忍不拔的意志和不畏艰难的毅力。只有这样,才能在面临困难时不退缩,勇往直前,克服一切困难,取得成功。同时,大学生还应该具备自我管理能力和自我激励能力,保持内心的平静和稳定,以更好地应对挑战与压力。

大学生的创新能力也是评价素养的重要方面之一。只有具备创新精神,不断开拓新领域,不断学习新知识,才能在激烈的竞争中脱颖而出,实现自身的价值。同时,大学生还应该具备团队合作精神,懂得与他人合作、互助共赢,在团结协作中取得更大的成功。

总的来说,评价大学生素养是一个综合性的过程,需要全面考量学生在各个方面的表现。只有在多方面的评价下,才能更全面地了解学生的实际情况,为其提供更好的指导和支持。希望未来的大学生可以在学术、品德、创新等方面持续发展,成为具有综合素质和高道德标准的栋梁之材。这样的人才才能为社会的进步和发展提供更为有力的支持和保证。

大学生思想政治教育的可持续发展机制是确保学生在大学阶段接受到全面系统的思想政治教育,不仅要注重灌输知识,更要培养学生的思辨能力和创新意识。这种机制需要在课堂教学、课外活动、社会实践等方面进行全方位的教育,以培养学生全面发展的素养和道德情感。同时,学校和社会需要加强合作,共同推动大学生思想政治教育的可持续发展,确保学生在毕业后仍然能够保持良好的思想政治素养,并将之持续传承下去。这样的机制需要教师、学生、家长、社会等多方共同参与,共同努力,共同推动大学生素养与思想政治教育事业的不断发展壮大。

在大学生思想政治教育的可持续发展机制中,教师们应当注重引导学生进行自主学习，激发他们对社会和国家发展的兴趣和责任心，引导他们积极参与社会实践活动，提高他们的社会责任感和价值观念。同时，学校可以通过建立多样化的课程体系和教育活动，为学生提供广泛的知识和信息，帮助他们全面发展能力和素质。学生应当积极主动地参与各项思想政治教育活动，增强自身修养和素养，不断提升自我认知和自我管理能力，培养自觉尊重他人、关爱社会的品质。家长们应当关心孩子的学习和成长，帮助他们树立正确的世界观和价值观，引导他们健康成长，从小培养他们的道德情感和社会责任感。社会各界也应当积极参与大学生思想政治教育的工作，为学生提供更广阔的实践平台和成长空间，推动大学生思想政治教育工作不断深入发展。通过多方合作和共同努力，共同推动大学生思想政治教育的可持续发展，为培养德智体美劳全面发展的社会主义建设者和接班人做出贡献。

第三节　大学生素养与思想政治教育现实问题分析

一、大学生素养现实问题

大学生缺乏社会责任感是当前思想政治教育领域面临的一个严重问题。这种现象不仅仅体现在日常生活中，更直接地影响到了大学生的综合素养和社会担当意识。由于缺乏社会责任感，大学生往往无法准确把握自己在社会中所处的角色和责任，导致他们对社会问题的认识不够深刻，对社会发展的参与意识不够强烈，甚至出现了消极、自私、狭隘的态度和行为。

大学生普遍缺乏社会责任感，部分原因可能源自教育体制对于社会实践和社会责任意识的缺乏重视。在传统的教学模式下，大学生更多地被灌输理论知识，而忽视了对于实践和社会问题解决能力的培养。社会环境的影响也在一定程度上加剧了大学生缺乏社会责任感的现象。在以功利主义为导向的社会背景下，大学生更容易陷入自我为中心的思维模式，忽视了对周围社会的关注和参与。

因此，解决大学生缺乏社会责任感的问题，需要从根本上调整教育理念和教育方式。应该通过开展更多的社会实践活动，培养学生的实践能力和社会参与意识，引导他们树立正确的社会责任观和人生观。同时，也需要社会各界的共同努力，营造一个注重社会责任、尊重公益的教育环境，使大学生能够在社会实践中感受到责任的重要性，从而树立正确的人生目标和社会价值观。只有这样，大学生缺乏社会责任感的问题才能得到有效解决，才能推动思想政治教育事业的健康发展和大学生素养水平的提升。

在当今社会，大学生缺乏社会责任感已经成为一个比较普遍的现象。环境的影响使得他们更容易变得自私和缺乏对社会的关注。因此，我们需要采取一系列措施来培养大学生的社会责任感。学校可以增加社会实践活动的时间和频率，让学生接触更多社会问题，从而激发他们参与社会的意识。学校可以开设相关课程，如社会责任教育课程，帮助学生树立正确的价值观和责任观。同时，社会也需要加强对大学生的引导和教育，为他们提供更多展示自己的机会，让他们在实践中感受到责任的重要性。大学生是国家和社会的未来，只有他们具备了正确的社会责任感，才能更好地为社会发展和进步做出贡献。希望通过各方的共同努力，我们可以解决大学生缺乏社会责任感的问题，建设一个更加和谐、进步的社会。

大学生缺乏创新精神的表现常常令人担忧，这不仅影响了学生个人的发展，更损害了整个社会的创新力。在当前社会发展的大背景下，大学生应当具备创新意识、创新能力，才能在激烈的竞争中立于不败之地。然而，现实中却存在着诸多现象，如刻板的思维模式、缺乏创新动力、对新鲜事物缺乏接纳等，这些都表明大学生缺乏创新精神的严重问题。因此，我们迫切需要重视大学生的创新教育，培养他们的创新思维和创新能力，使他们更好地适应未来社会的发展需求。

大学生缺乏创新精神的问题，不仅仅是个人发展的困境，更是整个社会创新力的败坏。正所谓"水滴石穿，绳锯木断"，只有积少成多，方能积厚流光。社会是由每个个体组成的，如果每个大学生都没有创新精神，那么整个社会的创新能力也将大为受限。

大学生是未来社会的栋梁，他们的创新能力将决定着整个社会的发展方向。缺乏创新精神的大学生往往只会按部就班，缺乏独立思考和解决问题的能力。在这个纷繁复杂的社会中，要想脱颖而出，必须具备创新思维和创新能力。只有不断地挑战自己，跳出传统思维定式，才能在激烈的竞争中立于不败之地。

因此，大学生应该在校园里注入更多的创新元素，鼓励他们积极参与各种创新活动，提高他们的创新意识和创新能力。同时，学校也应加强对大学生的创新教育，教导他们如何跨越困难，拓宽思维，勇于创新。只有这样，我们才能培养出更多具有创新精神的人才，为社会发展注入源源不断的创新动力。

希望大家能够认识到大学生缺乏创新精神的重要性，共同努力，培养出更多具有创新能力的人才，为社会发展注入新的活力。相信，在不久的将来，我们将迎来一个更加充满活力和创新的社会！

二、思想政治教育现实问题

思政教育内容陈旧的问题是一个长期存在的挑战，传统的思政教育内容被认为缺乏实际性和针对性，不能有效引导大学生树立正确的世界观、人生观和价值观。这种陈旧的思政教育内容往往难以引起学生的兴趣，不能引发他们对社会现实和时事政治的思考，甚至存在一定程度的抵触情绪。因此，如何更新思政教育内容，使之更符合时代的要求，更具有启发性和引导性，成为当前亟待解决的重要问题。

思政教育内容的陈旧，是当前高校面临的一大挑战。传统的思政教育内容往往停留在理论知识的灌输，缺乏与时俱进的问题引导和思维启发。随着社会的快速发展和变革，学生面临的困惑和挑战也日益增多，需要一种更具前瞻性和实践性的思政教育内容来引领他们应对。因此，更新思政教育内容，使之更贴近学生的实际需求和社会热点，成为当前亟待解决的重要课题。

在更新思政教育内容的过程中，可以通过多种途径开展。应该引入跨学科的教学资源，结合不同领域的知识和理论，让学生在思政课堂上感受到知识的丰富性和联系性。可以通过实地考察和社会实践等形式，提供具体而直观的案例和情境，激发学生的积极参与和思考。再者，思政教育内容应该更加注重培养学生的创新意识和解决问题的能力，使他们在未来的社会生活中能够勇于担当、善于创新。

在更新思政教育内容的同时，也需要注意教学方法的革新。传统的课堂教学往往以教师为中心，学生被动接受知识，缺乏互动和思考的机会。因此，应该倡导以学生为主体的教学方式，引导他们主动思考和探索，培养他们的批判性思维和创造性能力。通过开展小组讨论、案例分析等活动，激发学生的学习兴趣，增强他们的主动参与意识。

总而言之，更新思政教育内容是当前高校教育改革的一项重要举措。只有不断调整和完善思政教育内容，才能更好地引导大学生健康成长，培养他们全面发展的思想素养和社会责任感，推动学生更好地融入社会，为国家和社会的发展贡献自己的力量。

思政教育方式单一是当前大学生思想政治教育面临的一个重要问题。传统的思政教育方式往往囿于一种模式，缺乏多样性和实效性，难以引导学生真正理解和接受。这种方式单一的问题，不仅影响了大学生的学习效果，也限制了他们综合素养的提升。因此，需要不断探索和创新思政教育的方式方法，使之更系统、更全面、更有效，以满足当代大学生的需求和发展要求。

当前大学生思想政治教育的方式需要更加多元化和灵活化，只有这样才能更好地引导学生树立正确的世界观、人生观和价值观。在今天这个多元化、信息化的社会背景下，传统的思政教育方式显然已经无法满足学生的需求。因此，我们需要不断进行教育方法的创新和尝试，结合学生的实际情况和特点，让思政教育更贴近、更有针对性。

在思政教育中，我们可以结合实际案例进行深入讨论，让学生通过案例的分析和讨论来加深对思想政治教育的理解。同时，在教学中可以引入互动式教学，让学生参与其中，从而激发学生的学习兴趣和思考能力。还可以通过开展一些思政教育主题讲座、座谈会等活动，邀请专家学者和行业人士来分享他们的经验和观点，帮助学生更好地理解和接受思政教育。

利用现代化的科技手段也是思政教育方式的一个重要方向。可以通过建立在线学习平台、开展网络直播讲座等方式，让学生通过线上学习获得更丰富的思政教育资源。同时，利用社交媒体平台进行思政教育宣传和交流，也是一个有效的方式。通过这些新颖的方式，可以更好地激发学生思考的热情，促进他们的思想政治教育全面发展。

总而言之，思政教育方式的单一已经成为当前大学生思想政治教育的一大问题，我们需要不断探索和创新教育方式方法，使之更加全面、多样化和有效，以提升学生的综合素养和发展水平。这样，才能更好地适应当代大学生的需求和发展要求，引领他们向着明确的目标前行。

思政教育与实际脱节，是指大学生思想政治教育在实践过程中与社会实际存在的脱节现象。这种现象在当前大学生思想政治教育中较为普遍，给大学生的思想政治教育带来了一定的障碍和困难。要解决这一问题，需要深刻认识思政教育与实际脱节的危害，通过实际行动来推动思政教育与社会实际的有机结合，促进大学生思想政治教育的健康发展。

思政教育与实际脱节，是当前大学生思想政治教育中一个亟待解决的问题。在当今社会快速发展的背景下，大学生所接受的思想政治教育往往与社会实际存在的现状脱节，导致他们对社会现实的认知存在偏差。这种脱节现象不仅影响了大学生的思想政治素养，也影响了他们对社会发展的理解和参与。

在校园里，大学生热衷于课堂上的理论学习，但往往忽视了社会实践的重要性。他们缺乏对社会现实问题的深入了解，缺乏对时事政治的关注和热情。这种"象牙塔"式的思维方式，使得大学生的思想政治教育无法与社会实际相结合，难以发挥应有的作用。

因此，为了解决思政教育与实际脱节的问题，大学应该更加重视社会实践教育的开展。通过组织学生参与社会实践活动，让他们亲身体验社会的各种现象和问题，加深对社会的认识和理解。同时，大学还可以邀请社会各界人士来校园进行讲座或交流，让学生接触到更广泛的社会资源和信息，拓宽他们的视野，增强对社会现实的感知能力。

学校还可以加强思政课程内容的更新和实践性。结合时事政治，引导学生关注国家大事，关心社会民生，激发他们的社会责任感和使命感。通过这些举措，可以有效缩小思政教育与实际脱节的距离，使其更好地为大学生的全面发展和社会进步做出贡献。愿思政教育走在时代的前沿，助力大学生成长为德才兼备的新时代建设者和接班人。

三、大学生素养与思政教育的矛盾

在大学生思想政治教育中，素养的培养和提升是一个重要的问题。素养的培养是指通过系统的教育和培训，使学生具备较高水平的文化素养、道德素养和科学素养，从而提高其综合素质和能力。然而，在实际操作中，我们发现素养的培养并不是一蹴而就的，需要长期的教育和指导，需要学生真正地理解和内化所学知识，才能形成良好的素养。

与素养的培养相对应的是素养的提升。素养的提升是指在学生具备一定基础素养的基础上，通过课程设置、教学方法和实践活动等手段，进一步提高学生的认知水平、思维能力和创新意识。在提升素养的过程中，教师需要根据学生的实际情况，采取不同的教学策略和方法，引导学生主动学习，形成自主思考和批判性思维，提升其素养。

然而，在实际教学中，我们也经常面临着素养培养与素养提升之间的矛盾。一方面，培养素养需要时间和积累，不能急功近利，需要通过反复训练和实践才能有效果；另一方面，提升素养又要求教师在有限的时间内尽可能地拓展学生的知识面和思维方式，使其更快地提高素养水平。因此，如何在培养和提升之间找到平衡点，成为大学思想政治教育的一个重要课题。

总的来说，素养的培养和提升是大学生思想政治教育中的重要内容，需要教师和学生共同努力，逐步完善教育模式，促进学生全面发展。只有不断探索和实践，才能更好地解决素养培养与提升的矛盾，为大学生思想政治教育的发展提供更好的支撑和保障。

在这个问题上，我们需要认识到素养的培养与提升之间的关系是相辅相成的。构建一个有效的教育体系，让学生在培养素养的过程中不断提升自己的认知水平和思维方式，这是必不可少的。同时，教师们也需要不断更新自己的教学方法和理念，以更好地引导学生进行自主思考和批判性思维，从而帮助他们更好地发展自己的素养。面对这种矛盾，我们需要不断调整教学策略，平衡培养与提升的关系,为学生的全面发展提供更有效的支持。只有通过双方的共同努力和合作,才能真正解决素养培养与提升之间的矛盾,推动大学生思想政治教育的不断进步和发展。

在传统思政教育与现代思政教育的矛盾中,我们不得不反思传统思政教育的局限性,以及现代社会给予大学生新的挑战。传统思政教育往往注重灌输知识,缺乏对学生个体思想、情感、意志等方面的引导和培养,而现代思政教育更加强调个性化、全面发展的教育理念。传统思政教育强调规范和传统道德观念的灌输,而现代思政教育更加注重学生自主性和创造性的发展,追求个性化的成长路径。在这一矛盾中,我们需要不断调整教育方式,提升教育质量,使大学生思政教育更加贴近时代需求,更加有利于学生全面发展。

在传统思政教育与现代思政教育的矛盾中,我们需要意识到传统思政教育的僵化和固化特点,同时也要认识到现代社会对大学生综合素质的要求。传统思政教育往往以一种统一的标准来规范学生的行为和思想,但这种教育方式忽视了学生个人的差异性和创造性。现代思政教育更加注重培养学生的自主性和创造性,倡导学生独立思考和自主发展,以适应多元化社会的要求。

在这一矛盾的冲突中,我们需要在教育实践中不断探索,不断创新教育理念和方法。教师应该更加关注学生的个性化需求,引导他们树立正确的人生观和价值观,鼓励他们充分发挥自己的潜力和才华。教育不应该是简单地灌输知识,而应该是激发学生的内在动力,引导他们积极主动地参与学习和社会实践。

在传统与现代之间的碰撞中,我们需要继承传统思政教育的优秀传统,同时也要接纳现代思政教育的创新理念。只有通过不断对教育方式和内容进行思考和调整,我们才能更好地适应社会的发展需求,培养出更加适应未来社会的人才,让思政教育发挥更大的作用,引领学生走向美好的未来。

社会需求与教学改革的矛盾,是当前大学生思想政治教育面临的重要问题之一。社会对大学生的素质要求越来越高,希望他们具备全面发展的能力;而传统的思想政治教育模式却往往难以满足这一需求。因此,教学改革成为迫在眉睫的任务,急需对现有的教育模式进行深刻的反思和改进。

当前的大学生素质教育普遍存在片面性和功利性的问题。社会对大学生的要求不再仅局限于学术成绩,更加注重其综合素质和社会责任感。然而,传统的思想政治教育往往重视灌输知识,缺乏培养学生思维能力和创新精神的有效途径。这种教育模式与社会需求之间的矛盾越发突出,需要通过教学改革来实现对大学生素质的全面提升。

在教学改革的进程中,要坚持以学生为中心的理念,注重个性化教育,培养学生自主学习和终身学习的能力。同时,在思想政治教育中,要注重培养学生的思辨能力和社会责任感，使他们能够在复杂多变的社会环境中做出正确的判断和选择。只有通过教学改革，才能更好地满足社会对大学生素质的要求，推动思想政治教育不断向前发展。

在未来，大学生素质教育将面临更加严峻的挑战和更加广阔的发展空间。只有通过持续不断的教学改革，才能更好地适应社会需求的变化，推动大学生思想政治教育走向深入发展。同时，要不断跟进时代发展，与社会同频共振，引领大学生素养与思想政治教育的新潮流，为社会培养更多具有创新精神和社会责任感的优秀人才。

教学改革是与时俱进的必然选择，随着社会的发展和变化，大学生的需求也在不断演变。因此，作为论文写作专家，我们需要不断完善教育体系，创新教学方法，以更好地满足社会对大学生素质的要求。

在教学改革的过程中，我们应该注重培养学生的创新意识和实践能力，让他们能够勇于探索未知、勇于创造。只有这样，大学生才能在未来社会中有更广阔的发展空间，为社会的进步和发展贡献自己的力量。

除了注重个性化教育和创新能力的培养，我们也应该加大对学生思想政治教育的力度，引导他们正确树立社会责任感和公民意识，使他们能够在社会中做出正确的行为选择，担当起应有的社会责任。

教学改革不仅仅是教育体制的变革，更是社会发展的需要。我们需要与时俱进，跟上社会的步伐，不断推动教育事业向前发展。只有这样，我们才能培养出更多具有创新精神和社会责任感的优秀大学生，为国家建设和社会发展贡献自己的力量。教育事业关乎民族未来，我们应该激发学生的潜能，培养他们健康成长，成为有益于社会的栋梁之材。

第四节　大学生素养与思想政治教育对策建议

一、大学生素养的提升路径

培养全面素养的目标是以培养学生综合能力、全面发展为宗旨，注重培养学生的思想道德素养、科学文化素养、健康体魄素养、劳动美感素养等方面的综合素质，使学生在各方面能够得到全面发展和提升。培养全面素养旨在使学生具备全面的知识、扎实的专业技能和强大的综合素质，为其未来的发展和进步提供有力的保障和支持。

学校的目标是培养具有全面素养的学生，这意味着学生需要在各个方面得到全面的培养和提升。除了在学习过程中获得全面的知识和扎实的专业技能外，学校还注重培养学生的思想道德素养。思想道德素养是一个人品德高尚、具有正确的人生观和价值观的重要方面，这对学生的综合发展和未来的成长都至关重要。

科学文化素养也是培养全面素养的重要组成部分。在当今社会，科学技术日新月异，学生只有具备扎实的科学文化素养，才能适应社会的发展需求，为自己的未来发展打下坚实的基础。同时，健康体魄素养也是学校重视的方面，一个健康的身体是学生学习和生活的基础，只有保持良好的身体状态，学生才能更好地投入学习和工作中。

劳动美感素养也是学校努力培养的素养之一。培养学生对劳动的热爱和对美的感知，可以锻炼学生综合能力，提高他们的审美情趣和工作能力。综合来看，培养全面素养的目标，是为了让学生在未来的发展道路上拥有更多的选择权和更好的发展机会。只有全面发展，学生才能更好地适应社会的发展变化，勇敢面对未来的挑战。

构建立体培养的体系，是指通过多层次、多元化的教育方式和手段，全面培养大学生的思想道德素养、科学文化素养、身心素养以及职业素养，帮助他们实现全面发展。这一体系包括学校教育、家庭教育、社会教育等各个方面的内容和环节。通过良好的制度机制、课程设置、活动安排等方式，使得大学生在思想政治教育方面得到全面提升，从而更好地适应社会发展的需求。

在构建立体培养的体系中，学校教育是重要的一环。学校应通过课程设置、教学方法、班级管理等方面的改革，引导学生树立正确的世界观、人生观、价值观，加强思想政治理论课程和实践教育，提升学生的综合素养和创新能力。

家庭教育也是构建立体培养体系不可或缺的一部分。家庭是第一所学校，家庭教育对大学生的思想政治教育起着决定性的作用。家长要以身作则，注重家庭教育的方法和内容，引导孩子树立正确的人生观和价值观，培养他们积极向上的心态和行为习惯。

社会教育也是构建立体培养体系的重要组成部分。社会是大学生学习和成长的重要场所，社会教育应注重培养学生的社会责任感、团队合作精神和创新意识，通过社会实践、志愿活动等方式，促进大学生参与社会实践，锻炼他们的实践能力和社会适应能力。

构建立体培养的体系是推动大学生思想政治教育全面发展的必然要求和重要途径，只有全社会各个方面共同努力，共同促进大学生的全面素质提升，才能更好地实现中国特色社会主义事业的伟大复兴。

在构建立体培养的体系中，学校教育也是至关重要的一环。学校是学生求知苦练、锻炼意志的重要场所，学校教育应当注重培养学生的学习能力、创新思维和批判性思维，引领学生积极探索未知领域，培养他们的自主学习和解决问题的能力。

除此之外，大学生自身的努力和自我培养也是构建立体培养体系不可或缺的一部分。大学生应当注重个人修养，提升综合素质，不断完善自我，拓展视野，增强社会适应能力和创新能力，努力成为德智体美劳全面发展的社会主义建设者和接班人。

同时，大学生的同学关系、师生关系也是影响大学生成长的重要因素。在构建立体培养体系的过程中，大学生要懂得团结合作，相互支持，共同进步，发挥团队合作的力量，建立和谐的人际关系，共同促进彼此的全面发展。

总的来说，构建立体培养的体系需要学校、家庭、社会、自身、同学等多方合力，共同为大学生的思想政治教育全面发展提供有力支持。只有通过多方面的努力和协同合作，才能更好地实现大学生的全面素质提升，推动中国特色社会主义事业的蓬勃发展。

加强核心素养的培养对于大学生思想政治教育至关重要。在当前社会背景下，大学生的核心素养需要进一步提升，以更好地适应未来社会发展的需求。加强核心素养的培养不仅可以提高大学生的综合素质和竞争力，也可以促进其全面发展和实现自身的价值。大学教育应该重视培养学生的核心素养，为其提供更广阔的发展空间和更多的职业选择，从而使他们成为德才兼备、具有创新精神和社会责任感的优秀人才。

加强核心素养的培养不仅仅是为了提高大学生的综合素质和竞争力，更是为了激发其内在潜能，让他们更好地适应社会的变革和挑战。在当今快速发展的社会中，大学生需要具备扎实的专业知识和广泛的综合能力，才能在激烈的竞争中脱颖而出。加强核心素养的培养可以帮助大学生拓展视野，增强团队合作能力，培养创新精神和解决问题的能力。

在大学教育中，注重培养学生的核心素养可以让他们更好地实现自身的发展目标，拥有更广阔的职业选择和更多的机会。大学生是社会的未来，他们的成长和发展将直接影响整个社会的进步和发展。因此，大学教育的价值在于引导学生不断学习、成长和进步，以应对不断变化的社会需求和挑战。

加强核心素养的培养还可以促进大学生的全面发展，培养其具有社会责任感和使命感的优秀人才。作为新时代的青年学子，他们需要不断提升自己的核心素养，不断扩展自己的知识面和能力，为实现中华民族伟大复兴的中国梦贡献自己的力量。只有不断加强核心素养的培养，才能使大学生们在未来社会的挑战中勇往直前，展现出自己的价值和影响力。

强化实践教育的环节对于大学生的素养和思想政治教育具有重要意义。通过实践教育，学生可以将学到的理论知识应用到实际中去，提高自己的综合素养和解决问题的能力。实践教育不仅仅局限于课堂教学，还包括社会实践、实习实训等形式，使学生在实际中感受到理论知识的实用性，增强自己的实践能力和创新思维。强化实践教育的环节可以有效地促进学生的全面发展，培养德智体美劳全面发展的社会主义建设者和接班人。

在实践教育的过程中，学生可以积累丰富的实践经验，提升自己的实际操作能力。通过参与各种实践活动，他们能够学到如何团队合作、如何解决问题、如何有效沟通等重要技能，这些对于他们未来的工作和生活都具有极大的帮助。同时，实践教育也能够帮助学生发现自己的兴趣和潜能，开拓视野，拓宽思维，促进个人成长和自我认知。

强化实践教育的环节还可以促进学生的创新能力和实验精神的培养。在实践中，学生需要不断思考、实践、总结和改进，这种反复的过程可以激发他们的创新意识，培养他们的实验技能。只有通过实践，学生才能真正理解知识的内涵和实际运用，才能培养出自己独立思考和创新解决问题的能力。

因此，强化实践教育的环节不仅仅是传授知识，更是培养学生的能力和素养。通过实践教育，学生可以在实际中锻炼自己，不断成长，最终成为全面发展的优秀人才和社会栋梁。

二、思想政治教育的改进措施

大学生素养与思想政治教育的重要性不容忽视，为了实现全面发展，我们必须不断更新教育内容。思想政治教育的改进措施是当前亟待解决的问题，只有通过更新教育内容，强化大学生的思想道德素质和政治觉悟，才能更好地引领大学生走向正确的道路。在这个过程中，我们需要不断查缺补漏，逐步完善大学生思想政治教育的体系，为未来的发展打下坚实基础。

思想政治教育是大学教育中重要一环，它不仅是培养学生正确的思想观念和道德品质，更是为他们提供正确的政治引导和觉悟。而随着社会的不断发展，教育内容也需要与时俱进，适应时代的需求。

在更新教育内容的过程中，我们需要重视学生的实际情况和需求，结合当前社会的政治、经济和文化状况进行调查研究，根据学生的需求进行精准的教育设计。我们需要关注学生的兴趣爱好和认知水平，根据不同学生的特点制定符合他们需求的教学内容，让他们在学习过程中获得更多的启发和收获。

同时，更新教育内容也需要注重培养学生的创新意识和实践能力，让他们在思想政治教育中不仅是被动接受知识，更要主动参与其中，通过实践来巩固和应用所学知识。我们可以通过各种形式的讲座、讨论、实践活动等来拓展学生的思维空间和实践能力，让他们在不断的实践中提升自己的思想道德素质和政治觉悟。

更新教育内容是当前大学生思想政治教育中亟待解决的问题，只有不断地调整教育内容，不断完善教育体系，才能为大学生的全面发展和未来的生活打下坚实的基础。希望在未来的教育实践中，我们能够更加重视大学生思想政治教育的重要性，为他们提供更加优质和有效的教育内容，引领他们走向正确的人生道路。

创新教学方式在大学生思想政治教育中具有重要意义。通过引入新的教学方法和手段，可以激发学生的学习兴趣，促进他们的思维能力和创新意识的培养。创新教学方式包括多媒体教学、案例教学、互动教学等多种形式，可以更好地适应当代大学生的学习需求和特点。同时，创新教学方式也有利于加强师生之间的互动，促进学生与教师之间的良好互动关系，提高教学效果和教学质量。在未来的大学生思想政治教育中，创新教学方式将会扮演越来越重要的角色，为培养德智体美劳全面发展的社会主义建设者和接班人提供强有力的支持和保障。

创新教学方式的应用，不仅能够丰富教学手段，还可以激发学生的创造力和探索精神。多媒体教学使得抽象的概念更加形象化，案例教学则可以引导学生从实际问题出发进行探究和解决，互动教学则打破了传统的单向传授模式，促进了师生之间思想的碰撞和交流。

通过创新教学方式的引入，学生可以在轻松愉快的氛围中进行学习，不再觉得教育是一种沉闷的任务。同时，教师也可以更好地发挥自己的主导作用，引导学生进行独立思考和团队合作，培养学生的领导能力和创新精神。

随着社会的不断发展和进步，大学生思想政治教育也需要与时俱进，不断探索符合时代要求的教学方法。只有不断创新，才能更好地满足学生的需求，培养出更加优秀的社会主义建设者和接班人。创新教学方式的推广和应用，将成为未来思想政治教育的主要趋势，为建设富强民主文明和谐的社会主义现代化国家贡献力量。

三、大学生素养与思想政治教育的整合

大学生素养与思想政治教育的整合对于提升大学生的综合素质和思想政治素养具有重要意义。只有通过整合思政教育资源，才能更好地实现大学生的全面发展和思想政治教育目标。在整合过程中，需要充分利用各方面的资源，包

括学校、家庭、社会等多种渠道，为大学生提供更加全面深入的思政教育。同时，整合思政教育资源也需要高校和教育部门的支持和指导，建立起一套科学完善的整合机制，确保思政教育的有效实施和持续发展。通过整合思政教育资源，可以为大学生的综合素质提升和思想政治素养培养提供更加有效的保障和支持，推动大学生思政教育工作迈向新的高度。

在高校的教育中，大学生的综合素质和思想政治素养一直是重点关注的对象。而要实现这一目标，就必须充分整合思政教育资源。在这个过程中，学校、家庭、社会等各方都扮演着不可或缺的角色。学校可以提供理论知识教育和实践机会，家庭可以提供情感支持和价值观引导，社会可以提供更广阔的视野和社会实践机会。

在整合思政教育资源的过程中，需要注意各方资源的互补性和协同性，让各方资源能够相互结合，形成一个有机的整体。只有各方资源相互配合，才能更好地促进大学生的全面发展和思想政治素养的提升。整合思政教育资源也需要建立起一套科学完善的机制和方法，确保思政教育工作的有效实施和持续发展。

对于高校和教育部门来说，他们需要给予足够的支持和指导，搭建起一个稳定的平台，让思政教育资源能够得到充分的发挥和利用。只有这样，才能推动大学生思政教育工作朝着更高的水平发展，为他们的综合素质提升和思想政治素养培养提供更好的保障和支持。

综合思政教育资源不仅能够加强大学生的思想政治素养，也能够促进他们的全面发展。通过共同努力和协同合作，我们相信大学生的综合素质将会得到更好的提升，思想政治素养也将迎来新的突破。整合思政教育资源的工作正在持续进行中，我们期待着更多的措施和成果能够不断涌现，让大学生在未来的道路上越走越坚定，越走越充实。

建立素养培养机制是当前大学生思想政治教育的重要任务之一。通过建立有效的培养机制，可以更好地促进大学生的综合素质提升和思想政治素养培养。这不仅需要教育机构的全力支持和组织协调，还需要社会各界的积极参与和配合。只有建立完善的素养培养机制，才能更好地引导大学生树立正确的世界观、人生观和价值观，实现全面发展和长远发展的目标。

建立素养培养机制是大学生思想政治教育不可或缺的一环。通过这种机制，可以为大学生提供更加系统化和全面的培养方式，从而促进他们的全面发展。在这个过程中，教育机构需要积极承担责任，搭建起一个完善的素养培养平台，提供各种资源和机会，为大学生的思想政治素养提供有力支持。同时，社会各界也应该加强配合，共同努力，为大学生的全面发展奠定坚实基础。

建立素养培养机制不仅可以帮助大学生树立正确的价值观念，更重要的是可以引导他们树立正确的世界观和人生观。只有在一个完善的培养机制下，大学生才能更好地认识自我、了解社会，实现自身价值的最大化。同时，这种机制也能够帮助大学生更好地适应社会的发展需求，提升自身竞争力，为未来的社会发展打下坚实的基础。

建立素养培养机制需要是一个全社会共同的努力。政府应该加大对教育的投入，为教育机构提供更多的支持和保障；企业和社会组织也应该积极参与，为大学生提供更多的实践机会和资源支持。只有在全社会的共同努力下，才能真正实现大学生思想政治素养的全面提升，为国家的长远发展创造更加有利的条件。

实施素养评估机制是当前大学生思想政治教育的重要内容之一。在素养评估机制下，可以更加客观地评估和反映大学生的思想政治素养水平，为他们的个人发展和社会责任提供有效指导。通过建立健全的素养评估机制，可以促进大学生思想政治教育的深入开展，推动其在实践和发展中不断完善和提高。

在实施素养评估机制的过程中，应注重对大学生思想政治素养的全面评估，包括道德情感、文化修养、社会责任等方面，为大学生提供全方位的发展支持。同时，素养评估机制也需要借鉴国际先进经验，结合国情实际，制定科学合理的评估标准和方法，确保评估结果的客观性和可靠性。

素养评估机制的实施还需要充分重视大学生的主体性和参与性，鼓励他们在评估过程中发挥自主性和创造性，不断提升自身的思想政治素养水平。同时，评估机制也应与教育教学相结合，形成有机的教学评估体系，为大学生成长成才提供更加有效的保障和支持。

实施素养评估机制是大学生思想政治教育的重要保障和推动力量，只有不断完善和加强这一机制，才能更好地促进大学生思想政治素养的提高，推动其全面发展和成长。希望在未来的实践中，素养评估机制能够得到更加广泛的应用和推广，为大学生思想政治教育事业的发展贡献力量。

素养评估机制的实施是大学生思想政治教育的必然要求，只有通过建立科学合理的评估标准和方法，才能确保评估结果的客观性和可靠性。在实施素养评估机制的过程中，应该充分尊重大学生的个性和特点，注重培养他们的自主意识和创新能力。同时，评估机制应该紧密结合教学实践，促进大学生成长成才的全面发展。

为了更好地推动素养评估机制的实施，我们需要加强对评估工作的组织和管理，确保评估工作的顺利进行。同时，要重视评估结果的运用和反馈，及时总结经验教训，不断完善评估机制，提高其科学性和有效性。只有不断探索和创新，才能更好地促进大学生思想政治素养水平的提高，为他们的成长和发展提供更加有力的支持。

在未来的实践中，我们应该积极借鉴国际先进经验，结合国情实际，不断完善和加强素养评估机制，推动大学生思想政治教育事业的蓬勃发展。希望通过我们的努力，素养评估机制能够得到更广泛的应用和推广，为培养德智体美劳全面发展的社会主义建设者和接班人做出更大的贡献。愿我们共同努力，为实现教育强国梦想而不懈奋斗！

在当前时代背景下，大学生思想政治教育与素养培养的融合发展成为一项紧迫的任务。通过对大学生思想政治教育目标的深入探讨，我们可以更好地认识到大学生素养与思想政治教育之间的内在联系。然而，现实中也存在着许多挑战和问题，例如大学生素养与思政教育的矛盾需要得到有效解决。

在未来发展中，大学生素养与思想政治教育将面临更多的挑战与机遇。只有充分认识到这些问题，并提出切实可行的对策建议，才能实现思想政治教育与素养培养的有机融合。因此，我们需要加强对大学生思想政治教育的现实问题分析，以期找到促进素养与思想政治教育的有效路径。

通过对思想政治教育与素养培养的整合，我们可以推动大学生思想政治教育的全面发展，培养出更加优秀、全面发展的人才。这不仅是对大学生素养与思想政治教育的一种保障，更是对推动国家长治久安、经济社会发展的重要举措。在这个过程中，我们需要不断探索创新，促进思想政治教育与素养培养的融合发展，为实现教育强国的目标努力奋斗。

面对大学生思想政治教育与素养培养的融合发展，我们需要更加重视学生的自主性和创新力，引导他们不仅要具有良好的道德品质和社会责任感，还要具备独立思考和解决问题的能力。要注重培养学生的文化修养和综合素质，引导他们树立正确的世界观、人生观和价值观，从而使他们成为社会发展的中坚力量。

在实践中，我们需要不断丰富和完善教育教学模式，探索适合大学生特点和需求的思政教育和素养培养方式。鼓励学校和教师注重个性化教学，激发学生的学习兴趣和创造力，使他们在学习中能够获得更多的快乐和成就感。同时，加强师生沟通和互动，营造和谐的教育氛围，让学生在积极的情感支持下更好地接受思想政治教育和素养培养。

要建立健全的评价体系，注重综合素质评价和实践能力考核，以激励学生不断提升自身素养和能力。同时，加强学校与社会的合作，拓宽学生的视野和实践机会，让他们更好地融入社会大家庭，增强社会责任感和使命感。最终，通过不懈努力和坚定信念，我们一定能够实现思想政治教育与素养培养的有机融合，为国家的繁荣和发展贡献自己的力量。

在当今社会，大学生素养与思想政治教育一直备受关注。加强校企合作，促进大学生素养和思想政治教育的实践效果，是当前亟待解决的问题之一。通过校企合作的方式，可以有效地促进大学生在校园中接受到更全面、更实践的思想政治教育，使他们更好地融入社会，更好地为社会发展做出贡献。同时，加强校企合作也可以促进大学生的素养提升，使其在未来的发展中能够更好地适应社会的需求。

校企合作不仅可以为大学生提供更多的实践机会，同时也能够为他们打开更广阔的就业渠道。通过与企业紧密合作，学生可以更好地了解行业实践和市场需求，提高自身素养和综合能力，为将来就业做好充分准备。同时，校企合作也可以促进大学生的思想政治教育，使他们更加深入地理解国家政策和法律规定，更好地树立正确的世界观、人生观和价值观。

在加强校企合作的过程中，需要学校和企业之间建立良好的合作关系，共同制定合作方案，明确双方的责任和义务，确保合作顺利进行。同时，学校还应加强对学生的指导和监督，帮助他们更好地理解思政教育的重要性，增强自身的素养和综合能力。只有通过校企合作，促进大学生素养和思想政治教育的实践效果，才能真正实现教育的目标，推动社会的进步与发展。

在校企合作中，学生将有更广阔的就业前景，可以获得更多实践机会，提升自身专业技能和综合素质。通过与企业的密切合作，学生可以更深入地了解行业发展趋势和市场需求，为未来的职业发展做好准备。同时，校企合作也将有助于加强大学生的思想政治教育，培养他们正确的世界观和人生观，提高综合素质和社会责任感。

在实践中，学校和企业应该建立起良好的合作关系，共同制订可行的合作计划，明确各自的责任和义务。学校还应该加强对学生的指导和监督，引导他们更深刻地理解思政教育的重要性，提升自身综合素质和思想道德水平。只有通过校企合作，促进大学生素质和思政教育的实践效果，才能更好地实现教育目标，推动社会的不断进步和发展。通过校企合作的积极推进，大学生将更好地适应社会需求，实现自身的人生价值，为建设一个和谐稳定、繁荣发展的社会做出积极贡献。

第三章 大学生素养与思想政治教育的现状分析

第一节 大学生素养现状分析

一、大学生综合素养水平

在大学生素养与思想政治教育研究中,学习能力是一个至关重要的方面。学习能力是大学生综合素养水平的重要体现,而大学生的学习能力受到多方面因素的影响。

学习方法对大学生的学习能力有着重要影响。现在的大学生普遍存在着学习方法不够科学、不够高效的问题。一些大学生还停留在高中阶段的学习方法上,依赖老师教授知识,缺乏独立思考和自主学习的能力。他们往往只是机械地记忆知识,缺乏对知识的深度理解和灵活运用能力。面对大量的学习任务,他们容易感到焦虑和压力,导致学习效果不佳。

学习态度也是影响学习能力的重要因素。一些大学生对学习缺乏积极性和主动性,对待学习态度比较懈怠。他们缺乏对知识的热情和追求,更多地把学习当作一种任务和压力,而不是一种享受和提升。缺乏学习兴趣和动力的大学生容易心不在焉,学习效果受到影响。

社交网络的普及也影响了大学生的学习效果。现在的大学生沉迷于社交网络和手机游戏,花费大量时间在虚拟世界中,而忽略了真实的学习和成长。社交网络虽然为大学生提供了更多的信息和交流平台,但如果不能正确使用,很容易造成学习效果的不佳。

大学生学习能力方面存在着一些问题和挑战。要提升大学生的学习能力,需要从多个方面入手。学校和家庭应该加强对大学生学习方法的指导和培养,引导他们建立科学、高效的学习方法。大学生自身要树立正确的学习态度,增强学习的主动性和积极性，提高学习自觉性和自律性。大学生要正确看待社交网络，科学合理地利用社交网络，避免沉迷其中影响学习效果。

总的来说，大学生的学习能力是一个需要长期培养和提升的过程，需要学校、家庭和个人全方位的努力和配合。只有不断提升学习能力，才能更好地适应未来社会的发展需求，实现自身的成长和发展。

为了提升大学生的学习能力，在学校和家庭的共同努力下，可以通过制订有效的学习计划进行时间管理，培养大学生的学习自觉性和独立思考能力。鼓励大学生积极参与各种学术交流活动，提升他们的学术素养和批判性思维能力。教育部门也应该不断完善教学方法，提高教师的教学水平，为大学生提供更好的学习环境和资源支持。同时，大学生自身也应该注重身心健康，保持积极乐观的心态，以更好地面对学习中的挑战和困难。

在社交网络时代，大学生要正确看待网络信息，合理利用各种学习资源，避免过度依赖网络而忽视传统学习方式的重要性。同时，要加强自我管理能力，保持学习的持续性和连续性，不断反思和总结学习经验，不断提高自身的学习策略和方法。最终，通过多方共同努力，大学生的学习能力会逐渐得到提升，为未来的个人发展和社会进步奠定坚实的基础。

在当今社会，大学生的社会适应能力越来越受到重视。社会适应能力是指个体在不同社会情境中适应和发展的能力，包括社交能力、团队协作能力等方面。然而，当前大学生的社会适应能力存在一些问题。

大学生的社交能力有待提高。随着互联网的发展，大学生更多地依赖于网络社交，缺乏面对面的交流和沟通能力。在现实生活中，一些大学生在与人交往时显得拘谨、不擅表达，甚至出现沟通障碍的情况。这种缺乏有效的社交能力会影响他们在职场和社会中的发展和进步。

团队协作能力也需要加强。大学生在学校通常面临的是单向的知识传授和个人学习，缺乏与他人合作、共同完成任务的经验。然而，在现实社会中，团队协作能力是至关重要的。能否与他人良好合作、有效协调，直接决定了一个人在团队中的地位和成就。缺乏团队协作能力的大学生往往难以适应职场的工作环境，影响自身的职业发展。

如何提高大学生的社会适应能力呢？学校应该加强对大学生社会适应能力的培养和训练。开设相关课程，引导和帮助学生提高社交能力、团队协作能力等方面的技能，培养学生在各种社会情境中的应对能力。学校还应该引导学生多参与社团、志愿活动等，提供一个实践锻炼的平台，让学生在实践中不断提升社会适应能力。

同时，家庭和社会也需要共同努力，为大学生的社会适应能力提供更多支持和帮助。家庭应该教育孩子注重与人交流、尊重他人，在日常生活中给予孩子锻炼社会适应能力的机会。社会可以提供更多的交流平台和机会，让大学生有更多接触社会的机会，拓展视野，培养适应社会的能力。

大学生的社会适应能力是一个综合素养体现的重要方面。提高大学生的社会适应能力需要学校、家庭和社会共同努力，为大学生提供更多的培养和实践机会。只有不断提升大学生的社会适应能力，大学生才能更好地适应社会的需求，更好地实现个人的成长和发展。

为了提高大学生的社会适应能力，学校可以通过开展更多的社团活动、实践项目以及志愿者服务等方式，为学生提供更多的锻炼机会。同时，可以邀请社会专家和成功人士来校进行讲座或交流，让学生从他们的成功经验中受益。

家庭在培养孩子社会适应能力的过程中，可以给予孩子更多的自主空间，让他们学会独立思考、解决问题。同时，家长可以多陪伴孩子，倾听他们的心声，帮助他们建立自信心和社交能力。

社会可以通过举办各类文化活动、志愿服务活动等，为大学生提供更多展示自己才华的机会。还可以鼓励大学生与企业和社会机构合作开展项目，让他们在实践中学习、成长。

综合来看，大学生的社会适应能力不仅需要学校、家庭和社会的共同关注和努力，同时也需要学生自身的努力和积极参与。只有不断提升社会适应能力，才能更好地适应社会的发展，实现个人价值的最大化。希望所有大学生都能不断提升自己的社会适应能力，成为社会发展的中流砥柱。

在当今社会，创新已经成为推动社会发展和个人成长的重要力量。而大学生作为未来社会的中坚力量，其创新能力显得尤为重要。然而，现实中大学生的创新意识和能力并不尽如人意。

一方面，大学生在创新意识方面存在着一定的不足。部分大学生对创新的认识仍停留在传统理念之中，认为创新只是指科技领域的发明创造，对于其他领域的创新了解甚少。而且，一些大学生在学习过程中更加注重应试技巧和死记硬背，缺乏对问题的思辨和探究精神，缺乏自主思考和解决问题的能力。

另一方面，大学生的创新能力也不容忽视。虽然大学生普遍接受了良好的高等教育，但在实际应用中，很多大学生却缺乏创新思维和实践能力。他们对于解决现实问题缺乏创造性的思考，更多地依赖于他人的指导和模仿。面对复杂多变的社会环境和挑战，大学生的创新能力显得尤为脆弱和不足。

因此，提升大学生的创新能力是当前教育工作亟待解决的问题。学校应该加强对大学生创新能力的培养，不仅要注重知识传授，更要注重培养学生的创新精神和实践能力。可以通过课程设置、项目实践等方式，激发学生的创新意识和动力，引导他们主动思考和探究问题。

社会各界也应该积极为大学生提供更多的创新平台和机会。可以通过举办创新创业大赛、邀请专家学者进行讲座等形式，让大学生有更多的机会展现自己的创新才华，激发他们的创新创造潜力。

总的来说，大学生的创新能力是一个综合素质，需要学校、家庭、社会等多方面共同努力。只有全社会共同致力于提升大学生的创新能力，才能更好地推动社会进步和发展，实现个人的价值和社会的发展目标。希望未来的大学生能够拥有更强的创新意识和能力，成为社会发展的引领者和推动者。

大学生的创新能力是现代社会所需的重要素质之一。在这个充满竞争和挑战的时代，仅仅依靠传统的知识和技能已经无法满足社会的需求，更需要具备创新能力的大学生来推动社会的进步和发展。

为了培养学生的创新能力，学校可以通过改革课程设置，引进创新型教学模式，激发学生的学习兴趣和创造力。同时，学校也可以加强对学生的实践能力培养，通过项目实践、实习实践等形式，让学生将知识应用到实际中去，锻炼他们独立思考和解决问题的能力。

除了学校的努力，社会各界也应该为大学生创新能力的培养提供更多的支持和机会。政府可以出台相关政策，支持大学生创新创业，为他们提供更多的资源和平台。企业可以与高校合作，开展科研合作和技术转移，为学生提供实践机会和实践环境。社会组织和机构也可以举办各类活动，激励和表彰那些具有创新精神和创新能力的大学生，推动他们继续努力和创新。

在全社会的共同努力下，相信未来的大学生将会拥有更为出色的创新能力，他们将不仅是知识的传播者，更是创新的引领者和推动者。他们将以强大的创新能力，推动科技进步和社会发展，实现个人的理想和社会的目标。希望每一个大学生都能够在创新的海洋中展翅翱翔，成为引领时代潮流的先锋和领军人物。

二、大学生道德素养现状

大学生道德观念的塑造受到多方面因素的影响，包括家庭教育、学校教育、社会环境等。近年来，随着社会的发展和变化，大学生的道德观念也呈现出一些新的特点和趋势。

大学生的价值观念日益多元化。随着信息时代的发展，大学生接触到的信息越来越广泛，各种价值观念也在其心中碰撞激荡。部分大学生受到传统道德标准的影响,坚守传统的道德准则;而另一部分大学生则更倾向于个人主义,追求自我价值的实现,对道德规范产生怀疑和挑战。

大学生的道德标准不够明确和稳定。在当今社会,面对各种各样的道德难题和伦理纠纷,大学生往往缺乏明确的道德标准和价值取向。他们在道德选择和行为实践中常常犹豫不决,存在着"价值观念锚定"不足的问题。

大学生的社会责任感不够强烈。随着生活水平的提高和社会竞争的加剧,部分大学生更加关注自身利益和发展,忽视了自身应有的社会责任。缺乏对社会团体、集体和民族的责任意识,对一些社会公德和道德规范存在着漠视和不重视的倾向。

总的来说,大学生的道德观念和素养存在着一定的现实问题和挑战。在这种情况下,思想政治教育应更加贴近实际、有针对性地引导大学生树立正确的价值观念和社会责任感。通过加强道德伦理课程的设立和社会实践的开展,引导大学生树立正确的道德标准,弘扬社会主义核心价值观,培养具有社会责任感和使命感的新时代大学生。

在当今社会,道德观念在人们日常生活和社会交往中扮演着至关重要的角色。然而,随着社会的不断发展和多样化,道德选择和行为实践也变得更加复杂和深刻。有些人在面临道德困境时常常犹豫不决,缺乏决断力和价值观念的锚定,导致行为不够坚定和自信。

特别是在大学生群体中,这种现象尤为突出。由于生活水平的提高和社会竞争的加剧,一些大学生更加注重个人利益和发展,忽视了对社会的责任和义务。他们缺乏对社会群体和民族的责任感,对于社会公德和道德规范往往缺乏足够的敬畏与认同。

在这种背景下,大学生的道德观念和素养面临重大挑战。因此,思想政治教育应该更加贴近大学生的日常生活和实际需求,有针对性地引导他们树立正确的价值观念和社会责任感。通过加强道德伦理课程的设置和社会实践活动的组织,可以帮助大学生树立起正确的道德标准,弘扬社会主义核心价值观,培养具有社会责任感和使命感的新时代大学生。

总的来说,大学生在道德观念和价值取向方面仍有待加强和提高。只有通过全社会的努力和教育引导,才能使大学生更加深刻地认识到自己的社会责任和使命,积极投身于社会发展和文明建设之中,成为具有高尚道德情操和社会担当的栋梁之材。

在大学生行为规范方面,尽管大学生受到多方面的教育和熏陶,但实际情况并不乐观。一方面,一些大学生对于行为规范的认识还停留在表面阶段,没有形成深刻的内化。他们可能仅仅是因为周围同学或老师的影响而表现出规范的行为，而非出于内心的自觉和认可。因此，他们在遇到诱惑或困难时，很可能会放弃行为规范，而违背道德准则。

另一方面，一些大学生对于行为规范的认识存在盲区或偏差。他们可能会认为，只要遵守法律规定就可以，对于道德规范和社会伦理并不十分重视。这种片面的理解容易导致他们在结交朋友、处理人际关系和解决问题时出现偏差的行为，甚至犯下违法乱纪的行为。

一些大学生在行为表现上存在虚伪和不真实的现象。他们可能会在公共场合表现得十分谨慎和规范，但在私下里却展现出与其表面形象截然相反的行为。这种行为不仅难以让他人真正了解他们的本质，也容易让他们自己产生自我膨胀和虚假的自我认知。

大学生在行为规范方面存在诸多问题，需要通过思想政治教育等途径进行引导和规范。大学应加强对学生的道德教育和规范引导，培养学生自觉遵守道德准则的意识和行动。学校可以通过丰富多彩的文化活动、社会实践等方式，增强学生的品德修养和社会责任感，帮助他们树立正确的行为观念和行为准则。同时，家庭和社会也应和学校一起合作，共同为大学生提供良好的行为规范引导，共同培养出品德高尚、行为规范的新时代大学生。

在大学生行为规范方面存在问题的现象背后，可能反映了他们在道德素养和社会责任感方面的欠缺。这种行为的双重性也让人不禁思考，究竟是什么因素导致了这种表里不一的行为展示。也许是社会风气的影响，使得他们在某种程度上丧失了对自我行为的规范和监督，抑或是缺乏正确的行为引导，导致他们在不同场合表现出截然不同的态度和行为。

然而，正如前文所提到的，通过思想政治教育和道德规范引导，可以帮助大学生树立正确的行为观念和行为准则。学校在这方面扮演着重要的角色，应当通过丰富多彩的文化活动和社会实践，培养学生的品德修养和社会责任感。同时，家庭和社会也同样应该发挥作用，为大学生提供良好的行为规范引导，共同努力培养出真正具有品德高尚、行为规范的新时代大学生。

在这个过程中，学生个体的自我认知和自我规范也至关重要。只有通过自我反思和自我约束，才能真正做到行为与内在价值观的一致。因此，大学生应当不断提升自己的道德素养，在公共和私下都能做到行为一致，展现出真正高尚和规范的品格。只有这样，才能真正实现自我认知和社会表现的统一，成为社会需要的栋梁之材。

在当代社会，大学生社会责任意识的培养和提升已成为教育工作者和社会各界关注的焦点之一。大学生社会责任意识是指学生主动承担社会责任、积极参与社会实践活动的态度和行为。然而，在当前的大学生群体中，社会责任意识存在一定的不足和问题。

在大学生中存在一部分学生对社会责任的认识不够深刻。他们认为，社会责任是政府和企业应该承担的，与自己无关。这种消极的态度使得他们对社会问题和社会需要缺乏关注和关心，缺乏对社会公益事业的支持和参与意愿。

大学生参与社会公益活动的意愿不够强烈。尽管现在大学校园里有各种形式的公益组织和活动，但是参与的学生却相对较少。一些学生认为参与公益活动会影响自己的学习和生活，因此对于这类活动持观望态度。一些学生认为公益活动对自己的发展没有帮助，缺乏长期投入的动力和信心。

一些大学生对社会公益活动的价值和意义认识不够清晰。他们认为，参与公益活动是一种消极的行为，只是出于道义上的压力和社会舆论的影响，缺乏内在的驱动力。他们往往缺乏对公益事业的理解和认同，无法真正体会到帮助他人和奉献社会的快乐和意义。

因此，要加强大学生社会责任意识的培养和提升，需要教育部门、社会组织以及家庭共同努力。教育部门应该加强思想政治教育和素质教育，通过课程设置和活动组织，引导学生正确理解社会责任的内涵和意义，树立正确的社会价值观。社会组织可以提供更多关于社会公益活动的机会和平台，鼓励学生积极参与，增强社会责任感和社会实践能力。家庭也要从小培养孩子的社会责任感，引导他们从身边小事做起，逐渐形成奉献社会的意识和习惯。

大学生社会责任意识的培养和提升是一项长期而艰巨的任务，需要各方的共同努力和关注。只有通过多方面的措施和手段，引导学生正确认识社会责任，积极参与社会实践，方能培养出更多有担当、有情怀的新时代青年，为社会进步和发展贡献力量。

在当今社会，大学生的社会责任意识的培养已经成为一个亟待解决的问题。除了教育部门、社会组织和家庭的努力之外，学生个人的自觉也起着非常重要的作用。大学生应该积极参与各种社会实践活动，亲身经历社会的方方面面，增强自己的社会责任意识。

在校园中，大学生可以通过参加志愿者活动、社会实践课程等，了解社会的真实情况，深刻体会到自己的责任和使命。同时，大学生也可以结合自己的专业特长，参与到一些公益项目中去，为社会贡献自己的一份力量。在家庭中，大学生可以积极参与家庭的公益活动，从小事做起，培养自己的社会责任感和奉献精神。

大学生还可以利用社交媒体和网络平台传播正能量，倡导社会责任意识，引导更多的人积极参与公益活动。同时，大学生也要时刻提醒自己，要时刻保持一颗感恩的心，珍惜社会为自己提供的一切。

总的来说，大学生的社会责任意识的培养和提升不仅需要外部环境的引导和支持，更需要学生个人的自觉和努力。只有每一个大学生都能认识到自己的社会责任，积极参与社会实践，才能真正培养出更多有担当、有情怀的新时代青年，为建设和谐社会贡献自己的力量。愿每一个大学生都能在实践中感悟责任，在奉献中成长。

三、大学生思想政治素养现状

在当今社会，大学生作为国家的未来和希望，其政治觉悟的培养和提高显得尤为重要。然而，现实中我们也不难发现，部分大学生在政治觉悟方面存在一定程度的不足。在对国家政治的认知方面，一些大学生对国家政治形势和政策的理解并不深入。他们可能只是停留在表面现象的认知层面，对于国家的政治体制、方针政策缺乏深入了解和思考，常常是在舆论的影响下盲目看待政治事件，容易受到片面信息的误导。

在政治参与意识方面，部分大学生并没有形成积极参与政治生活的意识和行动。他们可能对政治事件持消极态度，认为政治不是他们所关注的领域，仅仅在社交媒体上发表一些毫无深度的言论，缺乏对于国家政治事务的热情和探究。这种消极的态度不仅影响了个人的政治素养提高，也会对整个社会的政治氛围产生负面影响。

而要提高大学生的政治觉悟，加强思想政治教育显得尤为重要。在大学生的日常教育中，应该注重培养学生的批判性思维和分析能力，让他们能够独立思考并形成对于政治事件的独立见解。开设与当今国家政治相关的课程，引导学生了解国家政治体制和政策，激发他们对国家政治发展的兴趣和热情，使政治觉悟在日常生活中得到提升。

在校园中建立健全的思想政治教育体系也是提高大学生政治觉悟的重要途径。学校可以组织政治教育活动，开展政治知识竞赛和辩论赛，增强学生对国家政治的认知，培养学生的政治参与意识。同时，学校还应该加强对学生思想政治教育的引导和监督，及时发现并纠正一些不良思想倾向，引导学生正确的政治方向。

总的来说，大学生的政治觉悟是综合素养的重要组成部分，提高大学生的政治觉悟需要全社会的共同努力。只有通过加强思想政治教育，培养学生批判性思维和分析能力，引导学生理性参与政治生活，才能更好地提升大学生的政治素养，为国家的发展贡献自己的力量。

在大学生的政治觉悟提升过程中，除了校园内的思想政治教育体系外，社会上的各种政治活动也是至关重要的。大学生可以通过参加实地考察、参与社会实践活动、加入学生社团等形式，增强对国家政治的了解和参与。利用互联网平台，大学生还可以通过参与网络讨论、发布言论观点等方式表达自己对国家政治的看法，拓宽政治思维，培养政治敏感度。

同时，家庭教育也是塑造大学生政治觉悟的重要环节。家长可以通过家庭教育的方式，传承家庭的政治理念，引导孩子正确对待政治问题，树立正确的政治信念。家庭是孩子的第一所学校，良好的家庭教育将为大学生的政治觉悟奠定坚实基础。

在全社会共同努力下，大学生的政治觉悟将不断提升，成为具备批判性思维和公民意识的有担当青年。通过多方位的教育和引导，大学生将能更好地融入国家政治发展的大潮中，为实现国家繁荣稳定贡献自己的力量。只有通过全社会的关心支持，大学生的政治素养才能逐步提高，为国家建设进步带来更多积极的力量。

在政治立场方面，现代大学生应当具备良好的思想政治素养，积极参与社会建设与发展，树立正确的人生观价值观。在当今社会，大学生素养和思想政治教育至关重要。大学生应当坚持正确政治立场，加强政治学习，增强理论素养，自觉践行社会主义核心价值观。

大学生素养的现状分析显示，目前一些大学生存在素养不足的情况，表现为道德观念淡化、社会责任感不强、团结协作意识不足等问题。在这种情况下，大学生素养与思想政治素养的培养工作显得尤为重要。大学应当加强学生的思想政治教育，引导学生树立正确的政治立场，推动学生全面发展。

大学生思想政治素养的现状也需要引起重视，在社会转型期，大学生思想政治教育工作面临着新的挑战。大学生应当树立正确的世界观、人生观、价值观，坚持正确的政治立场，明确自己的社会责任。同时，大学生应该加强对社会主义核心价值观的学习，注重实践和实际行动，积极参与社会实践，为社会发展贡献自己的力量。

在大学生中树立正确的政治立场至关重要。只有树立正确的政治立场，才能引导大学生树立正确的世界观、人生观、价值观。通过加强对社会主义核心价值观的学习和实践，大学生可以更好地理解和践行社会主义核心价值观，不断提升自身素养。

大学生是社会的栋梁之材，他们的思想政治素养直接关系到国家的未来发展。因此，大学生应该自觉遵循党的指导思想，积极传承和弘扬中华民族优秀传统文化，为中华民族伟大复兴贡献自己的力量。只有树立正确的政治立场，才能不断强化自己的理想信念，牢记初心使命，为社会主义现代化强国的建设贡献力量。

在今后的学习和生活中，大学生要不断提升自己的综合素质，注重实践和实际行动，努力做到知行合一，以积极的态度参与社会实践。只有通过实践，大学生才能真正理解和体会社会主义核心价值观的内涵，将其融入自己的行为中，为社会的发展贡献自己的智慧和力量。

树立正确的政治立场是大学生思想政治教育中的重要环节。只有坚持正确的政治立场，大学生才能在成长过程中不断完善自己，为实现中华民族伟大复兴中国梦而努力奋斗。希望每位大学生都能牢记初心使命，坚定信念，成为社会主义事业的坚定支持者和建设者。

在当今社会，大学生的政治信念受到了诸多影响，包括家庭背景、学校教育、社会环境等。大学生对于国家、社会、个人等方面的认知和态度，直接影响着其行为和思想观念。政治信念的形成与塑造，是一个长期、复杂的过程，需要多方面的因素共同作用。大学生的政治信念不仅关乎个人的发展和价值观念，也涉及整个社会的稳定与发展。因此，了解和研究大学生的政治信念现状，对于加强思想政治教育、提升大学生素养至关重要。

在当今社会，大学生的政治信念是一个不可忽视的重要议题。各种因素影响着他们对国家和社会的认知和态度，也直接影响着他们的行为和思想观念。家庭背景、学校教育、社会环境等诸多因素共同塑造着大学生的政治信念。这种信念不仅反映了个人的发展轨迹和核心价值观，更关系到整个社会的稳定与可持续发展。

政治信念的形成是一个持续漫长的过程，需要多重因素的综合影响。大学生作为社会的中坚力量，其政治信念的形成尤为重要。随着社会的迅速发展和变革，大学生的政治信念也在不断调整和更新。了解和研究大学生的政治信念现状，对于加强思想政治教育、引导青年学生成为社会主义事业的建设者和接班人具有重要意义。

大学生作为国家的脊梁，他们的政治信念直接关系到国家的历史脉络和未来走向。因此，树立正确的政治信念和思想观念，是每位大学生义不容辞的责任。只有以饱满的热情和责任感，积极参与到国家建设和发展的浪潮中，才能实现个人的价值和社会的进步。愿所有大学生能够始终保持对国家、社会的热爱和责任感，成为时代的弄潮儿，书写属于自己的时代华章。

大学生在当今社会中扮演着重要的角色，其政治行为不仅仅影响着个人发展,也对整个社会产生着深远的影响。通过对大学生政治行为的分析可以发现,他们在日常生活中往往表现出积极的参与态度和对社会公共事务的关注。然而,也有一部分大学生表现出政治冷漠的现象,缺乏政治参与意识。

在当下社会,大学生思想政治素养的提高已经成为一个亟待解决的问题。一方面,大学生的独立思考能力和批判精神有待加强,另一方面,一些大学生仍存在思想上的浮躁和虚无主义倾向。因此,加强大学生思想政治教育,引导他们正确对待社会和政治问题,有着重要的意义。

大学生素养的提高离不开学校和社会的共同努力。大学作为人才培养的重要阵地,应该通过开展各种形式的教育活动,引导学生树立正确的人生观和价值观,增强社会责任感和使命感。同时,社会也应该为大学生提供更广阔的发展空间和更多的参与机会,激发他们的创新精神和社会责任感。只有通过学校和社会的共同努力,大学生素养才能得到有效的提高。

在当今社会,大学生作为未来社会的中坚力量,其思想政治素养的提高显得尤为重要。作为精英群体,大学生应当以理性、平和的态度对待社会和政治问题,积极参与社会建设和发展。只有具备正确的政治立场和思想觉悟,才能更好地引领社会的发展方向。

为了提高大学生的思想政治素养,学校可以着重加强对学生的思想政治教育,开设相关课程,组织座谈讨论等活动,引导学生正确认识和对待社会和政治议题。同时,学校也可以通过开展各种形式的社会实践活动,让学生深入社会,增强社会责任感和使命感,培养他们的批判思维和创新精神。

社会方面,可以为大学生提供更多参与社会活动的机会,让他们实实在在地感受社会的复杂性和多样性,拓宽视野,培养跨学科的思维能力和团队合作精神。同时,政府和各界也可以通过各种渠道,传播正确的社会主义核心价值观,引导大学生积极投身社会实践,为社会的和谐稳定发挥积极作用。

大学生思想政治素养的提高需要学校和社会的共同努力。只有通过不断的教育引导和实践锻炼,大学生才能真正具备积极向上的思想态度和政治意识,为社会的进步和发展做出更大的贡献。

第二节　思想政治教育现状分析

一、思想政治教育目标体现

从大学生的角度来看，思想政治教育是一项非常重要的任务。大学生作为国家的未来和希望，他们的思想政治素养的高低直接关系到国家的长治久安。思想政治教育内容需要包括爱国主义、社会主义核心价值观等方面的知识，同时也需要引导学生正确看待历史、看待国家发展等问题。只有通过全面深入的思想政治教育，大学生才能具备良好的思想政治素养，为建设社会主义现代化国家贡献力量。

在大学生自身的成长过程中，思想政治教育是至关重要的一环。爱国主义、社会主义核心价值观等知识的传授，使他们能够树立正确的思想意识、价值观念。在这个过程中，引导学生正确看待历史、看待国家发展等问题，培养他们的历史使命感和责任感。通过全面深入的思想政治教育，大学生不仅可以提升自身的思想政治素养，更能够在未来为社会主义现代化国家的建设贡献自己的力量。

思想政治教育内容的重要性在于培养大学生正确的世界观、人生观和价值观。只有在这样的教育下，大学生才能够明确自己的人生目标和社会责任，积极融入国家发展的大局，为实现中华民族的伟大复兴努力奋斗。思想政治教育不仅是学校的一门课程，更是融入大学生日常学习、生活的方方面面，使他们在学习的同时能够自觉接受党和国家的教育，做一个有理想、有担当的新时代青年。

大学生作为祖国的未来，肩负着历史使命和时代责任。他们需要通过思想政治教育，牢固树立正确的政治方向，坚定信仰，增强社会责任感和使命感。唯有如此，才能使大学生在未来的道路上披荆斩棘，不忘初心，砥砺前行，为实现中华民族伟大复兴的中国梦贡献自己的力量。思想政治教育是大学生成长道路上不可或缺的一部分，它直接关系到国家和民族的未来，也关系到每个大学生自身的成长与发展。愿每个大学生都能在思想政治教育中茁壮成长，成为时代的新青年，奋斗在实现中华民族伟大复兴的伟大征程中。

思想政治教育形式体现了大学生思想政治素养的培养过程，通过多种形式的教育活动，引导学生树立正确的世界观、人生观和价值观，提升其政治意识和思想品德。形式多样化的思想政治教育，旨在激发学生的学习热情和思考能力，使其在全面发展的过程中逐步提升自身的素养水平。思想政治教育的形式包括课堂教学、学生社团活动、思想政治讲座、实践教育等多种形式，通过这些形式的融合和互动，使学生在全方位的教育环境中得以全面发展。在这种思想政治教育的形式下，大学生能够不断提升自身的综合素养，培养主动思考、独立判断的能力，不断完善自己的思想品德，为建设社会主义事业贡献力量。

思想政治教育形式不仅是为大学生提供一个全面发展的教育环境，更是一个引导大学生积极参与社会实践、服务人民的重要途径。在课堂教学中，教师们通过启发式教学、案例分析等形式，激发学生的学习兴趣和思考能力。而在学生社团活动中，学生可以通过各种形式的社会实践活动，增强团队合作意识，培养责任感和奉献精神。思想政治讲座则是为学生提供一个交流思想、开阔视野的平台，使他们更加深入地了解国家政策、社会热点，为其未来的发展道路提供参考和指导。

在实践教育中，学生们可以亲身参与各种社会实践活动，感受社会的复杂性和多样性，在实践中提升自己的实践能力和创新意识。通过这些形式的思想政治教育，大学生们能够不仅在学术上取得进步，更重要的是塑造了积极向上的人生态度和社会责任感。思想政治教育形式的多样性，旨在引导学生树立正确的世界观、人生观和价值观，提升其人格修养和社会责任感，使他们能够全面提升自身素养，为社会主义事业的发展贡献自己的力量。在这样的教育环境中，学生们不断提升自身的自我认知和社会认知能力，为实现中华民族伟大复兴的中国梦做出积极贡献。

思想政治教育的效果体现在大学生的思想觉悟、政治意识、道德品质、法律素养等方面的提升。通过系统的思想政治教育，大学生的思想觉悟得以不断提高，能够正确理解和把握马克思主义的世界观、人生观、价值观，形成自己的世界观和人生观，并能够运用马克思主义的认识论去认识和解决现实问题。同时，思想政治教育还可以引导大学生树立正确的政治意识，增强爱国主义和社会主义意识，培养拥护中国特色社会主义、维护国家安全和社会稳定的意识和能力。在道德品质方面，思想政治教育能够促使大学生自觉遵守社会公德、家庭美德、职业道德等各种道德规范，形成积极健康的人格和价值观。思想政治教育还可以提高大学生的法律素养，使他们认识到法律的尊严和约束力，自觉遵守法律，增强法律意识和法治观念。通过思想政治教育的有效实施，大学生的思想政治素养得以全面提升，为他们未来的个人发展和社会责任担当奠定坚实基础。

思想政治教育的效果不仅仅局限于塑造大学生的世界观、人生观和价值观，更重要的是引导他们树立正确的政治意识和社会责任感。在当今复杂多变的社会环境中，大学生需要具备维护国家安全和社会稳定的意识和能力，才能更好地适应社会的发展需求。同时，思想政治教育还可以激发大学生内心深处对祖国的热爱和对社会主义的信仰，培养他们拥护中国特色社会主义的情感和行动力。

在道德品质方面，思想政治教育的作用值得期待。通过学习和实践，大学生可以更好地自觉遵守社会公德、家庭美德和职业道德，形成健康积极的人格和价值观。在日常生活中，他们将会表现出高尚的品德和良好的行为习惯，为他人树立良好榜样。

思想政治教育还可以提高大学生的法律素养，使他们更加重视法律的尊严和约束力。唯有自觉遵守法律规定，才能有效维护社会秩序和个人权益，增强法治观念，促进社会的和谐稳定发展。通过这些过程，大学生将会不断提升自身素养，成为拥有高度道德情操和法治观念的人才，为未来的社会责任担当和个人发展打下坚实基础。

思想政治教育是大学生全面发展的重要组成部分，它不仅影响着个体的成长和价值观的形成，更关乎整个社会的和谐稳定和可持续发展。只有通过思想政治教育的有机结合，大学生的思想政治素养才能得以全面提升，为建设美好祖国和实现人民幸福生活贡献力量。

大学生在思想政治教育中存在着一些难以克服的困难和问题。学生的世界观、人生观、价值观往往受到家庭、社会等多方面因素的影响，难以进行全面、系统的转变。学生学习压力大，时间有限，难以专门学习思想政治教育相关知识。一些学生对思想政治教育缺乏兴趣和认可，难以有效参与。思想政治教育的内容、方式和方法也需要不断更新和改进，以适应不同学生的需求和特点。综合而言，大学生思想政治教育面临着诸多挑战和难点，需要通过多方合作和努力，才能取得更好的效果。

在大学生思想政治教育中，还存在着一些其他难点。例如，一些学生由于缺乏社会实践经验，对理论知识的实际运用能力有所欠缺，难以将所学知识与实际问题相结合。同时，思想政治教育的教学资源和师资力量也存在不足之处，导致教学质量和效果不尽如人意。

思想政治教育中的评价体系相对模糊，学生对于学习的指导方向和目标不够清晰，难以形成有效的学习动力。同时，一些学生由于个人兴趣和特长的原因，对思想政治教育课程的重视程度存在一定差异，难以形成整体的学习氛围。

同时，在当前信息快速传播和碎片化知识膨胀的大背景下，让学生从繁杂的信息中筛选出符合自身需求的思想政治教育内容也是一项挑战。一些学生的综合素质和自主学习能力有待提高，面对复杂多变的社会现实和思想潮流，他们的认知和抵御能力仍然存在不足之处。

因此，要想有效解决大学生思想政治教育中的难点和问题，除了需要教育部门的积极支持和指导外，还需要学校、家庭、社会等多方共同努力，共同为培养思想政治坚定、全面发展的优秀人才而努力。只有通过全社会力量的共同参与和努力，才能让大学生思想政治教育取得更好的成效，为国家和社会的发展做出更大的贡献。

二、思想政治教育需求分析

大学生思想政治教育需求是当前高校教育体系中重要的一环。随着社会发展和教育理念的更新，大学生思想政治教育需求也日益凸显。学生们希望通过思想政治教育，提高自身的政治觉悟和思想品德，更加深刻地认识国家的政治制度和方针政策，增强民族自豪感和爱国情怀。同时，他们也希望通过思想政治教育，培养批判思维和辩证能力，提高综合素养和解决问题的能力，进一步增强社会责任感和公民意识。因此，大学生对思想政治教育的需求不仅仅是简单地传授知识，更重要的是启发和引导他们，帮助他们形成正确的世界观、人生观和价值观。只有满足学生的思想政治教育需求，才能更好地实现高校教育的育人目标，为社会培养更加具有全面素养和高尚品德的人才。

大学生的思想政治教育需求是高校教育体系中不可或缺的一环。在当今社会，随着时代的发展和社会的进步，大学生的思想政治教育需求也变得越发重要。他们渴望通过教育，提升自身的政治认知和思想素养，更加深刻地认识国家政治体制和方针政策，增强对民族的归属感和爱国情怀。同时，他们也追求通过思想政治教育，培养批判性思维和辨证能力，提升自身素养和解决问题的能力，进一步增强社会责任感和公民意识。因此，大学生对思想政治教育的需求是多方面的，不仅仅是关于知识的传授，更需要引导和启发，帮助他们形成正确的世界观、人生观和价值观。只有满足大学生的思想政治教育需求，才能更好地实现高校的教育目标，培养更加全面素养和高尚品德的人才，为社会的进步发展贡献力量。在当前教育体系中，大学生的思想政治教育需求是不可忽视的，需要高校教育者从根本上满足和引导，以促进学生的全面发展与成长。

大学生素养与思想政治教育是当前教育领域亟待关注和改进的重要问题。在大学生素养现状分析中，我们发现大部分大学生对于自身的思想政治素养认识不足，缺乏对国家政治、经济、文化等重要领域的认知和理解。这种现状需要引起高度重视，并加强相关思想政治教育的深入探讨。

大学生思想政治素养现状同样值得深入研究。大部分大学生在社会主义核心价值观、中国特色社会主义理论体系等方面的理解和掌握仍有待加强，缺乏对于党的路线方针政策的了解和认同，这对于他们未来的发展和成长将会带来重大影响。

思想政治教育的现状分析中还需要考虑到大学生个体需求的特点。每个大学生在思想政治素养的培养方面存在着差异，有些需要更多的引导和教育，有些则需要更多的鼓励和激励。因此，我们需要更加关注并尊重大学生自身的差异性和需求特点，制定更加个性化的教育计划和方案。

在思想政治教育改革的建议中，我们建议重视教育教学内容的创新和更新，注重培养学生的批判性思维和创新能力。同时，建议加强学校与社会的联系，提倡学以致用，让大学生在实践中不断提升自身的思想政治素养和实践能力。最重要的是，要让大学生树立正确的世界观、人生观和价值观，引导他们健康成长，为社会主义建设贡献力量。

在思想政治教育改革建议的过程中，还需要重视学校教师队伍的建设和培训，提高他们的教学水平和专业素养。教师是学生的重要引领者和榜样，在思想政治教育中具有至关重要的作用。只有具备优秀的师德师风和扎实的专业知识，才能更好地引导学生健康成长。

建议加强学校的管理体制和机制建设，优化资源配置，创新教育教学方法，提高教育教学质量。要发挥学校在学生思想政治教育中的主渠道作用，加强学校与家庭、社会的互动，形成良好的育人合力。只有形成全社会关心、支持大学生思想政治教育的合力，才能保障大学生思想政治教育的有效实施和良好效果。

建议大学生在思想政治教育中要注重锻炼自己的理论联系实际能力，积极探索和学习先进理论和实践经验，不断提升自身的修养和素质。要树立正确的人生观和世界观，树立正确的价值取向，自觉践行社会主义核心价值观，成为德智体美劳全面发展的社会主义建设者和接班人。他们的未来发展和成长将会为我国的发展和进步带来重大影响。

在大学生素养与思想政治教育研究中，思想政治教育实施难点是一个重要的议题。对于大学生的思想政治教育，实施难点主要表现在多方面。随着社会的不断发展和变革，大学生思想观念日益多元化，如何在这种背景下有效进行思想政治教育难度较大。大学生的学习压力较大，课业繁重，思想政治教育在其中很容易被忽视。再者，一些大学生觉得思想政治教育内容过于抽象，缺乏实际性，导致学习兴趣不高。一些大学生对思想政治教育持有怀疑态度，甚至表示反感，这也给思想政治教育的实施带来了一定困难。因此，要想有效实施大学生的思想政治教育，需克服种种阻力与困难，不断改进教育内容与方法，让思想政治教育更加贴近大学生的需求和实际情况。

在思想政治教育实施难点的基础上，我们发现，随着信息技术的快速发展，大学生的信息获取渠道愈加广泛，他们接触到的信息也更加丰富多彩。这一现象给思想政治教育带来了新的挑战，因为学生们对信息的选择更为自由，他们可能更倾向于吸收与自己观点相符的信息，这可能对思想政治教育的传播产生阻碍。

大学生的时间分配也是一个不容忽视的问题。在应对繁重的学业压力的同时，他们还需要参加各种社团活动、实习以及社会实践活动。思想政治教育要在这样繁忙的学生生活中找到合适的时机和方式，确实是一项具有挑战性的任务。

再者，一些大学生可能缺乏对思想政治教育的自觉性和主动性，他们可能认为这只是一种形式主义的教育，而非真正的价值观引领。这就需要教育者思考如何引导学生去认真对待思想政治教育，让其意识到这对于他们人生的重要性。

随着社会的不断进步，一些学生可能受到外部环境或者家庭观念的影响，对思想政治教育产生偏见或者反感。在这种情况下，教育者需要有耐心和智慧，通过引导和教育，逐渐改变学生的态度，使他们能够真正理解并接受思想政治教育的积极意义。

总的来说，大学生思想政治教育面临诸多难点，但正是这些难点让我们意识到教育的重要性和必要性。只有不断探索和改进教育的方式方法，才能更好地实施思想政治教育，引导学生健康成长，为社会发展做出积极贡献。

三、思想政治教育资源配置

人力资源是一个国家或组织最重要的资源之一，直接关系到整个社会的发展。在大学生素养与思想政治教育研究中，人力资源的合理配置对于培养学生全面发展和健康成长至关重要。仅有具备高素养和良好思想政治素养的学生，才能真正成为社会栋梁和未来领袖。因此，在思想政治教育方面，应该注重对人力资源的合理配置，确保每位学生都能够得到充分的关注和培养，从而实现个人的全面发展和社会责任的担当。

在现实生活中，大学生的思想政治素养和综合素质存在着一定的不足。一方面，部分学生缺乏自我认知和自我管理能力，对于思想政治教育的重要性认识不够深刻，缺乏对人生目标和社会责任的清晰认识。另一方面，传统的思想政治教育模式往往过于僵化和单一，无法满足当代大学生多元化和个性化的需求。因此，高校应该注重思想政治教育资源的多样化配置，结合学生的实际情况和需求，拓展教育方法和手段，提升教育质量和效果。

为了有效推动大学生素养与思想政治教育的发展，高校需要充分利用各种资源，包括师资力量、教育设施、教学设备等，确保思想政治教育的全面展开和深入推进。还应该加强对人力资源的培训和引导，提高教师和学生的专业素养和思想政治修养，为建设社会主义核心价值观提供坚实的理论和实践支持。通过努力，我们可以为培养优秀的人才和建设美好的社会做出积极贡献，实现中华民族的伟大复兴和中国梦的实现。

在当今社会，大学生群体呈现出多样化和个性化的趋势。因此，在进行思想政治教育时，高校需要根据学生的实际情况和需求，灵活运用不同的教育方法和手段，以提升教育质量和效果。除了传统的课堂教学外，高校还应该注重开展各种形式的教育活动，例如讲座、讨论、实践等，从而激发学生的学习兴趣和参与度。

高校在进行思想政治教育时，也需要考虑到教师和学生的专业素养和思想政治修养。通过加强对人力资源的培训和引导，高校可以不断提升教师的教育水平和教学能力，使其能够更好地开展思想政治教育工作。同时，高校也应该关注学生的思想政治修养，引导他们树立正确的世界观、人生观和价值观，培养他们发展全面的人格和素养。

最终，通过高校对思想政治教育资源的多样化配置和人力资源的培训和引导，可以为培养优秀的人才和建设美好的社会做出积极贡献。这样的努力不仅可以促进中华民族的伟大复兴，也可以促进中国梦的实现，为国家的繁荣稳定贡献力量。因此，高校在推动大学生素养与思想政治教育的发展过程中，需要不断探索创新、不断完善教育体系，以适应时代发展的要求，为社会发展贡献自己的力量。

物质资源在思想政治教育中具有重要的地位，它的合理配置与利用直接关系着大学生素养与思想政治教育的水平。物质资源的充足与否，直接影响着大学生的思想政治素养的培养与提高。因此，如何科学合理地配置好各种物质资源，提高其利用效率，成为当前思想政治教育界亟待解决的问题之一。在当前大学生素质教育发展的背景下，我们要深化思想政治教育，加大物质资源的投入与管理，不断提高思想政治素养的培养水平，为培养社会主义合格建设者和可靠接班人提供有力支撑。

在当代社会，大学生教育已经成为国家发展的关键环节。而物质资源的充足性与合理配置直接关系着大学生的思想政治素养。在教育改革的大潮中，如何科学地利用物质资源，提高其效益，成为思想政治教育的当务之急。

物质资源的优化配置不仅仅是一种需求，更是一种责任。只有确保物质资源的稳定供应和高效利用，才能满足大学生对思想政治培养的需求。在这个过程中，加大对物质资源的投入是必不可少的。无论是图书馆设施、教学设备还是师资队伍，都需要大力发展和支持。

同时，物质资源的管理也是至关重要的一环。只有建立完善的管理制度，确保资源的合理分配和有效利用，才能更好地促进大学生的全面发展。通过加强物质资源管理，我们可以提高大学生的教育质量和思想政治素养水平，为他们的未来成长奠定坚实基础。

在当今快速发展的社会中，大学生需要不断提升自身的素养和修养，成为社会主义合格建设者和可靠接班人。而物质资源的合理配置与利用正是实现这一目标的核心所在。只有通过不懈努力，不断加大对物质资源的投入与管理，才能更好地培养出思想政治素养高、综合素质强的新时代大学生。愿我们共同努力，为大学生的成长和发展创造更好的条件。

在大学生素养与思想政治教育的研究中，社会资源起着至关重要的作用。社会资源的充分利用，能够为大学生的思想政治教育提供有力支持和保障。社会资源的配置情况直接影响着大学生的素养水平和思想政治素养的提升。因此，对社会资源的合理配置和有效利用，应当引起我们的高度重视和深入研究。

在大学生素养与思想政治教育的研究中，社会资源的作用不容忽视。社会资源的多样性和充分利用为大学生的思想政治教育提供了广阔的发展空间和有力的支持。政府、企业、社会组织等各方面的资源，可以帮助大学生增强社会责任感和参与意识，促进其道德品质和社会公德的提升。

社会资源的配置情况直接关系着大学生的素养水平和思想政治素养的培养。只有合理配置和有效利用社会资源，才能真正推动大学生的全面发展。政府应加大对大学生思想政治教育工作的支持力度，企业和社会组织也应当积极参与其中，共同为大学生的思想政治教育提供更多的资源支持。

大学生自身也应当主动思考如何更好地利用社会资源来提升自身素养和思想政治素养。他们可以通过参加社会实践活动、志愿服务等途径来积累社会经验，拓宽视野，提高综合素质。同时，大学生也要注重发挥自身的主动性和创造性，不断完善自我，在实践中不断提升自身的思想政治素养和综合素质。

总的来说，社会资源对于大学生的素养与思想政治教育具有重要意义。只有充分利用和合理配置社会资源，才能为大学生的全面发展和思想政治素养的提升提供更有力的保障。希望未来在这方面的研究能够更加深入，为大学生的成长和发展提供更加有益的指导和支持。

四、思想政治教育评价机制

教育评价指标是评价教育质量和效果的重要标准，它们可以帮助评估学生的学习情况，指导教师的教学工作。教育评价指标包括学业成绩、综合素质评价、学习态度和思想政治素养等方面。这些指标可以全面反映学生在校期间的表现和成长，为提高教育质量提供参考依据。在大学生思想政治素养方面，评价指标主要包括政治信仰、思想品德、社会责任感和法制观念等内容，这些指标可以帮助评估学生的思想政治水平和道德素养。通过对这些指标的评价，可以更好地指导大学生的学习和生活，培养他们成为德智体美劳全面发展的社会主义建设者和接班人。

在教育评价的过程中，学业成绩是一个重要的指标，可以反映学生在各科学习方面的情况。除了学习成绩之外，综合素质评价也至关重要，它可以全面考察学生在各个方面的能力和品质，包括思维能力、创新能力、团队合作能力等。学习态度也是一个不可忽视的指标，它可以反映学生对学习的态度和积极性，以及对待困难和挑战的态度。思想政治素养作为一个重要的评价指标，在大学生教育中更是至关重要，它不仅包括政治信仰、思想品德等内容，还包括社会责任感和法制观念等方面。这些指标的评价可以帮助学校更好地了解学生的综合素质和综合能力，从而有针对性地进行教学工作，培养学生成为德智体美劳全面发展的社会主义建设者和接班人。评价指标的设立和运用，可以有效提高教育质量，促进学生的全面发展，为建设社会主义现代化国家奠定坚实的基础。在评价的过程中，还应该注重全面客观，不能片面追求学生的学术成绩，而是要结合学生的实际情况，综合评价学生的各方面表现，为他们的成长和发展提供有效的指导和帮助。通过完善的评价体系和多元化的评价方法，可以更好地促进学生的全面发展，培养具有高素质的现代人才，为国家的繁荣和发展做出积极贡献。

评价方法主要包括定性评价和定量评价两种方法。定性评价是通过调查问卷、访谈等方式，对大学生的思想政治素养进行综合评定，从而了解其思想政治态度、观念等方面的情况。定量评价则是通过统计分析数据，对大学生的思想政治素养进行量化评价，从而得出客观的评价结果。这两种评价方法可以相互结合，从不同的角度全面评价大学生的素养水平。同时，评价方法的完善和改进也是十分重要的，只有通过科学有效的评价方法，才能更准确地了解大学生的思想政治素养现状，为提高大学生素养水平提供有力支持。

评价方法的合理选择对于研究结果的准确性和科学性至关重要。定性评价可以帮助研究者深入了解大学生的思想政治素养背后的原因和影响因素，而定量评价则可以通过数据和统计分析得出客观的评价结果,提供量化的依据。通过综合运用这两种评价方法,可以更全面地评估大学生的思想政治素养水平,掌握其整体情况。在实施评价方法过程中,也需注意调查问卷设计的合理性、访谈对象的选择适用性等因素,以确保评价过程的科学性和有效性。进一步完善和改进评价方法,将有助于更精确地把握大学生的思想政治素养现状,为有效提升大学生的素养水平提供有力支持和指导。评价方法的选择和运用对于有效开展大学生思想政治素养研究至关重要,期待着在不断的实践中不断完善评价方法,为大学生的全面发展和提升素养水平贡献力量。

结果反馈:

根据对大学生素养与思想政治教育的研究和调查分析,我们发现大学生的素养和思想政治素养存在一定的现状问题。在大学生对待学习和生活的态度上,有一部分学生存在消极、懒惰的表现,缺乏责任感和自主性。在思想政治素养方面,一些学生对党和国家的政策法规不够了解,缺乏正确的政治觉悟和思想道德素养。

针对以上问题,我们认为当前的思想政治教育工作还存在不足之处,需要进一步加强。评价机制应该更加科学,能够客观地评估学生的素养和思想政治表现。评价结果反馈应该及时有效,能够及时向学生反馈,引导他们改进自身的不足,提升素养和思想政治素养。希望通过我们的努力和研究,可以促进大学生的全面发展和提高思想政治素养水平。

通过对大学生素养与思想政治教育的研究和调查分析,我们深刻认识到当前大学生在素养和思想政治素养方面的一些现状问题。这些问题的存在不仅影响了学生个人的成长发展,也给整个社会带来了一定的隐患和困扰。在这种情况下,加强思想政治教育工作显得尤为迫切和重要。

针对大学生学习和生活态度上的消极表现,我们需要寻找适合的方法和策略,引导学生培养积极向上的学习态度,激发他们的学习热情和主动性。同时,对于思想政治素养上存在的问题,我们应该注重加强对党和国家政策法规的宣传和教育,引导学生正确树立政治觉悟和思想道德观念。

为了更好地推动大学生全面发展,评价机制的科学性需要不断提升。评价结果反馈及时有效对于学生的成长至关重要,因此我们需要建立健全的评价体系,确保评价结果能够全面准确地反映学生的实际状况,为他们提供针对性的改进建议和指导。只有这样,我们才能促进大学生的素养和思想政治素养水平的提升,为建设社会主义现代化国家贡献力量。

第三节　大学生素养与思想政治教育的关系

一、大学生素养与思想政治教育互相影响

大学生的素养水平直接关系到其对思想政治教育的接受程度和效果。素养高的学生通常具有扎实的基础知识、较强的分析能力和判断力，能够更好地理解思想政治教育的内容和要求，能够辨别真假信息，对于正确的政治观念和世界观有自己的坚定立场。而素养低的学生往往对思想政治教育缺乏兴趣，对信息的辨别能力差，容易被一些偏激言论所误导，缺乏独立思考的能力。

因此，大学生的素养水平是影响思想政治教育效果的重要因素之一。学校和教师应该通过提高学生的素养水平，加强思想政治教育的实效性，培养学生正确的政治信仰和道德情操，引导他们健康发展，形成积极向上的人生观价值观。只有注重提升学生的素养水平，才能更好地推动思想政治教育事业向前发展，促进学生全面发展和实现自身价值。

学生的素养水平不仅关系着思想政治教育的效果，也关系着学生个人的成长和发展。素养高的学生在面对各种挑战和困惑时，往往能够保持清醒的头脑，不被外界的干扰影响自己的判断和决策。他们能够理性对待问题，善于运用所学知识解决现实难题，提升综合能力。相反，素养低的学生可能更容易被情绪左右，较难保持冷静和理性。

教育的目的在于培养学生全面发展，提升他们的综合素质。因此，学校和教师应该关注学生的素养提升，为他们提供更多的学习机会和实践机会，引导他们积极参与社会实践，锻炼自己的能力和意志。只有通过不断的努力和积累，学生才能逐步提高自己的素养水平，为未来的发展打下坚实的基础。

同时，思想政治教育也应该注重个性化的引导和培养，因材施教，充分发挥每个学生的潜能和特长。通过多样化的教学方式和手段，吸引学生的兴趣，激发他们学习的积极性，使思想政治教育更具针对性和实效性。只有真正关心学生、了解学生，才能帮助他们在思想政治教育中取得更好的效果。

总的来说，提升学生的素养水平是思想政治教育的重要任务之一。通过不懈的努力，学生可以更好地理解思想政治教育的内容，树立正确的政治信仰，形成健康的人生观和价值观。只有让每个学生都能够实现自身的全面发展，才能推动思想政治教育事业不断向前发展，为社会的和谐稳定做出更大的贡献。

大学生的思想政治素养是一个重要的课题，而思想政治教育则是培养大学生素养的重要途径之一。当前，大学生的素养水平和思想政治素养存在着一定

的问题和挑战。针对这些问题，建立完善的思想政治素养评价机制显得尤为重要，只有通过科学、客观评价大学生的素养和思想政治素养水平，才能更好地引导大学生的成长和发展。在这个过程中，思想政治教育将发挥着极为重要的作用，它应以提升大学生的素养为目标，通过系统、全面的教育内容和方法，促进学生思想政治素质的全面提升。

思想政治教育对大学生的素养的促进，不仅仅是在知识层面上的传授和引导，更重要的是在价值观念和思维方式上的引导和熏陶。在教育实践中，应该注重培养大学生的社会责任感和自我认知能力，引导他们形成积极向上的人生观和价值观，不断完善自己，推动社会的进步和发展。同时还应当注重启发大学生的创新精神和思维能力，培养他们的批判性思维和解决问题的能力，使他们具备独立思考和自主学习的能力，适应社会的发展和变化。

在大学生素养与思想政治教育的关系中，可以看到二者是互相影响、相互促进的关系。大学生的素养水平不仅受到思想政治教育的引导和影响，同时也会通过自身的实践和体验来反哺思想政治教育，从而更好地理解和接受教育的内容和理念。因此，大学生素养的提升需要思想政治教育的引导和推动，而思想政治教育的有效落实也需要大学生素养水平的不断完善和提升。这种互相促进的关系将为大学生的全面发展和成长提供坚实的基础，实现素养与思想政治教育的良性互动和共同进步。

思想政治教育对大学生素养的促进作用是全方位的，不仅在提高学生的道德情操和社会责任感方面发挥着重要作用，更重要的是在激发学生的创新精神和思维能力上起到至关重要的作用。思想政治教育引导学生树立正确的世界观、人生观和价值观，使他们具备辨别是非、善恶的能力，从而在实践中保持清醒的头脑和正确的行为。这种正确的人生观和价值观将为大学生打下坚实的道德和思想基础，使他们在社会中始终保持着积极向上的心态和行为。

在当今社会，面对日新月异的发展变化和激烈的竞争环境，大学生需要具备较强的解决问题的能力和批判性思维，而这正是思想政治教育所要培养的素质。通过思想政治教育的引导和激励，大学生将逐渐具备独立思考和自主学习的能力，能够主动探索和解决问题，不断完善自我，适应社会的发展和变化。思想政治教育不仅仅是灌输知识和理论，更重要的是培养学生的思维方式和方法，使他们具备创新意识和实践能力，为社会的进步和发展贡献自己的智慧和力量。

因此，思想政治教育对大学生素养的促进作用是不可替代的，只有通过思想政治教育对大学生进行系统引导和培养，才能更好地激发学生的潜能、提升他们的素养水平，使他们在竞争激烈的社会中脱颖而出，为国家和社会的发展做出更大的贡献。思想政治教育与大学生素养的互相促进和互相影响将不断推动着教育事业的进步和完善，为建设富强民主文明和谐的社会做出积极贡献。

在大学生素养与思想政治教育的关系中，互动机制分析起着至关重要的作用。大学生的思想政治素养现状是一个复杂而丰富的课题，需要通过互动机制进行深入分析。在当前的教育环境下，思想政治教育的评价机制也应当得到重视，以不断促进大学生的全面素质提升。通过互动机制的分析，可以更好地了解大学生素养与思想政治教育之间的相互影响，为今后的教育改革和发展提供更多有益的启示。

在大学生素养与思想政治教育的关系中，互动机制分析的重要性不可忽视。大学生的思想政治素养需要通过互动机制来深入了解和分析。当前，教育环境的变化使得思想政治教育的评价机制变得至关重要，这也有助于激励大学生的全面素质提升。通过对互动机制的分析，我们可以更好地理解大学生素养与思想政治教育之间的相互影响，为未来的教育改革和发展提供更多有益的启示。

在大学生的日常生活中，互动机制不仅仅是为了促进知识的传递，更是为了引导他们正确的思想观念和意识形态。通过交流讨论和互动交流，学生可以更好地理解当今的时事政治和社会热点问题，有助于他们形成正确的意识形态和思想观念。同时，互动机制也可以帮助大学生增强团队合作能力和沟通技巧，使他们更好地适应未来社会的发展需求。

在教育实践中，互动机制的运用不仅仅是在课堂上进行，更需要融入学生的日常生活中。学校可以组织各种形式的讨论会、思想交流活动，在师生同行的过程中加深对思想政治教育的理解和认识。同时，大学生也可以通过互联网等新媒体平台，参与各类在线讨论和互动活动，拓展视野，加强思想认知。

互动机制分析在大学生素养与思想政治教育中具有重要作用，需要教育者和学生共同努力，促进教育的改革和发展，为培养德智体美劳全面发展的社会主义建设者和接班人做出贡献。愿我们共同努力，让互动机制成为大学教育中不可或缺的重要环节，推动大学教育事业蓬勃发展！

效果评估的重要性不可忽视，只有通过科学的评估方法，我们才能准确了解大学生素养与思想政治教育的现状，发现存在的问题并及时采取有效措施进行改进。评估的过程需要详细、全面地考量各方面的因素，以确保评价结果的客观性和科学性。通过对大学生的素养和思想政治素养进行评估，能够帮助我们更好地认识学生的现状和需求，为思想政治教育的改进提供参考依据。

评估的方法和指标应当充分考量大学生的特点和实际情况，既要注重定性分析，也要注重定量分析，以确保评估结果的全面性和准确性。通过效果评估，我们可以更加深入地了解大学生素养与思想政治教育之间的关系，发现存在的问题和不足，从而及时调整教育方针，提高教育质量，促进学生全面发展。

总的来说，效果评估对于大学生素养与思想政治教育的改进和提升至关重要。只有通过科学的评估方法，我们才能更好地了解现状，找出问题所在，并积极采取措施，促进大学生素养与思想政治教育的良性发展。

通过对大学生素养和思想政治素养的评估，我们可以更好地了解他们的世界观、人生观和价值观，从而为优化教育方案提供有力支撑。评估的过程不仅可以帮助我们认识学生的现状和需求，还可以发现他们在道德修养、社会责任感以及创新能力等方面存在的问题，从而有针对性地进行个性化教育。

在评估的过程中，我们需要综合运用定性和定量分析方法，通过问卷调查、访谈、观察等方式收集数据，全面了解学生的学习态度、道德行为、社会参与等方面的情况。同时，我们还应该结合实际情况，根据不同学生群体的特点，设计出科学、有效的评估指标，确保评估的客观性和科学性。

通过效果评估，我们可以及时发现问题并采取措施加以改进，进一步提高大学生的素养和思想政治素养水平，促进他们全面发展。只有通过持续不断的评估与调整，我们才能更好地指导学生成长，培养他们成为德智体美劳全面发展的社会栋梁。因此，效果评估是大学生教育工作中不可或缺的一环，我们应该不断完善评估机制，为学生提供更好的发展环境和机会，助力他们实现自身价值和社会责任。

二、大学生素养与思想政治教育的整合

大学生素养与思想政治教育的整合对于提升大学生综合素质和政治素养具有重要意义。只有通过整合，将素养和思想政治教育有效结合起来，才能实现教育目标的全面发展。整合的必要性不仅体现在提高大学生的综合素质水平上，更在于促进思想政治教育的深入开展和有效实施。一方面，素养涵盖了人的全部品质和潜能，思想政治教育则是培育正确的世界观、人生观和价值观的过程，两者相辅相成，相互促进。另一方面，通过整合，可以加强学生的思想政治觉悟，增强他们的自我认同和社会责任感，提高学生的道德水平和社会公德意识，培养学生正确看待和面对社会现实的能力。因此，大学生素养与思想政治教育的整合是大学教育改革发展的内在要求，也是大学生全面发展的必要保障。

思想政治教育的整合对于大学生的成长和发展起着至关重要的作用。只有通过整合，才能真正激发学生内心的热情和激情，引导他们树立正确的人生目标和追求。在这个信息爆炸的时代，思想政治教育的整合更显得尤为紧迫和必

要。通过将素养和思想政治教育无缝衔接起来，可以帮助学生更好地认识社会的复杂性和多样性，培养他们的批判思维和创新意识，提高解决问题的能力和决策水平。

整合不仅可以帮助学生树立正确的世界观、人生观和价值观，更可以引导他们积极融入社会主流，发挥自身的潜能和才华。通过整合，可以拓宽学生的视野，增强他们的社会责任感和使命感，激发他们为社会发展和民族复兴贡献力量的热情和动力。同时，整合还可以加强学生对历史和文化的理解和认知，培养他们身心和谐发展的综合素质，提高他们的综合竞争力和综合素养。

在现代社会中，大学生不仅需要具备专业知识和技能，更需要有高尚的情操和坚定的信念。只有通过思想政治教育的整合，才能真正做到教育既要注重人才培养，更要注重人格塑造，不仅要注重个人的发展，更要注重社会的进步。通过整合，可以不断完善大学生教育体系，推动教育教学改革，为培养德智体美劳全面发展的社会主义建设者和接班人打下坚实的基础。整合的必要性不言而喻，它是推动大学生全面发展和社会和谐进步的内在要求，也是实现中华民族伟大复兴中国梦的必然选择。愿我们共同努力，为实现这一目标而不懈奋斗！

整合的策略：在当前大学生素养与思想政治教育现状分析的基础上，为了更好地提高大学生的综合素养和思想政治素养水平，需要制定一系列整合的策略。这些策略包括但不限于加强思想政治教育课程设置，提升教师队伍素质，建设多元化的教学模式，开展思想政治教育实践活动，建立全面的评价体系，强化学生参与意识等。通过这些策略的整合和实施，可以更好地促进大学生思想政治素养和综合素养的发展，培养更多具有社会责任感和创新精神的优秀人才。

在当前大学生素养与思想政治教育现状分析的基础上，为了更好地提高大学生的综合素养和思想政治素养水平，我们需要采取一系列综合的策略。可以在课程设置中增加与思想政治教育相关的内容，以全面涵盖学生的思想素养培养。提升教师队伍的素质，培养一支专业化、负责任的教师团队，为学生提供更优质的教学和指导。建设多元化的教学模式，引入互动式教学、实践教学等形式，激发学生学习的兴趣与主动性。同时，开展思想政治教育实践活动，让学生在实践中感受思想政治教育的重要性，增强其社会责任感。建立全面的评价体系，综合考量学生的学习成绩、综合素质等方面，为他们提供更公正、全面的评价。要强化学生的参与意识，让他们积极参与到学校及社会的各项活动中，培养其团队合作精神和创新思维。通过这些综合的策略的实施，可以更好地促进大学生思想政治素养和综合素养的发展，为培养更多具有社会责任感和创新精神的优秀人才奠定基础。

三、大学生思想政治教育实施新模式

目前,大学生素养与思想政治教育的现行模式存在一些问题。现行模式在培养学生的综合素质和思想政治素养方面存在一定的局限性,无法很好地满足社会对高素质人才的需求。现行模式缺乏足够的针对性和实效性,往往只停留在理论上的灌输,缺乏实际行动和实践的引导。现行模式在学生参与度和积极性方面亦存在不足,无法激发学生的主动学习和思考能力。现行模式中存在的一些教育资源分配不均衡和教学质量参差不齐的情况,造成一些学生在思想政治教育方面的薄弱。

针对现行模式存在的问题,需要探讨出一种更具针对性和实践性的大学生素质与思想政治教育新模式,以更好地培养学生的综合素质和思想政治素养,助力学生未来的发展和社会的进步。

现行模式存在问题,我们需要寻找更适合当下社会需求的新方式。这种新模式应该更具针对性和实践性,能够有效提升学生的综合素质和思想政治素养。在这个新模式中,教育不再局限于传统的灌输式教学,而是注重引导学生参与实际行动和实践,培养他们的创新精神和解决问题的能力。新模式应该能够激发学生的学习热情和主动性,让他们在思考和讨论中不断成长。同时,教育资源的公平分配和教学质量的提升也是新模式的重要内容,确保每个学生都有平等的机会接受优质的教育,避免因资源不均衡导致的思想政治教育薄弱现象的发生。在新模式下,学校和教师将扮演更为重要的角色,他们需要积极创新教学方式和方法,不断改进教育环境,以更好地适应时代的变化和社会的需求。只有通过不断探索和尝试新的教育模式,我们才能更好地培养出符合社会发展需要的高素质人才,为国家和社会的繁荣做出积极贡献。

当前大学生素养与思想政治教育面临许多挑战,传统的思想政治教育模式已经难以适应时代的发展需求。因此,探索新的思想政治教育模式势在必行。新模式可以通过引入互动式授课、多样化的教学方法和现代技术手段等方式来提升大学生的学习兴趣和参与度,从而有效提升他们的思想政治素养。

在新模式的探索中,我们不仅要关注大学生的学习内容,更要注重培养其自主学习、批判性思维和创新能力。思想政治教育应当成为大学生全面发展的重要组成部分,在提升思想政治素养的同时,也能够促进学生人文素养和道德修养的提升。

新模式探索的过程中,我们需要不断进行实践与反思,不断调整和优化教育方法和手段。只有在实践中不断摸索,才能找到最适合大学生的思想政治教育模式,促使他们在提升个人素养的同时,也能够为社会发展做出更大的贡献。

在新模式探索的过程中，我们需要重视培养大学生的创新思维和实践能力，使他们能够积极参与社会实践和创新创业活动。只有通过不断的实践和挑战，大学生才能够更好地适应社会的变化和发展需求，实现自身的成长和发展。

除了注重学术知识的传授，我们还需要关注学生的道德修养和社会责任感的培养，引导他们树立正确的世界观、人生观和价值观，促使他们成为德才兼备的新时代青年。

在大学生思想政治教育中，我们应该不断强调爱国主义、社会主义核心价值观等重要理念的传承和弘扬，引导学生热爱祖国、热爱人民，增强文化自信和精神自信，坚定理想信念，做到心有所向、脚踏实地。

通过开展各类思想政治教育活动和实践项目，大学生能够更好地理解国家政策、社会风貌，增强社会责任感和使命感，培养出具有创新精神和社会责任感的新时代青年人才，为中国的现代化建设贡献力量。

新模式效果评估：根据调查数据显示，新模式的实施对大学生的思想政治素养有着积极的影响。实施新模式后，大学生的政治意识和思想觉悟有了明显提升，更加关注国家大事和社会发展。同时，他们的思想观念也得到了有效引导和塑造，具有较强的社会责任感和公民意识。学生的政治表达能力和实践能力也有了显著的提升，更加积极参与到学校和社会的各项活动中，展现出了良好的品行和道德风貌。综合来看，新模式对大学生素养的培养起到了积极的推动作用，为他们成长成才提供了更好的保障和支持。

实施新模式后，大学生的综合素质得到了全面提升，他们的学习积极性和创新能力也有了显著增强。他们更加注重知识的学习和实践能力的培养，不断挑战自我，追求卓越。同时，新模式的实施也促进了大学生的团队意识和合作精神的培养，他们更加注重团队合作、相互协作，共同努力实现共同目标。在学习和生活中，大学生们展现出了更加积极向上的精神风貌和良好的学习态度。

除此之外，新模式的实施也对大学生的职业规划和就业能力有着积极的促进作用。大学生们更加注重个人发展和职业素养的培养，他们明确了自己的职业目标，注重实践能力的提升，不断完善自己，全面提高自身素质，为未来的就业做好充分的准备。新模式的实施让大学生更加清晰地认识到自己的优势和不足，明确了个人的发展路径，注重实践能力和创新精神的培养，以更加坚定的步伐走向社会，为社会的发展贡献自己的力量。

总的来看，新模式的实施对大学生的成长和发展起到了积极的推动作用，提升了他们的全面素质和综合能力，为他们的未来发展奠定了坚实的基础。随着新模式的不断完善和深入实施，相信大学生们将会在未来的道路上越走越宽广，展现出更加鲜明的个人风采和社会责任感，成为建设社会的栋梁之材。

第四节 大学生素养与思想政治教育发展趋势

一、大数据时代下的素养培养

大数据时代对大学生素养发展带来了新的挑战和机遇。以往，大学生素养的培养主要依靠传统的教育模式和教学手段，但随着信息技术的快速发展，大数据技术的应用也逐渐渗透到素养教育中。大数据的发展为大学生素养的评价和培养提供了更为科学和客观的方式，使素养教育更加精准和个性化。同时，大数据的应用也为大学生开展跨学科学习和创新提供了更多的可能性和资源支持。

在大数据时代，个性化、网络化的学习方式是未来素养教育的发展方向，学校可以通过大数据技术了解学生的学习特点和需求，为其量身定制个性化的学习计划。同时，大数据也可以帮助学校实时监测学生的学习情况，及时发现问题并进行干预，提高学生的学习效果和素养水平。大数据分析还可以发掘学生的潜在能力和兴趣，为其提供更加全面和多样化的素养培养路径。

然而，大数据对素养发展也存在一些挑战和风险。比如，数据安全和隐私保护成为一个重要问题，学校需要建立健全的数据保护机制，防止学生个人信息泄露和滥用。同时，大数据分析也可能存在误差和偏差，导致评价结果不够准确和客观。因此，在应用大数据技术进行素养教育时，学校需要保持谨慎和追求科学，确保数据分析的准确性和公正性。

大数据时代为大学生素养的发展带来了新的机遇和挑战，学校应积极借助大数据技术优化素养教育，提升素养培养的质量和效果。同时，需要充分考虑数据安全和隐私保护等问题，确保大数据的应用能够真正造福学生，推动素养教育向更高层次发展。

在大数据时代，学校在素养教育中的应用不仅可以帮助学生更好地发现自身的潜力和兴趣，还能够为他们提供更加全面和多样化的素养培养路径。通过大数据分析，学校可以深入了解每位学生的学习情况、兴趣爱好和发展需求，为他们量身定制个性化的素养培养计划。同时，大数据还可以帮助学校及时掌握学生的学习动态和进步情况，及时调整教学策略和资源配置，以提高素养教育的针对性和效果。

大数据还可以帮助学校挖掘并利用更加丰富的教育资源，为学生提供更广泛、更深入的学习体验。通过数据分析，学校可以发现学生可能感兴趣的学习领域，为他们提供更多选择和展示自己的机会。同时，学校还可以借助大数据技术搭建在线学习平台，为学生提供随时随地的学习资源和互动交流空间，促进他们在学术、专业领域的全面发展。

总的来说，大数据对素养教育的影响是深远而积极的。学校应当以科学的态度和方法，充分利用大数据技术优化教育资源和教学模式，为学生提供更加个性化、多样化的素养培养路径，推动素养教育朝着更高层次、更全面的方向发展。同时，学校也需要重视数据安全和隐私保护等问题，建立健全的数据管理机制，确保大数据的应用能够真正造福学生，为他们的素养发展提供有力支持。

大数据应用于思想政治教育的可能性在当前社会发展中显得越发重要。随着信息技术的迅猛发展，大数据技术已经渗透到了各行各业，为教育领域带来了新的思路和方法。在思想政治教育领域，大数据的应用也具有一定的潜力和优势。通过大数据技术，可以对学生的思想政治素养进行深入分析和评价，为学校和教师提供科学的决策依据。同时，大数据技术可以实现对教学过程的精细化管理和个性化教学，更好地满足不同学生的学习需求。

大数据技术还可以为思想政治教育提供更广阔的资源和平台。通过数据挖掘和分析，可以发现学生在思想政治学习过程中的特点和问题，为教师提供个性化的教学方案。同时，大数据还可以为学生提供更多元化、个性化的学习资源，让他们在思想政治学习中更加主动和积极。

然而，在将大数据应用于思想政治教育中也存在一些问题和挑战。首先是数据安全和隐私保护问题，学生的个人信息涉及隐私问题，需要建立完善的安全机制来保护数据的安全。其次是数据分析的方法和技术需要不断创新和完善，只有有效地利用大数据技术，才能更好地发挥其作用。同时，教师和学生对于大数据技术的接受度和应用能力也需要提升，才能真正实现大数据在思想政治教育中的价值。

综合而言，大数据应用于思想政治教育具有广阔的发展前景和潜力。通过充分利用大数据技术，可以实现对学生思想政治素养的细致分析和个性化培养，进一步提升思想政治教育的质量和效果。不过，在推动大数据技术在思想政治教育中的应用过程中，需要注重数据安全和隐私保护，不断完善技术方法，提升教师和学生的应用水平，共同推动思想政治教育的创新和发展。

在大数据时代，思想政治教育可以说是正走在信息化、智能化的道路上。通过大数据技术的应用，教育工作者可以更加深入地了解学生的学习状态、兴趣爱好，甚至是心理特征，从而有针对性地进行思想政治教育。这将带来更为个性化、精准化的教育方式，有助于提高教育的针对性和有效性。

同时，大数据还能够帮助教育管理者更好地了解教育教学的趋势和规律，为学校和教师提供科学的决策支持。通过对大数据的深度分析，可以及时发现问题，优化教学资源配置，提升教学效果。这无疑将推动教育现代化的进程，提高整个教育系统的管理水平。

然而，在大数据应用于思想政治教育的过程中，也面临着一些挑战和问题。首先是数据隐私和安全问题，如何保障学生个人信息的安全性是一个亟待解决的难题。其次是教师和学生对于大数据技术的理解和接受度，他们需要不断提升自己的数字素养，才能更好地应用大数据技术进行教育教学。

总的来说，大数据技术对于思想政治教育的应用具有巨大的潜力和优势。只有不断完善技术手段，强化数据安全和隐私保护措施，提升教师和学生的数字素养，才能真正实现大数据在思想政治教育领域的全面发展和应用。相信随着大数据技术的不断发展，思想政治教育也将呈现更加丰富多彩的面貌，为教育事业的发展注入新的活力和动力。

二、新技术时代下的思政教育创新

在新技术时代，人工智能已经逐渐渗透到各个领域，包括教育领域。在大学生思想政治教育中，人工智能的应用也成为一个备受关注的话题。可以利用人工智能技术来对学生的思想政治素养进行评估和分析，为教师提供更为客观的数据支持。人工智能还可以根据学生的学习特点和思维方式，定制个性化的思政教育方案，提高教育教学的效率和质量。通过人工智能技术，可以实现对大学生的思想政治教育过程的智能化监测和管理，为大学生的全面发展提供更为有效的支持和保障。随着人工智能技术的不断发展和应用，相信在未来的大学生思想政治教育中，人工智能将发挥越来越重要的作用，为大学生的健康成长和全面发展提供更为有效的保障。

在新技术时代，人工智能正在迅速改变着教育领域的面貌，尤其在大学生思想政治教育中，其应用前景备受瞩目。人工智能技术可以通过分析学生的思想政治素养，为教师提供更全面、客观的数据支持，帮助他们更好地了解学生的学习情况和需求。人工智能还能够根据学生的个性化特点和思维方式，制定量身定制的思政教育方案，提高教学的针对性和效果。

随着人工智能技术的不断发展与应用，智能化监测和管理大学生的思想政治教育也将变得更加便捷和精准。通过人工智能的智能化监测，可以更好地掌握学生的心理动态和学习状况，及时发现问题并进行干预和帮助，有效促进学生的全面成长和发展。人工智能技术的应用，使得大学生的思想政治教育能够更贴近实际需求，更具针对性和科学性。

未来，随着人工智能技术的进一步完善和深入应用，相信在大学生思想政治教育中，人工智能将发挥更为重要和深远的作用。他将为大学生成长提供更加有效的保障和支持，助力他们成为德智体美劳全面发展的社会栋梁。全面发展的大学生将更好地适应社会变革与发展的需求，为国家和社会的繁荣稳定做出积极贡献。

在思政教育领域，虚拟现实技术作为一种创新手段，正逐渐受到广泛关注。通过虚拟现实技术，我们可以创造出一个虚拟的环境，让学生在其中进行互动学习。这种技术不仅可以增加学生的参与度和体验感，还可以提高他们对思政教育内容的理解和记忆。在虚拟现实技术的支持下，思政教育可以更加直观、生动地呈现给学生，激发他们的学习兴趣和热情。

虚拟现实技术的实践应用可以帮助大学生更好地理解和领会思政教育的核心理念和要求。通过虚拟现实技术，我们可以打破传统的课堂教学模式，开展更加多样化和个性化的教学活动。学生可以通过虚拟现实技术参与到各种场景模拟中，体验到不同情境下的思考和选择，从而增强他们的思想政治素养和道德观念。这种全方位、沉浸式的学习方式，有助于激发学生的自主学习意识和探究精神。

在未来的教育实践中，虚拟现实技术将成为思政教育领域的重要支撑。通过不断探索和创新，我们可以将虚拟现实技术更好地运用到思政教育的教学与管理中，为大学生的思想政治教育提供更具有针对性和实效性的支持。同时，我们也应该重视虚拟现实技术在思政教育中的实践效果评估，从而不断优化完善教学内容和方式，提升大学生的思政素养水平，促进他们全面发展和成长。

虚拟现实技术的应用不仅仅是在思政教育领域，也可以在其他教育领域发挥重要作用。例如，在历史教育中，学生可以通过虚拟现实技术身临其境地感受古代战场的氛围；在文学教育中，学生可以沉浸在名著的情节中，体验不同角色的生活和情感；在艺术教育中，学生可以参与艺术作品的创作过程，拓展自己的创作思路。

虚拟现实技术的发展为教育提供了全新的可能性，让学生们可以跳出书本和课堂，拓展学习的空间和方式。在未来，虚拟现实技术将成为教育变革的重要引擎，推动教育模式的创新和升级。通过不断挖掘虚拟现实技术潜力，可以为学生提供更加丰富多彩的学习体验，激发他们的学习热情和主动性。

因此，我们应该积极倡导和推广虚拟现实技术在教育中的应用，培养学生的跨学科思维和创新能力，引导他们主动探索和学习。通过虚拟现实技术的引导和支持，我们有信心为学生们打造一个更加丰富多彩的学习环境，让他们在探索中成长，在体验中蜕变。愿虚拟现实技术在未来的教育实践中，为我们带来更多的惊喜和成就。

三、全球化时代下的素养提升

在全球化时代背景下，素养的提升已成为当今社会关注的焦点之一。全球化的浪潮带来了交流、融合和竞争，要求个体具备更高水平的素养。在这样的背景下，大学生素养发展也受到全球化的推动。全球化带来了多元文化的交流和碰撞，大学生在这样的环境下接触到更广泛的知识和观念，而这些都对其素养的提升起到重要促进作用。

全球化不仅拓展了大学生的视野，也为他们提供了更多的学习机会。通过与国际同行的交流，大学生可以学习到其他国家先进的教育理念和管理经验，从而提升自身的素养水平。同时，全球化也推动了信息技术的快速发展，大学生可以通过互联网获取全球各地的信息资源，进一步拓展自己的知识面，提升素养水平。

全球化还加强了跨文化交流与合作，这为大学生提供了更多的机会去接触不同文化背景下的人群，了解不同国家的思想观念和价值观。这种跨文化的交流不仅可以促进大学生对多元文化的理解和尊重，也有助于他们提高自身的综合素养水平。

总的来看，全球化背景下的素养提升是一个不可忽视的趋势。大学生在这样的时代背景下应当以开放的心态去接纳来自全球各地的知识和经验，不断提升自身的素养水平，迎接全球化时代的挑战和机遇。

在全球化的推动下，大学生不仅可以学习到来自各个国家的先进教育理念和管理经验，还能通过网络获取丰富多彩的信息资源，进一步拓展自己的知识广度，提升自身的素养水平。同时，全球化也促进了不同文化之间的交流与合作，为大学生提供了更多机会去接触不同背景的人群，了解不同国家的思想观念和价值观。

在这样的背景下，大学生应该保持开放的心态，积极融入全球化时代，不断提升自身的素养水平，以更好地适应全球化的挑战和机遇。通过与不同文化背景的人交流，大学生可以更好地理解和尊重多元文化，提高自己的综合素养水平。

总的来说，全球化推动了大学生素养水平的提升，这是一个不可忽视的趋势。随着全球化的深入发展，大学生应该不断学习、开拓视野，全面提升自身素养水平，迎接更广阔的世界和更多的挑战。只有这样，才能真正融入全球化的潮流，成为具有国际视野和竞争力的优秀人才。

在全球化时代，大学生的素养与思想政治教育面临着新的挑战与机遇。海外经验对思政教育的借鉴，可以帮助我们更好地认识到素养提升的重要性，同时也可以借鉴其先进的教育理念和方法，为我国大学生思想政治教育的改革提供有益参考。海外经验不仅可以让我们看到不同国家在思政教育方面的做法和成就，还可以拓展我们的视野，开阔我们的思路，激发我们改革创新的活力。面对全球化竞争的挑战，理解和借鉴海外经验对于提升大学生的素养和思想政治教育水平至关重要。海外经验不仅可以帮助我们更好地了解国际前沿的教育理念和实践经验，还可以启迪我们改革思政教育的方向和途径。对待海外经验，我们应该既抱有敬畏之心，又保持理性思考，结合中国国情和大学生的实际情况，积极探索符合我国国情和时代要求的思政教育新模式。愿我们能够借鉴海外经验，不断完善我国大学生的思想政治教育工作，助力大学生全面发展，为构建社会主义现代化强国而努力奋斗。

面对全球化竞争的挑战，我们需要认识到海外经验对思想政治教育的启发和借鉴意义。通过深入研究不同国家在思政教育方面的做法和成就，我们可以发现其中的价值和启示，进而加以吸收和应用。海外经验的广泛探索可以为我们提供新思路和创新动力，激发我们改革思政教育的热情和决心。我们应该秉持敬畏之心，保持理性思考，结合中国国情和大学生的实际需求，积极寻求符合我国国情和时代要求的思政教育新途径。

借鉴海外经验，不仅可以帮助我们拓展视野，吸收国际前沿的教育理念和实践经验，还能够推动我国大学生的思想政治素养提升。借鉴不同国家的经验教训，可以让我们更好地了解国际教育发展的脉络，指引我们在思政教育改革的道路上向正确方向迈进。通过积极借鉴和融合，我们可以不断完善我国大学生思想政治教育工作，为其全面发展提供更广阔的舞台和更有力的支持。

我们希望能够通过借鉴海外经验，引领我国思政教育工作的新潮流、新动向，为培养德智体美劳全面发展的社会主义建设者和接班人贡献更多力量。让我们在把握国际教育发展脉络的基础上，不断推动思政教育的创新发展，让每一位大学生都能在终身学习中不断提升自身素养，为我国的现代化建设贡献自己的力量。愿我们继续秉承借鉴海外经验、不断探索创新的精神，共同努力为构建社会主义现代化强国而不懈奋斗。

四、个性化时代下的思政教育个性化

在当今社会,大学生思想政治素养作为重要的教育内容,受到广泛关注。当前,大学生素养存在着诸多挑战和问题,需要通过思想政治教育的深化和改革得到解决。思政教育评价机制的建立和完善,对于提高大学生的思想政治素养水平起着至关重要的作用。正因如此,大学生素养与思想政治教育之间的关系显得尤为重要,需要探索出更加适应时代需求的新模式。在个性化时代下,思政教育也必须具有个性化特点,适应不同学生的需求,实现思政教育的多元化发展。综合来看,多元化思政教育需求的逐渐增长,将成为未来思想政治教育发展的一大趋势。

在当今社会,大学生的思想政治素养作为重要的教育内容备受重视。然而,针对大学生素养存在的各种挑战和问题,思政教育亟须深化与改革。构建科学合理的思政教育评价机制,提升大学生的思想政治素养水平至关重要。同时,大学生素养与思想政治教育之间的关系显得尤为紧密,需要探寻出更符合时代需求的新路径。在当今个性化时代,思政教育也需具备个性化特质,满足不同学生的需求,实现思政教育的多元化发展。综合来看,多元化思政教育需求的逐渐增长将成为思想政治教育未来发展的主要趋势。

为适应多元化思政教育需求,学校应该注重激发学生的主体性和创造性,引导他们积极参与社会实践和公益事业。通过开展多样化的教育活动,如讲座、论坛、读书会等,激发学生的思想活力和创新精神。学校还应注重培养学生的批判性思维和分析能力,引导他们审视社会现象,独立思考问题,形成真正具有独立人格和价值观的公民意识。

同时,多元化思政教育还需要注重个性化需求的满足。针对不同学生的特点和需求,学校可以制定个性化的教育方案,引导他们根据自身兴趣和特长开展学习和实践。学校还可以建立多元化的交流平台,鼓励学生之间相互交流、学习,形成良好的学习氛围和合作精神。

多元化思政教育需求的不断增长将推动思想政治教育的不断发展和完善。只有重视学生的个性化需求,促进他们全面发展,才能真正实现思政教育的目标和使命。愿思政教育在未来的道路上不断前行,为培养更加优秀的社会主义建设者和接班人贡献力量。

个性化思政教育实施方案,是为了适应不同大学生的特点和需求,促进其思想政治素养的全面提升。通过个性化思政教育实施方案,可以更好地引导学生树立正确的世界观和价值观,增强他们的社会责任感和使命感。同时,个性化思政教育实施方案还可以提供个性化的学习方式和教学资源,满足学生的个性化需求，激发他们的学习兴趣和创新能力。总体而言，个性化思政教育实施方案是一种注重个体差异性和个性发展的全新教育模式，有助于培养更加全面发展和有社会担当的大学生人才。

在实施个性化思政教育方案的过程中，学校可以根据学生的不同需求和特点，设计相应的教学计划和活动，以激发他们更多的学习兴趣和创新能力。通过这样的思政教育方案，学生可以更好地了解自己的优势和劣势，有针对性地进行自我提升和改进。同时，个性化教育还可以促进学生之间的合作和交流，培养他们的团队精神和领导能力。

个性化思政教育方案也能够引导学生更加理性地看待社会和国家的现状，增强他们的社会责任感和使命感。通过参与各种社会实践活动和志愿者服务，学生可以更深入地了解社会的需求，培养自己的社会公德意识和行为准则。在这样的教育模式下，学生可以逐渐形成积极向上的人生态度和价值观，为未来的职业发展和社会贡献奠定坚实的基础。

总的来说，个性化思政教育实施方案为大学生的全面发展提供了重要保障，帮助他们更好地适应社会的变化和挑战，成为具有创新精神和社会担当的优秀人才。通过个性化教育的不断完善和实施，学校可以更好地发挥其教育功能，满足学生的多样化需求，促进他们的全面成长和发展。这种教育模式不仅有利于学生个人的发展，也符合社会的发展需求，是当前高等教育改革的必然趋势。

五、法治化时代下的思政教育法治化

在法治化时代下，法治对思政教育的重要性不可忽视。法治作为社会发展的基石，承载了文明社会的法制意识和法治精神，对于大学生的思想政治教育具有重要的引导作用。法治不仅是国家治理的基本方式，也是保障社会公平正义的关键，同时也能促进大学生的道德品质和行为规范的提升。在思政教育中，强调法治理念的灌输和培养，对于帮助大学生树立正确的法治观念和法制信仰，加强法治意识，提高法治素养，具有积极的意义。

法治对思政教育的重要性还在于，法治是建设社会主义现代化国家的必然要求，大学生是国家和民族的未来，他们的思想素养和法治观念的养成对国家的发展至关重要。只有通过思政教育引入法治理念，帮助大学生树立正确的法治观念和法制信仰，才能在未来的社会生活中健康成长，积极参与社会建设并维护国家法律权益。因此，法治对思政教育的重要性是不可替代的，只有深入贯彻法治理念，才能实现大学生的全面发展和社会主义现代化的目标。

在当今社会，法治已经成为社会发展的基石和国家治理的核心。大学生作为未来的栋梁，他们的思想觉悟和法治意识的培养至关重要。通过思政教育引入法治理念，可以帮助他们树立正确的法治观念，增强法制信仰，提高法治素养。只有深入贯彻法治理念，大学生才能在未来的社会生活中健康成长，自觉维护国家法律权益。

在大学生的成长过程中，法治不仅是维护社会公平正义的保障，也是规范个人行为的重要准则。只有通过思政教育，加强对法治的理解和认同，大学生才能明晰自己的法律责任，遵纪守法，树立正确的人生导向。在这个过程中，法治教育不仅仅是为了规避风险和避免违法行为，更是为了引导大学生自觉维护社会秩序，培养公民责任意识。

法治对思政教育的重要性还在于，它可以激发大学生的社会责任感和公民意识。通过深入学习法治知识，大学生可以更加清晰地认识到自己作为一个社会成员的责任和使命，意识到自己的行为举止对社会稳定和发展的重要性。只有在法治意识的引领下，大学生才能在实现个人价值的同时，积极参与社会建设，为国家和民族的繁荣发展贡献自己的力量。

因此，法治对思政教育的重要性不容忽视，只有通过深入贯彻法治理念，才能真正实现大学生的全面发展和社会主义现代化的目标。希望广大教育工作者和社会各界共同努力，为大学生的法治教育提供更加有效的支持和指导，让他们成为德才兼备、担当责任的新时代弄潮儿。

教育部门一直在探索新的思政教育方法，以适应时代的发展需求。在法治化时代下，思政教育也需要进行法治化的转型，加强法治教育内容和方法的研究。通过开展法治教育，可以提高大学生的法治意识和法律素养，使其更好地遵守法律法规，增强法治观念和法律意识。思政教育也需要结合实际情况，创新教育方式，引导学生树立正确的世界观、人生观和价值观。为此，教育部门需要加强对思政教育的研究和改革，不断探索适合当代大学生的思政教育方法，促进大学生的全面发展和提高素养。

在面对法治化时代的挑战和发展需求下，教育部门努力探索创新思政教育方法的同时，也需注重提高大学生的法治意识和法律素养。通过开展全方位的法治教育，可以推动学生更好地理解和遵守法律法规，进一步深化他们的法治观念和法律意识。思政教育应当结合当今社会的实际需求，灵活应用多样化的教学方法，引导学生树立正确的世界观、人生观和价值观，培养他们健全的人格和素养。

教育部门在不断加强对思政教育的研究和改革的同时，也应积极探索适应当代大学生个性特点和成长需求的教育方法。只有这样，才能有效提升大学生的思想道德素质，促进其全面发展和提高整体素养水平。在这一过程中，教育部门需要密切关注学生的实际需求和心理变化，灵活调整教学内容和方式，不断创新思政教育的途径和手段，切实提高大学生的综合素质和竞争力。

总的来说，教育部门的努力和探索为大学生的健康成长和全面发展提供了坚实的保障。唯有不断完善思政教育，不断创新教学方法，才能更好地引导学生树立正确的世界观、人生观和价值观，培养具备法治素养和综合素质的新时代青年，为祖国和社会的繁荣昌盛贡献力量。

在法治化时代下，思想政治教育迎来了新的挑战和机遇。法治思政教育效果评估的重要性日益凸显，通过科学评估，可以更好地了解思政教育工作的实际效果，为未来改进和完善工作提供参考。只有通过不断的评估和总结，才能更好地适应时代的变化，提高大学生的思想政治素养水平。思政教育的效果评估必须具有科学性、客观性和可操作性，需要结合实际情况，综合运用多种评估方法和手段，以确保评估结果的准确性和全面性。同时，评估的过程也应当注重反馈机制的建立和完善，及时发现问题并及时纠正，确保思政教育工作的高效进行。只有通过不断的评估和改进，思政教育才能更好地适应时代发展的要求，不断提升大学生的素养和思想政治水平。

在法治化时代下，思想政治教育的工作变得越发重要。法治思政教育的效果评估，不仅仅是为了了解思政教育工作的实际效果，更是为了在面对新挑战和机遇时，能够更好地指导和促进教育工作的开展。只有确保评估具有科学性、客观性和可操作性，才能真正为大学生的思想政治素养水平提供有效的提升。评估过程中，需要综合应用多种评估方法和手段，确保评估结果的准确性和全面性。同时，通过建立完善的反馈机制，及时发现问题并采取相应措施进行纠正，可有效保证思政教育工作的高效推进。只有通过不断的评估和改进，思政教育才能真正适应时代发展的需求，不断提高大学生的素养和思想政治水平。在这个过程中，重视反馈和改进，确保工作的有效进行，将成为推动教育事业健康发展的关键因素。通过科学评估，思政教育工作将更加精细化和贴近实际，为培养德智体美劳全面发展的社会主义建设者和接班人提供更坚实的思想基础和道德养分。

在法治化时代下，思想政治教育的法治化已经成为一种必然趋势。这种趋势不仅要求教育者在传统思想政治教育的基础上加强法治观念的灌输，更需要建设起一条符合法治文化要求的思想政治教育路径。只有通过这种路径的构建，大学生的素养和思想政治教育才能真正得到提升。

在建设法治文化路径的过程中，需要紧密结合当今社会法治化发展的特点，充分挖掘法治理念在思想政治教育中的价值。同时，应该针对大学生特点和需求，设计出更具实效性和可操作性的思政教育方案，使其与法治化时代相适应。

除此之外，还需要加强大学生对法治概念和法律知识的学习，注重培养其法治意识和法治能力，使其在法治社会中具备应对各种法律问题的能力。同时，要注重教育引导大学生用法治思维和法治方法解决问题，培养他们对法治的自觉遵法意识。

建设法治文化路径还需要着力研究和完善思政教育的法治评价机制，确保评价结果的客观性和科学性。只有通过合理的评价机制，才能有效地促进大学生素养和思想政治教育水平的提升，推动法治文化路径的顺利建设。

建设符合法治文化要求的思想政治教育路径是当前大学生素养与思想政治教育发展的必然选择。只有在法治化的大背景下，大力推动思政教育的法治化进程，才能更好地适应时代需求，推动大学生的综合素质提升和全面发展。

在建设法治文化路径的过程中，还需要加强对大学生法治观念的引导，培养他们尊法学法的态度。不仅要注重学生的法律知识学习，还要引导他们在日常生活中树立法治观念，自觉维护法律尊严。

大学思政教育还需结合实际情况，注重培养学生的责任意识和公民素质，使他们成为社会主义法治建设的参与者和推动者。只有通过全面加强思政教育，才能确保大学生在法治社会中的自我保护和自我约束能力，做到守法守规、诚实守信。

针对大学生个体差异性，建设法治文化路径还需要注重个性化教学，激发学生学习法治知识的兴趣和热情。通过多种形式的教学活动，引导学生树立正确的法治观念，激励他们积极参与法治实践，增强法治意识和法治能力。

在推进法治文化路径建设的过程中，学校和社会各界应加强合作，形成共建共治共享的法治文化建设格局。通过共同努力，将法治理念融到大学生日常学习和生活中，使之成为他们思想观念的一部分，从而推动法治文化在校园中深入人心，促进大学生全面发展和社会和谐进步。

敬爱的学生们，我们深知大学生素养与思想政治教育的重要性，因此，我们需要建立和完善法治教育可持续发展机制。只有通过这样的机制，我们才能确保思想政治教育能够持续发展，并为学生们提供良好的教育环境。在这个时代，法治化已经成为一种必然趋势，因此我们也需要思政教育法治化。在这一背景下，建立法治教育可持续发展机制具有重要的意义，这不仅可以提升大学生的思想政治素养，更可以推动整个教育体系向更加健康、平稳的方向发展。希望大家能够重视法治教育的重要性，共同努力建立可持续发展的教育机制，为培养思想政治素养高尚的大学生做出贡献。

在当今社会，法治教育的重要性越发凸显。作为高校学生，我们应当认识到，只有通过法治教育的持续发展，我们才能在未来社会中做出更为积极的贡献。因此，建立和完善法治教育的机制是至关重要的，这将有助于我们更好地提升思想政治素养，加强法治观念的树立。

法治教育可持续发展机制的建立，不仅可以促进学生的思想政治素养，也有利于整个教育系统的发展。在这个机制的支持下，我们可以更好地规范行为准则，增强学生的法律意识，培养学生的诚信品质和责任感。通过这种方式，我们可以更好地推动教育体系向着更加健康、有序的方向发展，为社会的发展做出更大的贡献。

在不断发展的时代潮流中，法治化已成为一种必然趋势。因此，我们作为学生更应该重视法治教育的重要性，积极主动地参与其中。只有通过不断的努力和探索，建立起具有持续性的法治教育机制，我们才能培养出思想政治素养高尚的大学生，为社会的发展和进步贡献自己的力量。希望通过这样的努力，我们能够看到一个更加法治化、更加健康有序的教育环境，让每一位学生都能够在这样的环境中茁壮成长。

第四章 大学生素养与思想政治教育的未来发展方向

第一节 提升教育质量

一、加强师资队伍建设

提高教师教育水平对于大学生素养与思想政治教育的未来发展具有重要意义。作为教育者，教师教育水平的提升将直接影响到学生的教育质量和教学效果。因此，加强师资队伍建设、提升教师教育水平已成为当前教育领域的重要任务。只有教师具备了高水准的教育水平，才能更好地引导学生，提升他们的素养和思想政治教育水平。教师作为学生的榜样和引路人，其言传身教将在学生成长过程中起到至关重要的作用。因此，加强教师教育水平的培养和提升，不仅是为了促进学生的全面发展，更是为了推动整个教育事业的进步和发展。

在当今社会，教师的地位和角色日益凸显，他们不仅要传授知识，更需要培养学生的综合素养和批判性思维。提高教师教育水平意味着教育的质量会得到进一步提升，学生将受益于更加优质的教学资源和指导。教师的教育水平不仅仅关乎他们个人的职业发展，更涉及到整个社会的未来发展和进步。只有通过加强教师教育水平的培养和提升，我们才能更好地保障教育质量的稳步提升，为社会培养更多具有高素质和道德情操的优秀人才。

在这个信息爆炸的时代，教师的教育水平更需要与时俱进，不断更新知识和拓展视野。只有这样，他们才能更好地引领学生适应社会的发展需求，培养学生的创新能力和批判思维。教师的教育水平提升不仅仅是为了个人的职业发展，更是为了社会的全面进步和繁荣。我们期待着未来，更多拥有高水准教育水平的教师，为学生的成长和社会的发展贡献自己的力量。

加强师德师风建设的重要性不言而喻。作为一名优秀的论文导师，应当时刻牢记自身的职责和使命，不断完善自我，提高自身素养，树立正确的价值观和道德观。只有这样，才能够更好地引导学生，传播正确的思想观念，带领学生成长成才。加强师德师风建设不仅是一项重要的教育任务，更是一种对社会责任和使命的担当。只有教师们以身作则，做到言传身教，才能够在大学生中树立起正确的价值观念，引领他们健康成长。

为了加强师德师风建设，教育管理部门和学校领导也需要给予更多的支持和关注。要积极组织师德师风建设培训，加强教师职业道德和教育思想的引导，确保教师队伍的整体素质不断提高。同时，也要对师德师风建设进行常态化监督和评估，及时发现问题并进行整改，确保师德师风建设工作取得实效。

加强师德师风建设也需要广大教师自身的自觉性和主动性。作为一名教师，应该时刻保持谦虚谨慎的态度，坚守教育界的底线和规范，严格要求自己，做到心中有责、心中有爱、心中有戒。只有教师们真正做到以德育人，以身作则，才能够在大学生中树立起楷模，引领学生走向正确的人生道路。

在未来的工作中，我们将继续加大对师德师风建设的力度，不断完善教育体系，营造良好的教育氛围。希望通过我们的共同努力，能够为大学生的素养和思想政治教育工作做出更大的贡献，助力大学生健康、快乐、全面发展。愿我们共同努力，共同成长，共同迎接教育事业的美好未来。

在师德师风建设工作中，教师的角色至关重要。他们需要时刻把握好自己的行为举止，以身作则，成为学生的楷模。只有教师们以谦虚谨慎的态度严格要求自己，才能够在大学生中建立起正确的导向，引领他们朝着正确的生活方向前进。

在未来的工作中，我们将不断加强对师德师风建设的重视，持续改进教育体系，营造浓厚的教育氛围。希望教师们能够发挥自身的示范作用，为大学生塑造良好的品德和价值观。只有教师们将责任、爱和戒律刻在心中，才能够真正实现以德育人的目标，为大学生的全面发展和素养提供更好的指导与引领。

在教育事业的道路上，我们愿与广大教师一道，共同努力，共同成长。希望我们共同为学生的幸福与健康贡献自己的力量，共同迎接教育事业美好的未来。让我们携手同行，努力为社会培养更多有品德、有担当、有责任心的人才，为建设一个和谐、美好的社会做出我们的贡献。愿我们的努力成果，绽放出更加辉煌的光芒。

这是一个十分重要的课题，需要我们认真对待。激发教师的教学热情，是提高教育质量的关键。只有让教师热爱自己的工作，才能够真正激发学生的学习兴趣，推动教育事业的发展。因此，我们要注重培养教师的教学热情，鼓励他们不断提升自身的教学水平，积极参与教学研究和教学改革。通过激发教师的教学热情，我们可以有效地提高课堂教学的效果，让学生在一个鼓舞人心的教学环境中不断成长。这对于大学生素养与思想政治教育的未来发展方向具有重要的意义。

激发教师的教学热情，是培养优秀教育人才的关键。只有在对教学充满激情的情况下，教师才能够激励学生，激发他们的学习潜力。通过关注教师的情感体验和内在动机，培养其对教学事业的热爱和投入，才能够为学生打造一个充满智慧和温暖的学习环境。激发教师的教学热情，意味着给予他们更多的支持和关怀，让他们在教学实践中感受到成就和乐趣。只有通过持续的专业发展和学习，教师才能够不断提升自身的教学水平，满足学生多样化的学习需求。激发教师的教学热情，还意味着鼓励他们积极参与教学改革和教学研究，探索创新的教学方法和策略。通过营造一个积极向上的教师团队，共同探讨教育教学的问题和挑战，持续提升教学质量和效果。只有在教师自身充满激情的情况下，才能够真正传递给学生，引领他们在学习的道路上不断前行。不断激发教师的教学热情，将是大学生素养与思想政治教育未来发展的重要保障。

二、优化教育资源配置

通过不断提升教学设备设施水平，可以更好地满足大学生的学习需求，提高教学效果。优化设备设施可以提升学生的学习体验，激发学生学习的积极性和主动性。这样不仅可以改善教学环境，也有助于提升学生的学习成果和综合素养。同时，优化设备设施配置也是提高教育教学质量的重要举措，有助于提升教学水平和提高师生之间的互动交流。在未来的教育发展中，不断完善和更新教学设备设施将是一个重要的方向，为大学生的全面发展提供更好的支持和保障。

通过不断提升教学设备设施水平，不仅可以满足大学生的学习需求，提高教学效果，更可以为他们提供更舒适和便利的学习环境。优质的设备设施能够激发学生的创新思维，增强他们的实践能力和动手能力，从而更好地培养他们的综合素养和专业技能。通过升级和更新设备设施，学校可以为学生提供更多的学习机会和学术资源，推动他们在学术领域的进步和发展。

完善设备设施配置也可以提升教育教学质量，促进师生之间更紧密的互动交流。学校可以通过优化设备设施，提高教学效率，加强师生之间的沟通和合作，推动教学水平的不断提升。同时，良好的设备设施也可以为师生创造更多的创新和实践机会，促进课堂教学的生动性和多样性，让学生更好地理解知识，掌握技能。

在未来的教育发展中，持续改善和升级设备设施将是学校追求教学优质的必然趋势。学校需要不断投入资金和精力，更新设备设施，满足教学需求，提高教学质量，为学生提供更好的学习环境和更全面的支持。通过优化设备设施配置，学校可以不断提升教学水平，激发学生的学习兴趣和学习动力，为他们的未来发展奠定更坚实的基础。愿我们共同努力，打造更美好的教育环境，助力大学生的全面发展和成长。

在大学生素养与思想政治教育研究中，完善图书馆和实验室建设是至关重要的。通过完善图书馆的建设，可以为学生提供更广泛、更深入的学习资源，有利于他们的学术研究和知识获取。同时，实验室的建设也至关重要，可以为学生提供更好的实践平台，促进他们的实践能力和创新能力的培养。因此，要加大对图书馆和实验室建设的投入力度，进一步提升教育教学质量，为培养高素质人才打下坚实基础。

在大学生素养与思想政治教育研究中，除了完善图书馆和实验室建设外，还应该重视提高师资队伍的质量。优质的师资队伍是高等教育教学工作的重要支撑，他们教学水平的高低直接关系到学生的学术成就和综合素质的提升。同时，加强对教师的培训和培优工作也是至关重要的。只有通过提升教师的专业素养和教学能力，才能确保教学质量的提升和学生的全面发展。

还需要关注校园文化建设的重要性。健康、积极的校园文化是培养学生良好品德和健全人格的重要手段，可以促进学生成长、形成正确的人生观和价值观。学校应该积极营造积极向上、团结友爱的校园氛围，倡导学生文明礼貌，尊重师长，团结友爱，共同奋斗。

加强课程设置和教学改革也是提升教育教学质量的重要途径。针对学生的实际需求和社会发展的要求，不断优化课程设置，更新内容，改革教学方法，激发学生学习的兴趣和潜能。同时，加强教学评估和质量监控，及时发现问题，及时调整，保障教学工作的顺利进行和质量的提升。

总的来说，完善图书馆和实验室建设只是提升教育教学质量的一个方面，还需要从各个方面全面推进，才能够为培养高素质人才打下坚实基础。只有综合施策，才能够真正实现高等教育的目标，为社会和国家的发展做出更大的贡献。

大学生素养与思想政治教育的未来发展方向需要不断拓展网络教育资源。网络教育资源的拓展可以提升教育质量，优化教育资源配置，为大学生的素养和思想政治教育提供更广阔的学习平台。通过开放的网络教育资源，学生可以获得更为全面和多样的知识，不受时间和空间的限制，有更多机会进行自主学习和深度思考。同时，网络教育资源的拓展也能够帮助学校更好地配置教育资源，提高教学效率，为学生提供更优质的教学资源和服务。大学生素养与思想政治教育的未来发展方向需要不断拓展网络教育资源，让学生在网络空间中获得更多的学习机会和资源，实现全方位的素质提升。

拓展网络教育资源是当前大学生素养和思想政治教育发展的必然趋势。随着互联网的迅猛发展，我们拥有了更加便捷、灵活的学习方式。在网络空间中，学生可以通过在线课程、数字图书馆等多种形式获取知识，拓展视野，增加学习的广度和深度。网络教育资源的丰富多样也为不同学习风格和兴趣爱好的学生提供了更多选择。同时，网络教育资源的拓展还能够推动教育结构的变革，促进教学方法的创新。通过在线讨论、虚拟实验等互动形式，学生可以更好地掌握知识，提高自主学习和解决问题的能力。网络教育资源的拓展不仅可以节约时间和精力，还可以促进学术交流和合作，培养学生的团队合作精神和创新能力。未来，随着技术的不断进步和教育理念的不断升级，网络教育资源将成为大学生素养与思想政治教育的重要支撑，为学生的终身学习和成长提供更加有力的支持。因此，我们应该不断拓展网络教育资源，激发学生学习的热情，培养他们的批判性思维和创新精神，为建设具有国际竞争力的人才队伍做出贡献。愿未来的大学生在充满活力和创造力的网络空间中茁壮成长，实现自身的价值，为社会的发展进步贡献力量。

为了提升大学生素养与思想政治教育的质量，需要加强实践教学环节，让学生能够更好地将所学知识运用到实际操作中。通过实践教学，学生可以深入了解专业知识，并培养实际操作能力。同时，实践教学也可以激发学生的学习兴趣，增强他们的学习动力。加强实践教学环节，可以帮助学生更好地应对未来的工作挑战，提升其整体素养水平。

在加强实践教学环节的过程中，学生将不再只是被动的接受知识，而是积极主动的参与其中。这种积极的学习方式不仅可以提升他们的专业技能，还可以培养团队合作和沟通能力。通过实践，学生可以从错误中学习，并逐渐建立自信心。实践教学也为学生提供了一个锻炼他们的平台，让他们在安全受控的环境下尝试新的事物。

在实践教学中，学生还可以积累丰富的社会经验，并培养解决问题的能力。实践教学让学生更直观地理解和掌握知识，并使他们对所学内容产生更深层次的理解。通过实践，学生能够更好地应对未来的挑战，更好地适应社会的发展变化。实践教学的过程中，学生还会学会自我管理和时间规划，培养出自主学习的意识。

加强实践教学环节可以帮助学生更好地实现知行合一的目标，使知识在实践中更加丰富和深刻。实践教学不仅让学生更有切身体验感，也提高了他们的学习兴趣和动力。通过实践，学生也能够了解自己在专业领域的价值和定位，为未来的职业生涯做好准备。实践教学的意义远不止于此，还可以培养学生的责任感和使命感，让他们在未来做出更好的贡献。

总而言之，加强实践教学环节是提升大学生素养与思想政治教育质量的有效途径。只有通过实践，学生才能真正将所学知识转化为实际能力，实现个人价值的升华和社会需求的契合。实践教学让学生既成为学识渊博的人才，又成为具备创新精神和实践能力的社会栋梁。加强实践教学环节，必将为培养全面发展的优秀人才贡献力量。

教育质量是大学教育的核心，而推动课程改革是提高教育质量的有效手段之一。优化教育资源配置也是关键，只有合理配置资源，才能更好地支持课程改革和教育质量的提升。大学生素养与思想政治教育的未来发展需要更多关注和投入，以推动教育事业不断向前发展。

推动课程改革是大学教育改革的关键一环，只有不断创新课程内容和教学方法，才能更好地适应现代社会的需求。同时，教育资源的合理配置也至关重要，只有确保资源的充分利用和优化分配，才能更好地支持课程改革和教育质量提升的目标。大学生的素养和思想政治教育是大学教育的重要部分，必须引起更多的重视和投入，以培养出更加全面发展的人才。教育事业的未来需要不断探索创新，为推动教育事业的向前发展提供更坚实的基础。大学应该积极引入国际先进课程理念和教学模式，不断提升教学质量和教学效果，促进学生的全面发展和综合素质提升。只有不断在课程改革和教育教学方面持续努力，才能够实现教育事业的可持续发展。

三、创新教学方法

在大学生素养与思想政治教育的研究中，实施多元化教学模式是非常重要的。通过多元化的教学方式，可以更好地激发学生的学习兴趣，提高他们的学习效果。多元化教学模式可以包括实践教学、案例教学、研讨式教学等多种形式，让学生在不同的教学环境中获得全面的知识体验。这种多元化的教学模式可以更好地满足不同学生的学习需求，帮助他们更好地掌握知识和技能，提升他们的学习素养。通过实施多元化教学模式，可以有效提高教育质量，推动大学生素养与思想政治教育的发展。

实施多元化教学模式对大学生的素养与思想政治教育具有重要的促进作用。在当今社会，学生的学习需求和学习方式各异，单一的传统教学模式已经不能满足他们的需求。因此，引入多元化教学模式成为当务之急。通过实践教学，学生可以在实际操作中学到更多，加深对知识的理解和运用能力。通过案例教学，学生可以更好地理解理论知识在实际生活中的应用，培养他们的解决问题的能力。而通过研讨式教学，学生可以积极参与讨论，提高他们的思维能力和表达能力。在这样多元化的教学模式下，学生可以在不同的教学环境中体验到全新的学习方式，从而更好地掌握知识和技能。

同时，多元化教学模式也能够更好地激发学生的学习兴趣，使他们对知识产生浓厚的兴趣，从而提高学习的积极性和主动性。在多元化的教学环境中，学生可以选择适合自己的学习方式，更好地发挥自身的潜能。这种个性化的学习方式可以更好地满足学生的学习需求，帮助他们更好地成长和发展。同时，多元化教学模式也有助于培养学生的协作能力和沟通能力，使他们具备更强的团队合作意识和社会适应能力。

总的来说，实施多元化教学模式对大学生的素养与思想政治教育是非常重要的。只有不断创新教学方式，满足学生的学习需求，才能更好地推动教育的发展，提升学生的学习素养，促进素质教育的全面发展。希望未来的教育界能够更加重视多元化教学模式的实施，为学生们提供更加丰富的学习体验和更广阔的发展空间。

引入新技术手段，可以有效地提升教育教学质量。传统的教学方法已经不能完全满足当前社会的发展需求，因此引入新技术手段成为改进教学方式的重要途径。利用互联网、智能设备以及人工智能等新技术，可以为学生提供更加便捷、高效的学习方式，同时也可以使教师更好地实施教学计划。新技术手段的引入不仅仅是简单地替代传统教学方式，更重要的是要充分发挥其在激发学生学习兴趣、提高学习效率和推动教学质量提升方面的作用。通过不断探索和应用新技术手段，可以为大学生的素养和思想政治教育带来新的发展机遇。

引入新技术手段，可以在教育教学领域带来翻天覆地的变革。随着互联网的普及和智能设备的日益普及，传统的教学方式已经显得有些滞后。而新技术的引入，则为教育教学提供了全新的可能性。

通过利用人工智能技术，可以实现个性化教学，针对不同学生的学习情况和兴趣设定不同的学习计划，从而更好地激发学生的学习兴趣。同时，通过网络教学平台，学生可以随时随地获取到丰富的教学资源，不再受到时间和空间的限制，极大地提高了学习的便捷性和效率。

在教师方面，新技术的引入也可以起到辅助教学的作用。教师可以通过网络平台进行教学资源的共享，可以更好地设计课程内容和教学方法，提高教学质量。同时，借助智能设备，教师可以实现课堂教学的互动性和实时性，更好地引导学生的学习。这样，教师的教学效果也将得到极大的提升。

总的来说，引入新技术手段在教学领域的应用将不仅仅是简单的技术替代，更是一种全新的教学理念和方式。通过不断的探索和应用新技术，我们可以为大学生的教育提供更多元、更高效的学习方式，促进学生的全面发展。新技术的普及与应用将为教育教学带来更广阔的发展空间，推动教育教学质量不断提升。

在学生的思想政治教育中，加强实践教学起着非常重要的作用。通过实践教学，学生能够将理论知识应用到实际中去，从而提高他们的学习效果和创新能力。实践教学可以让学生更加深入地了解问题的本质，培养他们的实际操作能力和解决问题的能力。同时，实践教学也可以激发学生学习的积极性，使他们更加主动投入学习中去。加强实践教学，能够提升教育的质量，培养出更多有社会责任感的高素质人才。

在实践教学中，学生在参与项目和实验的过程中，不仅能够提升自己的动手能力和实际操作技能，还可以培养团队合作意识和沟通能力。通过与同学、老师以及外界专业人士的互动交流，学生可以获得更广阔的视野和更深刻的理解。实践教学还能帮助学生建立自信心和责任感，激励他们更加积极地投入学习和实践中。

在实践中，学生不断面临挑战和问题，需要通过自己的思考和努力去解决。这样的过程可以培养学生的分析和解决问题能力，提高他们的自主学习和创新能力。实践教学还能够促使学生不断反思和总结经验，从而不断完善自己的学习方法和思维方式。

通过加强实践教学，学生能够更好地将所学知识应用到实际工作和生活中，更好地适应社会的发展和变化。同时，实践教学也能够帮助学生树立正确的人生观和价值观，培养他们的社会责任感和使命感。只有不断加强实践教学，才能培养出更多具有创新精神和实践能力的高素质人才，为社会发展和进步做出更大的贡献。

第二节　强化思想政治教育

一、增强思想政治教育的针对性

依托课程设置，可以有效促进大学生素养与思想政治教育的融合发展。为提升教育质量，我们需要在课程设计上创新思维，不断探索合适的教学方法。强化思想政治教育的内容和形式，引导学生树立正确的思想观念和政治态度。通过增强思想政治教育的针对性，确保教学目标更加精准地传达给学生，使他们在学习过程中深刻理解素养与思想政治教育的关系。只有依托课程设置，我们才能更好地引导大学生的思想政治教育，提高他们的综合素养水平。

在大学生的学习过程中，课程设置扮演着至关重要的角色。通过不断创新思维，我们可以设计出更符合学生实际需求的课程，有效促进大学生素养与思想政治教育的有机融合。在课程设计中，我们需要注重思想政治教育内容的质量和形式的多样化，引导学生树立正确的思想观念和政治态度。

通过增强思想政治教育的针对性，我们能够更好地传达教学目标，使学生在学习过程中深刻领会到素养与思想政治教育的密切关系。只有在强调课程设置的重要性下，我们才能更有效地引导大学生的思想政治教育，提升他们的综合素养水平。在教学实践中，我们需要不断改进教学方法，使得思想政治教育在课堂上更具实效性，促使学生深入思考与交流，并将所学知识运用到实际生活中。

通过依托课程设置，我们可以为大学生提供更加优质和全面的思想政治教育，培养他们具备独立思考和创新能力的综合素养人才。只有不断完善和创新课程设计，我们才能更好地引导学生的思想和政治发展，为他们的未来发展奠定坚实基础。

在大学生的素养与思想政治教育中，深化思想政治理论教育显得尤为重要。通过深化思想政治理论教育，可以提升学生对思想政治教育的理解和认识，增强他们的思想政治素养，培养他们正确的政治立场和世界观、人生观、价值观。只有深化思想政治理论教育，才能有力地引导学生树立正确的政治信仰和核心价值观，坚定理想信念，增强责任意识和奉献精神，提高维护国家安全和发展利益的意识和能力，增强实践创新和实践能力。通过深化思想政治理论教育，可以促进学生的全面发展，提高大学生的国民素质和综合能力，为构建社会主义精神文明和推进中国特色社会主义伟大事业贡献智慧和力量。

深化思想政治理论教育是当前高校教育中的一项重要任务。在大学生的成长和发展过程中，思想政治的引领和指导具有至关重要的意义。深化思想政治理论教育不仅能够提升学生的政治素养，还可以加强他们的道德观念和人格修养。正所谓"德育为先，才育为要"，只有通过深化思想政治理论教育，学生们才能够在道德品质和学术能力上做到双重提升。

深化思想政治理论教育还可以引导学生正确树立政治信仰和核心价值观，使他们始终坚定理想信念，拥有强烈的责任感和奉献精神。只有在这样的教育氛围中，学生们才能够增强维护国家安全和发展利益的意识和能力，做到知行合一，将所学知识与实践相结合，为社会的和谐稳定和国家的长治久安贡献自己的力量。

通过深化思想政治理论教育，可以促进学生的全面发展，提高他们的国民素质和综合能力。学生们在不断深化思想政治教育的同时，也将不断提高自我修养和人文素养，成为具有创新精神和实践能力的优秀人才。他们将为社会主义精神文明的建设和中国特色社会主义伟大事业的推进贡献智慧和力量。

总的来说，深化思想政治理论教育是大学生教育中不可或缺的一环，只有在这个过程中，学生们才能够在道德、学术和政治等多个方面得到全面发展，为社会的繁荣稳定和国家的长治久安奠定坚实的基础。

加强实践教育，是当前大学生教育的重要任务之一。通过实践教育，可以使学生更好地将理论知识应用于实际工作中，培养其实际动手能力和解决问题的能力。实践教育还可以帮助学生更好地了解社会的实际情况，增强他们的社会责任感和使命感。因此，加强实践教育是提高大学生素养和思想政治教育的有效途径之一。

在加强实践教育的过程中，学校可以开设更多的实践性课程，如社会实践、实验课程等，让学生在实际操作中学习知识，提高实践能力。同时，学校还可以建立更多的实践基地，为学生提供更多的实践机会，让他们在实践中锻炼自己，丰富自己的人生经验。通过加强实践教育的方式，可以更好地培养大学生的创新精神和实践能力，为他们未来的发展打下良好的基础。

总的来说，加强实践教育是提高大学生素养和思想政治教育的重要途径之一。只有通过实践教育，学生才能真正将所学知识转化为实际能力，实现知行合一的教育目标。因此，学校应该重视实践教育，不断完善实践教育体系，为学生提供更好的实践机会，促进他们全面发展，成为德智体美劳全面发展的社会主义建设者和接班人。

通过加强实践教育，大学生不仅能够提高自己的实践能力，更可以培养出创新意识和团队合作精神。在实践教育中，学生不仅可以将课堂所学知识应用到实际生活中，还可以在团队项目中学会与他人合作互助。这种实践中的合作，不仅可以锻炼学生的团队意识，更可以培养出他们解决问题的能力和创新的思维方式。

通过实践教育，学生还可以学会自主思考和解决问题的能力。在实践中，他们会面对各种各样的挑战和难题，需要通过自己的努力和思考去解决。这种自主解决问题的过程，可以培养学生的独立思考能力，让他们在未来的生活和工作中能够勇敢面对各种挑战。

加强实践教育还可以帮助学生更好地实现知行合一的教育目标。通过实践，学生能够将所学知识更好地转化为实际能力，让他们在实践中不断提升自己，不断完善自己。这种知行合一的教育理念，可以让学生在未来的发展中更加得心应手，更加游刃有余。

综合来看，加强实践教育是非常重要的，不仅可以提高学生的实践能力，更可以培养他们的创新精神和团队合作意识。只有通过实践，学生才能真正做到在理论与实践中相结合，才能成为全面发展的社会主义建设者和接班人。因此，学校应该不断加强实践教育，为学生提供更多更好的实践机会，促进他们全面发展，为社会的进步和发展贡献自己的力量。

大学生素养与思想政治教育的未来发展方向值得我们重视，为了提升教育质量，我们需要不断创新教学方法，强化思想政治教育，增强思想政治教育的针对性。同时，完善学生思想政治教育档案也是非常重要的一环。只有这样，才能更好地引导大学生发展属于自己的思想，提高他们的综合素养，为未来的社会发展注入更多的正能量。

在完善学生思想政治教育档案的同时，我们还需要关注大学生的心理健康状况。通过心理健康教育，帮助学生建立正确的世界观、人生观和价值观，提升其心理素质。同时，加强学生的自我认知和自我管理能力，培养他们的抗压能力和自我调节能力，使其能够更好地应对生活和学习中的困难和挑战。

在思想政治教育中，还需要重视社会实践教育的开展。通过参与社会实践活动，让学生更加深刻地理解理论知识，增强他们对社会的责任感和使命感。社会实践不仅可以丰富学生的学习经验，还能够培养其独立思考和创新意识，促进其全面发展。

学校还应该注重学生的道德教育。培养学生正确的道德观念和道德品质，提升其道德修养和社会责任感。通过开展爱国主义教育、社会主义核心价值观教育等活动，引导学生树立正确的人生目标，以实现个人价值与社会发展的有机结合。

总的来说，完善学生思想政治教育档案是大学思想政治教育工作的一项重要举措，不仅需要教育部门和学校的支持与重视，更需要全社会的共同努力。只有通过多方共同努力，才能够更好地引导大学生树立正确的世界观、人生观和价值观，为国家和社会培养更多社会主义建设者和接班人。

通过推动学生社会实践活动，可以进一步拓展大学生的视野，增强他们对社会的认知和理解。学生在实践中可以将学到的知识应用到实际中，锻炼自己的动手能力和解决问题的能力。这样的实践活动不仅可以促进学生的综合素质的提升，还可以培养学生团队合作意识和领导能力。通过参与各种社会实践活动，学生可以更好地了解社会的风土人情，培养社会责任感和爱心，从而更好地融入社会，为社会发展贡献自己的力量。同时，通过社会实践，学生可以提高自己的实践能力和创新意识，为将来的就业和生活奠定坚实的基础。

在推动学生社会实践的过程中，学校需要积极营造良好的实践环境，提供充足的实践资源和保障。学校可以与社会各界建立良好的合作关系，开展各种形式的社会实践活动，为学生提供更多的实践机会和平台。同时，学校也应该加强对学生社会实践活动的引导和监督，确保学生的实践活动能够规范进行和取得实质性的成果。通过不断推动学生社会实践活动，可以更好地激发学生的学习热情，拓宽学生的视野，提高学生的实践能力，为培养德智体美劳全面发展的社会主义建设者和接班人做出积极贡献。

推动学生社会实践是学校教育工作的重要任务之一。学校可以通过组织各类社会实践活动，引导学生深入社会，了解社会，融入社会。学校应该注重培养学生的社会责任感和团队合作意识，让他们明白自己的行为与社会发展息息相关。学校也可以邀请社会各界人士来校指导学生社会实践活动，让学生接触到更广泛的社会资源和经验。

在推动学生社会实践的过程中，学校需要注重学生实践能力和创新意识的培养。学校可以开设实践课程，组织实践竞赛，激励学生勇于尝试，不断挑战自我，培养实践探究精神。学校还可以鼓励学生参与社会志愿活动，让他们在实践中感受到奉献和成长的喜悦。

同时，学校也要加强对学生社会实践活动的引导和监督。学校可以设立实践日志，定期评估学生的实践行为和成果，及时对学生进行指导和反馈。学校还可以建立实践导师制度，为学生提供个性化的指导和支持，帮助他们更好地理解和把握社会实践的重要性。

通过不断推动学生社会实践活动，学校可以帮助学生树立正确的人生观和社会观，引导他们走向社会，为社会发展注入新鲜力量。学生在社会实践中不仅可以学到知识，更能够培养吃苦耐劳、勇于探索的品质，为将来的发展打下坚实的基础。最终，通过推动学生社会实践，学校可以培养出更多德智体美劳全面发展的社会主义建设者和接班人，为国家的繁荣和进步贡献自己的力量。

二、推动德育与政治理论教育相结合

在大学生素养与思想政治教育的未来发展方向中，倡导爱国主义精神是至关重要的。爱国主义是中华民族传统美德，是培养学生的爱国之情、家国情怀和责任感的重要途径。大学生作为祖国的未来建设者和接班人，必须牢记树立正确的爱国主义观念，坚定爱国情怀，增强国家认同感和责任感。只有通过倡导爱国主义精神，才能在大学生的思想教育中注入正能量，激发他们对祖国和民族的热爱，为实现中国梦贡献力量。

在教育质量提升方面，倡导爱国主义精神可以激励学生更加注重学习，培养学生的家国意识和社会责任感。通过开展各类爱国主义主题教育活动，可以让学生深刻认识到自己身为中国人的身份，从而更加珍惜学习机会，珍惜祖国的发展成就，努力成为有担当的新时代青年。只有通过爱国主义精神的倡导，才能不断提升大学生的思想境界和文化修养，推动学生形成正确的世界观、人生观和价值观。

在思想政治教育方面，倡导爱国主义精神可以在大学生心中播下爱国之种，壮大爱国之树。通过开设"爱国主义教育"课程，开展专题讲座和座谈会，引导学生热爱祖国，了解民族历史，传承中华文化，积极参与社会实践，为实现中华民族伟大复兴的中国梦贡献力量。只有通过强化思想政治教育，倡导爱国主义精神，才能培养出政治素质过硬、思想坚定、充满爱国热情的优秀大学生。

在大学教育中，倡导爱国主义精神是极为重要的一环。除了课程设置和专题讲座，还可以通过丰富多彩的校园活动来激发学生的爱国热情。比如举办纪念活动，纪念先烈、纪念抗战胜利等重要历史事件；组织走进社区，服务社会的公益活动，让学生亲身感受到爱国主义精神的力量；策划文化节、主题演讲等活动，让学生深入了解中华文化的博大精深。

学校还可以鼓励学生参加国际交流和志愿服务项目，拓宽学生的国际视野，增强他们的爱国情怀。通过这些活动，学生不仅可以更深刻地认识到自己作为中国人的身份，更能体会到爱国主义精神所蕴含的责任与使命。只有让学生在实践中感受到爱国之情，才能真正激发他们的爱国热情，培养他们成为有担当的时代新青年。

在推动爱国主义教育中，学校应该注重理论与实践相结合，注重引导与启发相结合。倡导爱国主义精神不仅仅是口号，更要通过具体的实际行动来体现。只有让爱国主义教育从校园延伸到社会，让学生在实践中不断深化对爱国主义的理解和认识，才能真正实现爱国主义教育的目标，培养出一代代有国情意识、有社会责任感的中国青年。愿我们的大学生在爱国主义教育的熏陶下茁壮成长，为祖国的繁荣昌盛贡献自己的力量。

在大学生素养与思想政治教育的未来发展中，提升教育质量是至关重要的一环。只有不断提高教育质量，才能更好地培养学生的综合素质和思想品德。创新教学方法也是必不可少的，在不断变革的时代背景下，传统的教学方法已经不能完全适应现代学生的需求，因此需要引入更多的创新教学方式来激发学生的学习兴趣和思维能力。

同时，强化思想政治教育也是当前大学教育的重点之一。思想政治教育不仅仅是灌输知识，更重要的是培养学生正确的思想意识和政治觉悟。只有让学生在思想政治教育中深刻理解社会主义核心价值观，才能更好地引导他们树立正确的世界观、人生观和价值观。同时，推动德育与政治理论教育相结合也是非常必要的，德育与政治理论教育是相辅相成的，只有在两者相互结合的基础上，学生才能真正领会思想政治教育的重要性。

弘扬社会主义核心价值观更是大学生素养与思想政治教育的根本目标。社会主义核心价值观是中华民族优秀传统文化的精髓，是全社会共同的道德观念和行为准则。只有通过教育引导学生深入理解和践行社会主义核心价值观，才能真正提升大学生的思想道德素养，培养出德才兼备、有担当的新时代青年。弘扬社会主义核心价值观不仅是一种传统文化的传承，更是实现社会全面进步和个人全面发展的关键所在。

在当今社会，社会主义核心价值观的弘扬和传承显得格外重要。作为大学生，在接受教育的同时，更需要加强对社会主义核心价值观的理解和实践。只有通过深入思考、不断学习和践行，才能真正提升自己的思想境界和道德素养。

在大学生活中，我们需要不断弘扬社会主义核心价值观，注重道德修养，树立正确的人生观和价值观。通过广泛阅读和深入思考，我们可以更好地领会思想政治教育的重要性，进一步提高自身的道德素养，培养出德才兼备的新时代青年。

同时，德育与政治理论教育的结合也是至关重要的。只有在德育和政治理论教育相辅相成的基础上，我们才能更好地理解社会主义核心价值观，将其内化为自身的行为准则，并在实际生活中不断践行。

弘扬社会主义核心价值观不仅仅是一种文化传承，更是实现个人全面发展和社会全面进步的关键。唯有不断加强自身修养，积极践行社会主义核心价值观，我们才能更好地为社会主义事业的发展贡献自己的力量，成为具有担当精神的优秀新时代青年。

在大学生素养与思想政治教育的未来发展方向中，培养正确的世界观、人生观、价值观是至关重要的任务。通过提升教育质量、创新教学方法、强化思想政治教育和推动德育与政治理论教育相结合，将有助于实现这一目标。只有通过全方位的教育和引导，大学生才能树立正确的人生观、价值观，形成积极向上的世界观。这也是大学教育的使命和责任所在。

在大学生素养与思想政治教育的未来发展方向中，培养正确的世界观、人生观、价值观是必不可少的挑战。这不仅需要教育者们加强课程设置和教学内容，更需要大学生自身积极参与并主动思考。通过参与各种社会实践活动和学术研究，大学生可以不断拓展自己的眼界，了解更广阔的世界，领悟到不同文化之间的差异和共通之处。同时，参与公益活动和志愿服务，也有助于培养大学生的社会责任感和奉献精神。

大学教育还应该注重实践教学和综合素质拓展。在校园内外举办各类实践活动，让学生在实践中学习，从中体会人生的价值和意义。通过工作实习、社会实践等活动，让大学生更好地融入社会，了解社会的运作规律和价值取向，明确自己的人生目标和方向。

大学教育还应重视学生的心理健康教育，帮助他们树立正确的人生观和价值观。在应对挫折和困难时，引导学生正确看待问题，培养他们坚韧不拔的品质和乐观向上的心态。促使大学生自觉树立正确的人生观、世界观和价值观需要我们综合运用各种教育方法，全方位地引导和帮助他们在成长过程中建立正确的人生观和价值观，从而为未来的社会发展培养更多有担当的优秀人才。

要加强大学生的法治教育，是当前高校思想政治教育工作的一项重要任务。法治教育作为思想政治教育的重要组成部分，具有重要的指导意义和保证作用。通过法治教育，可以帮助大学生树立正确的法治观念，增强法律意识和法治观念，提高法律素养。同时，法治教育也可以培养大学生的法治精神，加强法治道德修养，增强法治责任感和法治自信心。加强法治教育，可以有效提升大学生的法治观念和法治素养，为他们未来的发展和成长打下坚实的法治基础。

在思想政治教育工作中，要将法治教育融入教学内容和教学环节中，注重培养学生的法治思维，引导他们树立正确的法治观念。通过案例教学、专题讲座、法律知识竞赛等形式，引导学生树立正确的法律意识，加强法律学习，提升法治素养。同时，要加强对大学生的法治宣传和教育，提高他们对法律的认知和尊重，引导他们遵纪守法，树立正确的法治观念和法治道德。只有通过深入开展法治教育，才能有效提升大学生的法治素养，为他们的成长和发展提供坚实的法治保障。

加强大学生的法治教育工作，也是当前高校思想政治教育改革创新的重要内容。要结合我国法治建设的实际需求，深化法治教育改革，创新法治教育模式，推动法治教育与思想政治教育的融合发展。通过构建法治教育体系，建立法治教育课程和活动，培养大学生的法治思维和法治素养，推动法治教育从理论到实践的全面深化。同时，要引导学生自觉遵守法律法规，增强法治观念和法治责任感，为他们成为社会主义事业的合格建设者和接班人奠定坚实的法治基础。通过加强法治教育，可以为大学生的思想政治教育工作提供有力支撑和保障，促进大学生的全面发展和健康成长。

针对这一主题，大学的教育工作者们应该着重推动法治教育与思想政治教育的有机结合，促进学生的全面素质提升。在开展法治教育的过程中，可以通过专业的法律课程、法治活动以及模拟法庭等形式，深入学生的内心，加强他们的法治观念。同时，还应引导学生自觉守法，培养他们的法治责任感和自我约束能力，从而为他们未来的社会角色定位提供良好的法治基础。

教育工作者们还应该重视通过法治教育引导学生树立正确的道德观念和社会责任感，培养学生的社会化素养和团队合作能力。在实践中，学生们不仅要懂得遵守法律法规，更要具备批判性思维和独立思考能力，用法治精神引领自己的行为，做到对自己、对家庭、对社会负责，成为社会主义法治事业的积极参与者和坚定实践者。

综合来看，强化法治教育对大学生的思想政治教育具有重要意义。只有通过深入开展法治教育，才能有效提升大学生的法治素养，为他们在今后的成长和发展过程中提供坚实的法治保障。教育工作者们需要不断创新教育方式方法，引领学生树立正确的法治观念，培养他们积极参与社会建设的责任感，促进学生的全面健康发展，为我国社会主义事业的长足发展贡献力量。

三、加强家庭教育与学校教育相衔接

在大学生素养与思想政治教育的研究中，拓展家长参与教育的渠道至关重要。家庭教育与学校教育的衔接是提升教育质量的重要环节，家长作为学生教育的重要参与者，应该加强与学校的沟通联系，共同关注学生的思想政治教育。通过创新教学方法和强化思想政治教育，促进家长积极参与教育过程，共同为学生的全面发展贡献力量。只有通过家长、学校和社会的共同努力，才能更好地培养出德智体美劳全面发展的新时代大学生。

在大学生素养与思想政治教育的研究中，拓展家长参与教育的渠道意义重大。家长是学生成长道路上的重要引导者和支持者，他们的参与不仅可以促进学生全面发展，也可以增强学生的思想政治素养。因此，加强家校合作，构建密切的家校关系，成为当前教育体制改革的重要任务之一。

在拓展家长参与教育的渠道方面，学校可以开展多样化的家长参与活动，例如家长开放日、家长课堂观摩等，让家长更深入地了解学校的教育教学情况，增进彼此的信任和合作。同时，学校还可以建立定期沟通机制，定期邀请家长参加学校会议或评议会，让家长参与学校决策，共同关注学生的成长和发展。

学校还可以利用现代信息技术手段，如建立家校互动平台、开设家长在线课程等，方便家长了解学校的最新动态和教育政策，加强家校之间的沟通交流。

同时，学校可以通过举办家长教育讲座、家长参与学生社团活动等方式，提升家长的教育意识和参与度，促进家长更加积极地投入学生的教育过程中。

只有学校和家长通力合作，共同致力于学生的全面发展和思想政治教育，才能培养出德智体美劳全面发展的新时代大学生。通过拓展家长参与教育的渠道，共同努力，才能更好地引领学生走向成功的道路，为社会培养出更多有担当、有责任感的优秀青年人才。

建立家校沟通机制对于提升大学生素养与思想政治教育起着至关重要的作用。只有家庭与学校之间建立起紧密的联系和沟通机制，才能更好地贯彻教育教学理念，促进学生综合素质的全面提升。家校之间的联合合作，将为大学生的思想政治教育提供更加有力的支持和保障，使得学生在成长过程中得到更多的关心和指导。同时，通过家校之间的沟通，可以更好地了解学生的心理状态和成长过程，及时发现并解决问题，进一步提高大学生的素养水平和思想政治教育成效。通过建立家校沟通机制，可以促进学校和家庭之间的有效合作，形成教育共同体，共同为大学生的健康成长和全面发展助力。

建立家校沟通机制不仅仅是简单地传递信息，更重要的是在学生成长过程中建立起良好的亲师关系，让学生感受到家庭和学校的关怀和支持。只有家庭和学校形成紧密的合作关系，才能更好地引导学生的学习和生活，培养他们正确的人生观和价值观。通过家校沟通，可以及时了解学生的学习情况、日常表现和心理变化，从而更有针对性地开展思想政治教育工作，保障学生全面发展。

家校沟通机制的建立不仅能够促进学生的学业进步，更能够帮助学生树立正确的人生目标和信念。在家庭和学校共同努力下，学生在成长过程中将会受益匪浅，不仅在学术上有所提升，在品德修养和社会责任感方面也会得到更好的塑造。家长和老师之间的沟通交流，不仅可以帮助学生健康成长，也可以提升教育教学的水平和质量，为建设社会主义现代化国家培养更多有理想有担当的新时代青年做出积极贡献。

通过建立家校沟通机制，可以形成教育共同体，让教育资源更好地整合和共享，为学生的综合素质提升提供更为有力的保障。家长和老师的密切合作，将为学生的成长之路增添更多的温暖和关怀。只有在家校紧密合作的基础上，才能实现教育资源的最大化利用，为每一位学生的个性发展和全面提升创造更加有利的条件。家校沟通机制不仅是一种教育管理方式，更是一种文化传承和心灵契合，让学生在家庭和学校之间得以双重滋养，健康成长。

在大学生素养与思想政治教育的未来发展中，开展家庭教育指导显得尤为重要。家庭是一个人成长的第一课堂，家庭教育的引导和影响对于大学生的思想政治素养起着至关重要的作用。因此，加强家庭教育与学校教育的衔接，以及开展家庭教育指导,是提升教育质量、创新教学方法、强化思想政治教育的必然选择。家庭教育的指导不仅可以有效地培养大学生的正确价值观和思想观念,更可以增强他们的社会责任感和使命感,使他们成为具有高度素养和正确思想政治觉悟的新时代青年。通过家庭教育指导,大学生将更好地认识和遵循社会主义核心价值观,树立正确的世界观、人生观和价值观,不断提升自身素养,为建设和谐社会、推动国家发展贡献自己的力量。愿每一个家庭都能重视家庭教育的重要性,为大学生的成长奠定坚实的思想政治基础。

家庭教育的重要性是不可忽视的,它是一个人成长的重要环节。家庭教育的指导和影响对于大学生的思想政治素养至关重要,可以帮助他们树立正确的价值观和思想观念。加强家庭教育与学校教育的衔接,积极开展家庭教育指导,是提升教育质量,创新教学方法,强化思想政治教育的有效途径。通过家庭教育的指导,大学生可以增强社会责任感和使命感,成为具有高度素养和正确思想政治觉悟的新时代青年。家庭教育的重要性不容忽视,希望每个家庭都能重视家庭教育的作用,为大学生的成长提供良好的思想政治基础。愿家庭教育的力量能够激发每个大学生的潜能,使他们在社会中发光发热,为国家的繁荣和谐贡献自己的力量。愿每个家庭都能承担起教育责任,促进下一代的发展和进步,共同营造和谐美好的社会环境。

强化家庭教育对学校教育的支持,是当前大学生素养与思想政治教育发展的重要课题之一。家庭是孩子成长的第一课堂,家庭教育的有效性直接影响着学校教育的实施和效果。在强化家庭教育对学校教育的支持方面,家长应加强对孩子的关爱和教育引导,营造家庭和谐、积极向上的氛围,助力学校教育的开展。

家庭教育的支持不仅体现在日常生活中对孩子的关注和教导,更应在思想政治教育方面积极发挥作用。家长应引导孩子树立正确思想政治观念,培养其正确的人生观、价值观和世界观,增强大学生的思想政治素养和社会责任感。

强化家庭教育对学校教育的支持,也意味着家校之间的密切配合与沟通。家校合作是大学生教育的重要环节,家长与学校应加强沟通与交流,共同关注学生的发展和成长。只有家庭和学校密切合作,才能为大学生的全面发展奠定坚实基础,推动大学生素质教育事业取得更大成就。

家庭教育的重要性不可忽视,其对学生的影响深远而长久。唯有家长和学校共同努力、共同营造良好的教育环境,才能为大学生的成长提供更好的保障和支持。通过强化家庭教育对学校教育的支持,大学生的素质和思想政治教育水平将得到有效提升,为国家和社会培养更多优秀的接班人。

家庭是每个学生成长的第一课堂,家庭教育对学生形成正确的世界观、人生观和价值观至关重要。家长应该从小着手，教育孩子懂得什么是真善美，树立正确的人生目标和追求。而学校作为学生的第二课堂，也承担着重要的教育责任。学校应该注重培养学生的创新能力和团队合作意识，引导学生正确处理人际关系和社会问题。只有家校携手合作，才能真正为学生的全面发展提供良好的教育环境和支持。双方应该共同关注学生的成长，引导他们健康快乐地成长。

强化家庭教育对学校教育的支持，可以帮助学生树立正确的人生观和社会责任感。学校作为学生主要的学习场所，应该注重培养学生的思想政治素养，引导他们积极参与社会实践，树立正确的道德观念和社会责任感。而家庭则应该成为学生的坚强后盾，给予他们爱和支持，让他们在成长过程中感受到家庭的温暖和力量。通过家校共同努力，学生的综合素质将得到有效提升，为社会培养更多有担当、有情怀的新一代接班人。

在家庭教育和学校教育的共同努力下，我们有理由相信，每一个学生都能够茁壮成长，成为对国家和社会有益的人才。让我们携手合作，共同为学生的成长添砖加瓦，让他们在未来的道路上绽放出光彩。愿家校合作之路越走越宽广，为学生的成长助力更多，让他们成为社会的栋梁之材。

四、建立健全监督考核机制

要做好大学生素养与思想政治教育的未来发展工作，必须不断提升教育质量。在这个过程中，创新教学方法至关重要，教师们需要积极探索适合当代大学生的教学模式，以激发学生学习的热情和潜力。同时，强化思想政治教育的力度也是至关重要的，要注重培养学生正确的思想意识和政治素养，使他们具备健康的心理素质和正确的人生观、价值观。

为了有效监督和评估思想政治教育的效果，建立健全的监督考核机制也是必不可少的。只有建立起严格的考核制度，才能促使教师和学生们更加主动地投入思想政治教育中，确保教育目标的顺利实现。同时，完善思想政治教育的评价体系也是重要的一环，只有建立起科学合理的评价体系，才能更好地评估学生的思想政治素养与品德修养，为他们的成长与发展提供有力的保障。

在未来的工作中，我们将坚持不懈地努力，不断完善教育体系，为大学生的思想政治教育提供更加有力的保障和支持。相信在全体教师和学生的共同努力下，大学生素养与思想政治教育的未来一定会取得更加辉煌的成就，为社会培养更多的优秀人才。

在完善思想政治教育评价体系的同时，我们还应该注重培养大学生的健康心理素质和正确认识人生观和价值观。只有通过帮助他们建立积极向上的心态，并引导他们形成正确的人生观和价值观，才能真正实现思想政治教育的最终目标。在这个过程中，教师们扮演着至关重要的角色，他们需要不断提高自身的教育水平和素质，不断学习和更新教育理念，以更好地引导学生，帮助他们树立正确的人生追求和核心价值观。

同时，大学生们也应该主动参与到思想政治教育中，积极参与各类教育活动，不断提升自己的思想境界和道德修养。他们需要自觉树立正确的人生目标，坚定自己的信念，培养积极向上的心态，确保自己在大学期间得到全面的发展和提高。只有这样，才能使思想政治教育真正发挥作用，为学生们的成长和发展提供良好的指导和支撑。

通过共同的努力，我们相信大学生们的素养与思想政治教育一定会取得更加辉煌的成就，为社会培养更多的优秀人才。教育是一项伟大的事业，我们应该始终保持对教育事业的热爱和坚守，为每一个学生的成长和发展贡献自己的力量。让我们携手共进，共同努力，为建设更加美好的社会和国家而奋斗！

教育质量的提升是大学教育的根本任务，而思想政治教育则是大学生综合素养的重要组成部分。为了更好地促进大学生素养与思想政治教育的发展，我们需要不断创新教学方法，加强教育内容的前沿性和实用性。同时，为了确保教育工作的有效开展，建议建立健全监督考核机制，规范教育教学活动。对于思想政治教育的绩效考核，应该加强评估指标的科学性和全面性，提高考核的针对性和有效性。通过强化思想政治教育绩效考核，可以更好地推动大学生素养和思想政治教育的全面发展，为培养德智体美劳全面发展的社会主义建设者和接班人做出积极贡献。

教育质量的提升与思想政治教育的重要性密不可分。为了激发大学生的学习热情，教师们应该不断创新教学方法，使教育内容更为生动有趣。同时，通过引入前沿性和实用性教育内容，可以帮助学生更好地应对现实挑战，提升综合素养。在教育教学活动中，监督考核机制至关重要，能够规范教学行为，确保教学质量。在思想政治教育的绩效考核中，科学性和全面性的评估指标是必不可少的，只有这样才能确保考核的准确性和公正性。通过加强思想政治教育的绩效考核，不仅可以促进学生素养和思想政治教育的全面发展，还可以为社会主义建设者和接班人的培养做出积极贡献。教育是社会进步的基石，唯有不断提升教育质量，强化思想政治教育，才能培养出更多德智体美劳全面发展的优秀人才，为国家的繁荣和发展注入源源不断的动力。愿我们共同努力，打造更美好的教育未来。

为了提升教育质量，创新教学方法，强化思想政治教育，建立健全监督考核机制成为当前大学生素养与思想政治教育的重要任务。推动思想政治教育的督导评估，可以有效地促进教育改革和发展，确保教育目标的实现。通过建立科学的评估机制，可以及时发现问题，指导教师改进教学方法，提高教学质量。同时，督导评估可以促进学校内部管理的规范化和标准化，为教育改革提供有力支持。在今后的工作中，我们需要进一步加强对思想政治教育的监督评估工作，不断完善评估指标和方法，确保评估工作的科学性和客观性，推动思想政治教育工作的深入开展。通过督导评估，我们可以更好地发现和解决存在的问题，为大学生的综合素质教育提供更加有力的保障，促进学生全面发展和社会主义建设。

在当前大学教育中，推动思想政治教育的督导评估是至关重要的。只有通过监督和评估，我们才能及时了解教育实践中存在的问题和不足，从而有针对性地进行改进和提升。教育是培养学生全面发展的过程，而思想政治教育则是根基所在，是保证学生健康成长的关键。通过督导评估，我们可以更好地关注学生的思想政治教育，促进其正确的世界观、人生观和价值观的形成。

在教学过程中，新的教学方法和手段可以帮助教师更好地传授知识和引导学生。通过督导评估，我们可以及时发现哪些新的教学方法适合大学生的思想政治教育，促进教师在教学中更好地运用这些方法，提高教学效果。同时，建立健全的监督考核机制可以规范学校内部管理，促进学校教育的标准化发展，为教育改革提供有力支持。

未来，我们要进一步加强对思想政治教育的监督评估工作，不断完善评估指标和方法，确保评估工作的科学性和客观性。只有不断地提高思想政治教育的质量，让学生全面发展，才能更好地为社会主义建设贡献力量。我们应当以更严格的标准要求自己，在教育工作中不断反思，持续改进，推动思想政治教育的深入开展，为培养德智体美劳全面发展的社会主义建设者和接班人而努力。

第三节　推动通识教育与专业教育有机结合

一、设计通识教育课程

强化通识教育的核心内容是非常重要的，可以帮助大学生更全面地了解各个学科领域的知识，培养综合素养和批判思维能力。通识教育还可以帮助学生形成正确的世界观、人生观和价值观，为他们未来的发展奠定坚实的基础。为了实现这一目标，学校需要设计多样化、具有启发性的通识教育课程，引导学生从多个角度去思考问题，并培养跨学科的能力。通过加强通识教育的核心内容，可以更好地满足社会的需求，培养出更多具有国际视野和创新能力的优秀人才。在未来的发展中，通识教育将不断完善，为大学生的素养提升和思想政治教育做出更大贡献。

强化通识教育的核心内容不仅是为了全面了解各个学科领域的知识，更是为了培养学生的综合素养和批判思维能力。在这个信息爆炸的时代，学生需要具备跨学科的能力，能够从多个角度去思考问题，做出明智的选择。通过多样化、具有启发性的通识教育课程，学生可以拓展自己的视野，开拓思维，提升综合素养。

通识教育还可以帮助学生形成正确的世界观、人生观和价值观。培养学生的道德情操和社会责任感，让他们在面对挑战和困难时能坚定地走向正确的道路。通过课堂和社会实践的结合，学生可以更好地认识自己、认识他人，建立起正确的人际关系，为未来的成长打下坚实的基础。

加强通识教育的核心内容可以更好地满足社会的需求，培养出更多具有国际视野和创新能力的优秀人才。社会在不断进步和发展，需要具备综合素养和批判思维能力的人才来推动社会的发展。只有通过加强通识教育，学生才能成为多面手，成为未来社会的栋梁之材。

在未来的发展中，通识教育将不断完善，为大学生的素养提升和思想政治教育做出更大的贡献。学校需要不断创新教学方法，设计更加符合时代发展需求的通识教育课程，培养出更多具有创新精神和实践能力的优秀人才，为社会的可持续发展贡献力量。通过共同努力，通识教育将不断推进，为社会培养更多具有国际竞争力的人才。

大学生素养与思想政治教育的未来发展方向，是教育界长期关注的话题。为了提升教育质量，我们需要创新教学方法，不断完善教学体系，使学生能够更好地提高自身素养。同时，要强化思想政治教育，培养学生正确的思想观念和政治立场，使他们具备健全的思想道德素养。

建立健全的监督考核机制，是推动教育进步的必然需求。只有通过严格的考核机制，才能保证教育质量的稳步提升。同时，我们还应不断探索通识教育与专业教育的有机结合，为学生提供更全面的知识体系。

设计通识教育课程，是拓展通识教育多样性的关键。通过多样化的课程设置，可以满足不同学生的需求，使他们在学习过程中得到更广泛的知识积累。只有不断丰富通识教育的内容和形式，才能更好地培养学生的全面素养，提高他们的综合能力。

在拓展通识教育的多样性方面，我们还需要注重师生之间的互动与交流，搭建起一个互相启迪、共同成长的教学平台。教师应该不断提升自身的教学能力和知识水平，积极探索教学方法，激发学生的学习兴趣。而学生也要积极参与课堂讨论，提出自己的见解和观点，从而培养批判性思维和创新能力。

建立学生参与决策的机制也是非常重要的。学生是教育的受益者和主体，他们应该参与到课程设置和教学评估的过程中，为教育提供更多价值观和反馈意见。通过多方参与，可以更好地满足学生需求，提高教育的针对性和实效性。

同时，倡导跨学科的教学模式也是拓展通识教育多样性的一种方式。不同学科之间相互渗透、相互融合，可以打破传统学科壁垒，促进学生的全面发展。跨学科教学可以帮助学生更好地理解知识之间的联系，培养综合分析和解决问题的能力。

总的来说，拓展通识教育的多样性需要全社会的共同努力，教育部门、学校、师生都应该积极参与其中。只有不断创新教学理念，拓展教育领域，才能给学生带来更广阔的发展空间，为构建富有活力和创新力的社会人才队伍做出贡献。愿我们共同努力，推动通识教育不断向前发展，为国家和社会的繁荣发展贡献力量。

在大学生素养与思想政治教育的未来发展方向中，鼓励跨学科学习是至关重要的。通过跨学科学习，学生能够更全面地了解不同学科之间的联系与相互影响，拓展自己的学术视野，提高综合能力与创新思维。同时，跨学科学习也有助于培养学生的批判性思维和解决问题的能力，使他们更具备应对复杂多变社会环境的能力。因此，大学应该鼓励学生积极参与跨学科学习，为他们的未来发展打下坚实的基础。

在当代社会，知识的更新速度极快，单一学科已经无法满足人们对综合能力和创新思维的需求。因此，跨学科学习成为培养学生全面发展的必然选择。通过跨学科学习，学生可以将不同学科之间的知识相互融合，形成新的认知模式，从而更好地理解复杂问题。跨学科学习还可以激发学生的创造力和想象力，培养他们解决现实问题的能力。

跨学科学习也有助于拓宽学生的视野，让他们能够更好地适应多元文化的社会环境。在跨学科学习的过程中，学生不仅可以获取更广泛的知识，还可以结识来自不同领域的人才，促进学术交流和合作。通过与不同背景的人共同学习，学生可以更好地理解和尊重他人，培养出更加包容和开放的思维方式。

跨学科学习也有助于培养学生的团队合作精神和沟通能力。在跨学科学习的过程中，学生需要与不同学科的同学共同探讨问题，协商解决方案，培养团队协作和领导能力。这种团队合作的经验不仅能够提高学生的综合能力，还可以让他们更好地适应未来工作中的团队合作环境。

因此，鼓励跨学科学习不仅可以提高学生的学术水平和综合能力，还可以培养他们更好地适应社会发展需求的能力。大学应该积极推动跨学科学习，在课程设置和教学方法上创新，为学生提供更广阔的学习空间，为他们的未来发展打下坚实的基础。

在推行通识教育评估方面，学校需要建立起科学合理的评估体系，以确保通识教育的有效实施和持续改进。评估内容应涵盖通识教育目标的达成情况、课程设置的科学性和实用性、教学方法的创新性和有效性等方面，以全面客观地评价通识教育的质量和效果。评估结果应及时反馈给相关部门和教师，以便他们对教育教学工作进行调整和改进。同时，学校还应倡导学生参与通识教育评估，激发他们的学习动力和自我管理能力，为他们提供更好的成长空间和机会。通过推行通识教育评估，学校可以更好地了解教育质量和效果，进一步提高通识教育的水平和影响力，为学生的全面发展和未来就业提供更有力的支持和保障。

在推行通识教育评估的过程中，学校需要重视评估体系的建立和完善，确保评估内容的全面性和科学性。而评估结果的及时反馈和应用也是至关重要的，只有通过不断调整和改进教学工作，才能更好地提升通识教育的质量和影响力。学校还应该积极倡导学生参与评估过程，激发他们对学习的积极性和主动性，从而为他们提供更广阔的学习空间和发展机会。

通过推行通识教育评估，学校可以更深入地了解教育的效果和成效，进一步增强通识教育的可持续发展能力，为学生提供更优质的教育资源和未来职业发展的支持。积极推进通识教育评估工作，不仅可以提高学校教育教学质量，还能为学生打下坚实的学习基础，促进其全面发展和个人成长。通过评估的指导和反馈，学校能够更好地优化课程设置、改进教学方法，更好地适应社会发展的需要，为学生的未来发展奠定坚实的基础。

推行通识教育评估是一项系统性的工作，需要学校、教师和学生共同努力，以实现教育目标的有效达成和全面发展的目标。学校应该坚持不懈地推进通识教育评估工作，为学生提供更优质的教育资源和成长机会，助力其未来就业和社会发展。愿我们共同努力，共同进步，共同实现教育事业的伟大梦想。

二、加强专业教育实践

拓展专业实践领域：在大学生素养与思想政治教育的未来发展中，拓展专业实践领域至关重要。通过开展多样化的实践活动，学生可以更好地将理论知识应用于实际工作中，提升自己的实践能力和动手能力。这不仅有助于学生更好地适应未来工作的需要，也能够培养学生的创新意识和团队协作能力。拓展专业实践领域，可以让学生在实际操作中更好地理解专业知识和技能，为未来的职业发展打下坚实的基础。

在大学生素养与思想政治教育的未来发展中，拓展专业实践领域不仅是一种途径，更是一种必然趋势。通过多样化的实践活动，学生可以通过亲自动手实践，深入理解和掌握专业知识，提高解决问题的能力。拓展专业实践领域还可以激发学生的创新意识，促进学生团队协作精神的培养。只有通过实际操作，学生才能真正感受到专业技能在实践中的重要性，才能在未来的职业生涯中游刃有余。在拓展专业实践领域的过程中，学生将积累丰富的经验，建立自信心，为未来的发展打下坚实的基础。实践不仅加深了学生对知识的理解，更重要的是让学生在实践中发现问题、解决问题、创新问题的能力。因此，拓展专业实践领域是大学生全面发展的必经之路，也是开启成功之门的关键。

加强实践教学是当前大学教育的重要任务之一。通过实践教学，学生可以将所学知识运用于实际工作中，提升自己的专业能力和实际操作能力。同时，实践教学也可以让学生更加深入地了解行业内的工作环境和要求，为将来的就业和发展奠定坚实基础。加强实践教学不仅可以提高学生的实际操作能力，还可以培养学生的团队合作意识和社会责任感，使其具备更好的素养和综合能力。在未来的大学教育中，加强实践教学将成为重要发展趋势之一，为培养高素质人才做出积极贡献。

加强实践教学不仅可以提高学生的实际操作能力，还可以培养他们的创新精神和解决问题的能力。通过参与真实的项目和案例分析，学生可以更加直观地感受到专业知识在实践中的应用，培养发现问题、提出解决方案的能力。实践教学还可以激发学生的学习兴趣，增强他们对专业的热情和探索欲望，帮助他们更快地适应职业环境并融入团队。

在实践教学中，学生将不仅仅是知识的接收者，更是促使实践与理论相结合的推动者。他们会在实际操作中发现知识的不足和应用的难题，从而促使他们主动去深入学习并提高自己的专业素养。实践教学还能够促进学生的个人发展，培养他们的团队合作精神和领导能力，让他们在与同学、教师和企业合作中不断提升自己的综合素质。

通过实践教学，学生还能够更加贴近社会，了解社会需求和行业发展趋势，为自己的未来就业和职场发展做好准备。他们可以在实践中结识各行各业的专业人士，建立广泛的人脉关系，开拓职业发展的视野。同时，实践教学也能够激发学生的社会责任感和使命感，让他们意识到作为一名优秀的专业人才应该为社会献出自己的一份力量。

加强实践教学是大学教育的重要任务之一，不仅可以提高学生的实际操作能力和专业素养，还能够培养其创新精神、解决问题的能力、团队合作意识，为其未来的就业和发展奠定坚实基础。随着社会的不断发展和工作需求的变化，加强实践教学将成为未来大学教育的重要发展趋势，为培养更多高素质、全面发展的人才注入新的动力。

在大学生素养与思想政治教育的未来发展方向中，推动专业实践与社会需求对接是至关重要的一环。只有让学生在专业实践中体会社会需求，才能更好地为社会做出贡献。因此，加强专业实践教育，培养学生实际动手能力和解决问题的能力，是当前教育工作中亟待解决的问题。只有深入社会实践、融入职业能力培养，才能更好地满足社会的需求，推动社会发展。大学生应当注重实践能力的培养，将所学知识与实际工作结合起来，提高自身素养水平，走向社会，为国家的繁荣和发展贡献自己的一份力量。

在当今社会，人才是宝贵的资源和核心竞争力。培养高素质的大学生不仅需要扎实的专业知识，更需要具备实践能力和解决问题的能力。只有通过将学习内容与实际工作相结合，不断锤炼自己的技能和适应能力，才能在激烈的竞争中立于不败之地。大学生应当积极参与社会实践活动，走出校园，深入社会，与真实问题接触，感受社会需求的脉搏，从而更好地服务社会。

专业实践与社会需求的对接不仅是一种能力的锻炼，更是一种责任的体现。作为青年学子，应该树立正确的价值观念，坚守初心，矢志不渝地为国家的繁荣发展贡献自己的力量。在实践中，不断完善自己，不断挑战自我，不断创新实践方式，才能不负韶华，不负时代。

同时，大学生也应该注重能力的全面提升，不只满足于学术理论层面的掌握，更要具备实际操作和实践应用的能力。只有将知识转化为实践、将理论应用于实际工作中，才能真正做到知行合一，才能更好地适应社会的发展变化，更好地服务于国家和人民的需要。

在推动专业实践与社会需求对接的过程中，大学生需要时刻保持学习的状态，保持谦卑的心态，不断反思自身的不足，努力进步，不忘初心，砥砺前行。唯有如此，才能在实践中取得成功，才能用实际行动诠释对社会的责任与担当，成为时代的新鲜力量，为社会发展注入更多的活力和动力。愿我们每个大学生都能在专业实践中不断成长，为社会的繁荣和进步贡献自己的一份力量。

在大学生素养与思想政治教育的未来发展方向中，促进专业实践成果转化是十分重要的一环。大学教育应该关注学生的实际能力和创新能力的培养，而不仅仅停留在课堂上的理论教育。通过对专业实践的加强，可以帮助学生更好地将所学知识应用于实际工作中，从而提高他们的实际能力和创新能力。

专业实践不仅仅是为了让学生掌握技能，更重要的是让他们在实践中培养批判思维和解决问题的能力。通过专业实践，学生可以更好地了解自己的专业领域，发现问题并寻找解决方案。同时，专业实践也可以激发学生对所学领域的兴趣，增强他们的学习动力和自主学习能力。

促进专业实践成果转化，不仅有助于学生的个人发展，也可以为社会和经济发展提供更多的人才支持。通过将专业实践成果转化为实际应用和创新成果，可以推动产学研深度合作，促进科研成果的转化和应用，实现产学研的有机结合，为社会和经济发展注入新的活力。

因此，大学应该重视专业实践教育，为学生提供更多的实践机会和平台，引导他们将专业知识转化为实际能力和创新力量。只有通过促进专业实践成果的转化，才能真正实现大学生素养与思想政治教育的全面发展，实现高质量教育的目标。

促进专业实践成果转化是提高大学生综合素质和创新能力的有效途径。在实践中，学生不仅能够将所学知识应用于解决实际问题，还能够培养批判性思维和创新意识。同时，通过实践，学生还可以拓展视野，了解行业内部的运作机制，激发对专业领域的热情。对于学校来说，加强专业实践教育还可以提升学生的竞争力，促进产学研结合，推动科研成果的转化和应用，为社会经济发展贡献智力支持。

大学应当积极营造鼓励创新的环境，为学生提供更多的机会参与实践项目和实践活动，引导他们利用所学知识去解决实际问题，培养独立思考和团队合作能力。同时，学校还应该加强与企业和科研机构的合作，促进产学研深度融合，搭建平台让学生将专业实践成果转化为创新产品和解决方案。这样不仅可以培养学生创新创业意识，还可以为社会培养更多具有实际能力和创新精神的人才。

促进专业实践成果的转化是大学教育的重要任务，只有通过实践，学生才能真正掌握所学知识，提高创新能力，实现个人价值和社会价值的双赢。加强专业实践教育，为学生搭建更多展示才华和实践能力的平台，助力他们成为具有创新能力和实践能力的优秀人才。

三、培养学生成为社会栋梁

在大学生素养与思想政治教育的未来发展方向中，增强学生社会责任感是至关重要的。只有通过不断提升学生的社会责任感，才能培养出更多具有使命感和担当精神的社会栋梁。这种责任感不仅体现在日常学习生活中，更重要的是要引导学生从内心深处树立正确的社会人生观和价值观。只有深刻理解和认同社会责任，才能在未来成为对社会有用的人才，为国家和民族的发展做出应有的贡献。因此，加强大学生社会责任感的培养不仅是教育工作者的责任，也是整个社会共同努力的方向。

在大学生的成长过程中，培养学生的社会责任感是至关重要的。只有让学生明白自己在社会中的定位和责任，才能成为对社会有益的人才。大学生应该牢记自己的使命，担当起为国家和民族发展贡献力量的责任。在日常学习生活中，学生应该有意识地关心社会问题，积极参与公益活动，为社会贡献自己的力量。通过自身的努力和奉献，才能真正实现个人与社会的协调发展。

同时，加强大学生的社会责任感培养也需要全社会的共同努力。不仅仅是教育工作者的责任，更需要家庭、社会、政府等各方面的支持和配合。社会应该为大学生提供更多的实践机会和平台，激发他们的社会责任感和使命感。只有社会的关注和支持，才能让大学生的社会责任感得到有效的培养和加强。

加强大学生社会责任感的培养，也是培养学生全面发展的重要途径。通过锻炼大学生的责任感，使他们在成长过程中树立正确的人生观和社会观，为未来的道德建设和社会稳定打下坚实基础。只有让更多的大学生自觉地肩负起社会责任，才能成就一个更加繁荣和有活力的社会。让我们共同努力，为大学生社会责任感的培养和提升贡献自己的力量。

大学生素养与思想政治教育研究是当前教育领域备受关注的话题，如何培养学生成为社会栋梁，引导学生树立正确的思想观念，具备创新精神成为摆在教育工作者面前的重要任务。为了提升教育质量和推动学生的全面发展，我们需要创新教学方法，强化思想政治教育，建立健全监督考核机制，推动通识教育与专业教育有机结合。通过这些努力，我们相信可以培养出更多具有创新精神的大学生，他们将成为社会发展的中流砥柱，为建设美好未来贡献自己的力量。

在培养学生创新精神的过程中，教育工作者可以通过激发学生的好奇心和探索欲望，引导他们敢于尝试和接受挑战。同时，加强实践性教学，让学生在实际操作中磨炼思维能力，培养解决问题的能力。在思想政治教育方面，要注重在日常教育中渗透正确的核心价值观念，引导学生确立正确的人生目标和社会责任感。建立学生自主发展机制，鼓励学生参与各类社会活动和学术研究，拓展视野，锻炼综合能力。强化教师队伍建设，提高教师的思政教育水平和实践能力，为学生提供更好的引导和支持。建立健全的监督考核机制，确保教育教学工作的质量和效果。通过通识教育与专业教育的有机结合，培养学生的综合素养和专业能力，使他们具备更强的创新意识和实践能力，为社会发展和建设贡献自己的力量。通过这些举措，我们相信可以培养出更多具有创新精神和社会担当的优秀学子，为建设美好的未来贡献自己的力量。

在大学生素养与思想政治教育的未来发展方向中，提升教育质量至关重要。创新教学方法是培养学生成为社会栋梁的有效途径。因此，需要强化思想政治教育，建立健全监督考核机制，推动通识教育与专业教育有机结合，以提升学生综合素质。

在提升学生综合素质的过程中，我们还需要注重培养学生的创新能力和实践能力。通过开展各类创新创业活动和实践实习，可以帮助学生将所学理论知识转化为实际应用能力，提高他们解决实际问题的能力。同时，学校还应该加强对学生的心理健康教育，帮助他们保持积极的心态，增强抗挫折能力。

教师在教育过程中的作用也不可或缺。他们应该不断提升自身的教学水平和教育素养，积极探索适合学生发展的教育模式和方法。通过注重师生之间的互动交流，可以更好地激发学生的学习兴趣和潜能，促进他们全面发展。

除此之外，学校还应该与社会各界加强合作，为学生提供更多更广阔的发展空间。通过开展校企合作、校友资源整合等活动，可以为学生提供更多实践机会和就业机会，促进他们与社会的融合。在这样的共同努力下，我们相信学生的综合素质将得到进一步提升，为社会培养出更多有担当有责任感的优秀人才。

正所谓"教育不能等待，学生更不能等"。要提高大学生素养与思想政治教育的质量，必须建立严格的监督考核机制，确保教育目标的有效实现。同时，创新教学方法也是关键，通过推动通识教育与专业教育有机结合，可以培养学生全面发展，提升他们的综合素养。思想政治教育是大学教育的重要组成部分，要强化这方面的教育内容，引导学生树立正确的人生观、价值观。建立学生评价激励机制也是至关重要的，可以激励学生的学习积极性，培养他们的自主学习能力。只有通过这些努力，才能培养出真正的社会栋梁。

建立学生评价激励机制，可以有效调动学生学习的积极性和主动性，促进其全面发展。同时，学生评价激励机制的建立也需要有严格的制度和规范来支持，确保其公平性和有效性。通过学生评价激励机制，可以帮助学生建立正确的学习态度和价值观念，激发其学习的动力，使其在学习过程中不断提升自我，获得更好的发展。

在实施学生评价激励机制的过程中，学校和教师需要积极参与和引导，为学生提供有效的指导和支持。同时，学生也需要树立正确的学习目标和积极的学习态度，努力提高自己的学术水平和全面素养。

除了学生评价激励机制的建立,创新教学方法也是至关重要的。教师需要不断改进教学方式,根据学生的特点和需求进行个性化教学,激发他们的学习兴趣和动力。同时,要注重通识教育与专业教育的有机结合,培养学生的综合能力和创新精神,使他们具备适应社会发展的能力和竞争力。

思想政治教育作为大学教育的重要组成部分,也需要加强。学校和教师应该重视对学生的思想政治教育,引导他们树立正确的人生观和价值观,培养他们积极向上的心态和品质。只有通过全面而系统的教育,才能培养出品德高尚、综合素质优秀的优秀人才,为社会的发展和进步贡献力量。

第四节　强化学术道德教育

一、培养学生科研道德

在大学生素养与思想政治教育的未来发展方向中,学术诚信的重要性不言而喻。宣扬学术诚信是培养学生成为社会栋梁的重要途径之一。学术诚信不仅是一种道德要求,更是提升教育质量的基础。强化学术道德教育和培养学生科研道德,对于推动通识教育与专业教育有机结合具有重要意义。通过建立健全的监督考核机制,可以有效激励学生遵守学术规范,树立正确的学术道德观念。创新教学方法和强化思想政治教育,也是推动学术诚信工作的重要手段。只有在一个积极向上、良性竞争的学术环境中,学生才能够真正理解学术诚信的意义,才能够在学术道路上走得更加稳健。通过各种形式的宣传教育,让学生自觉守住学术诚信底线,不仅有利于个人成长,更有助于社会发展进步。愿未来的大学生们都能在学术诚信的理念下茁壮成长,为国家和社会做出更大贡献。

在当前快节奏发展的社会中,学术诚信显得尤为重要。作为一名学术工作者,我们需要时刻牢记学术道德的底线,勇于面对困难和挑战,坚持真实、客观、公正的态度开展学术研究。只有这样,才能真正展现学者的风采,获得他人的尊重和认可。

在大学生阶段,培养学生的学术诚信也是非常关键的。学校需要建立严格的考核机制,对学生的学术行为进行监督和评估,从而激励他们遵守学术规范。同时,学校要注重教育的全面性,不仅要传授知识技能,更要灌输正确的价值观念和道德观念,培养学生的独立思考能力和创新意识。

除了学校的教育工作,社会也需要共同努力,营造良好的学术氛围。各界人士要积极倡导学术诚信,传播正能量,倡导诚实守信的学术态度。只有整个社会都强调学术诚信，才能使每个人都意识到其重要性，从而形成共同遵守学术规范的氛围。

希望未来的大学生们能够珍视学术诚信，严格要求自己，做一个具有学术道德的人。相信在每个人的共同努力下，学术诚信的理念将深入人心，为社会建设和发展注入更多的正能量。愿我们共同努力，共同进步，共同创造一个更加祥和、繁荣的学术环境。

在大学生素养与思想政治教育的未来发展方向中，强调学风建设是至关重要的一环。学风建设涉及学生的学习态度、学习方法、学术表现等方面，具有长远的影响和促进作用。大学生要树立正确的学习观念，注重自主学习和合作学习，培养扎实的基础知识和广泛的学科理解能力，塑造积极向上的学习氛围。同时，学校应加强学风建设工作，倡导诚信学术，抵制学术不端行为，为学生提供健康的学术环境和严谨的学习氛围。只有通过强调学风建设，大学生才能在学习的道路上不断前行，成为具有高尚品德和扎实学识的未来社会栋梁。

学风建设是大学教育中不可或缺的一环，它不仅是培养学生学术素养和科学精神的关键，更是塑造学习氛围和提升整体教育质量的基础。学风建设要求学生牢固树立正确的学习态度和价值观念，培养自主学习和独立思考的能力，同时注重合作学习和团队精神的培养。在学术方面，学风建设要求学生具备扎实的基础知识和广博的学科理解能力，提倡学术诚信和严谨治学的态度。学校应当积极引导学生参与学术讨论和研究活动，营造开放、自由、包容的学术氛围，鼓励学生成为学习的主体和创新的源泉。同时，学校也应该严格抵制学术不端行为，建立健全的学风监督机制，保障学术环境的纯净和学风的正派。只有通过不断强调学风建设，大学生才能在学术道路上不断前行，成为具有高尚品德和深厚学识的优秀人才，为建设现代化社会和推动国家发展贡献力量。

在大学生素养与思想政治教育的研究中，提倡学生在学习和科研中保持勤奋创新的态度是至关重要的。只有通过不断的勤奋学习和开拓创新，才能培养学生的创新精神和独立思考能力，使他们成为未来社会的栋梁之材。

学习是大学生的首要任务。要提倡学生保持勤奋的学习态度，学校可以通过丰富多样的教学方法和资源，激发学生的学习兴趣和动力。例如，可以组织学生参与实践性的课程设计和项目研究，让学生在实践中学习，不断提升自己的专业技能和综合素养。学校还可以为学生提供更多的学习机会和资源，鼓励他们积极参与学术交流活动，拓展学术视野，激发学术兴趣，培养创新思维。

学校应该建立健全的监督考核机制，督促学生认真学习，规范自己的学习行为。通过定期考核和评价，及时发现学生的学习问题，帮助他们改正错误，健全学生的学习规范和自律意识。同时，学校还应该加强学生学术道德教育，培养学生科研道德，使他们在科研活动中遵守学术规范，做到诚实守信、严肃认真，杜绝抄袭和造假现象，提升学术研究的质量和水平。

学校要提倡学生保持创新思维，勇于挑战传统观念，积极探索学术前沿，推动学术进步。鼓励学生在学习和科研中敢于创新，勇于尝试，培养他们的创新能力和独立思考能力。同时，学校还应该注重培养学生团队合作意识，鼓励学生进行学科交叉和跨界合作，促进学术交流和合作，提高学生的综合素养和跨学科能力。

提倡学生在学习和科研中保持勤奋创新的态度，是大学生素养与思想政治教育的重要方向之一。只有通过勤奋学习和开拓创新，才能培养出德智体美劳全面发展的优秀人才，为国家和社会的发展贡献力量。希望学校能够在思想政治教育中重视学生的素养培养工作，推动学生全面发展，为社会培养更多的优秀人才。

提倡勤奋创新不仅是大学生素养与思想政治教育的重要方向，更是推动学术研究的质量和水平的关键所在。勤奋创新可以激发学生的求知欲和创造力，让他们勇敢地面对挑战和困难，不断挖掘新的领域，开拓学术思路。只有通过不懈的努力和无尽的创新，学生才能在学术研究中不断突破自我，获得更多的成就与认可。

正所谓"勤奋创新者，事业必成"。对于学术研究来说，勤奋是必备的素质，而创新则是推动学术发展的引擎。只有始终保持勤奋的学习态度，不断尝试新的理论和方法，才能在学术研究中不断取得突破性的成果。因此，学校在培养学生的同时，也应该注重引导他们保持勤奋创新的心态，让他们在学术道路上不断前行，不断超越。

勤奋创新不仅仅是为了追求学术上的成功，更是为了培养学生终身学习的能力和意识。通过勤奋学习和创新研究，学生可以不断提高自己的学术造诣，不断拓展自己的学术视野，让自己在不同领域都能游刃有余。这样的学习态度和研究精神，也会成为学生未来职业发展的保障，让他们在社会中始终保持竞争力。

因此，提倡勤奋创新不仅是学校的责任，更是社会的需要。只有让学生养成勤奋创新的习惯，才能真正培养出具有创新精神和实践能力的人才，为社会发展注入新的活力和动力。希望学校能够重视学生的勤奋创新教育，引导他们在学术研究中不断超越自我，为未来的学术事业奠定坚实的基础。

学术不端行为不仅仅是一种道德失范，更是对学术规范和社会公平的严重挑战。在大学生中，学术不端行为已经成为一个严重的问题，对大学生素养和思想政治教育产生了负面影响。

　　学术不端行为会导致大学生失去正直和诚信的品质。在学术界，诚信是最基本的行为准则，而学术不端行为的存在就是对这一基本准则的否定。如果大学生在学习和研究过程中使用抄袭、剽窃等不端手段获取成绩或荣誉，这样的行为不仅是对学识和能力的贬低，更是对自身人格和道德的伤害。

　　学术不端行为会破坏学术界的公平竞争环境。在学术领域，每个人都应该受到公平的评价和比较，只有这样才能真正体现个人的能力和潜力。然而，如果一些学生通过不正当手段获取了举足轻重的学术成果，那么将会无形中扭曲了竞争的公平性，让那些真正勤奋努力的学生失去了公平竞争的机会。

　　最重要的是，学术不端行为对思想政治教育的影响是深远的。大学生不端行为的背后往往隐藏着一种功利主义的思维，即只顾眼前的利益，而忽视了自身的道德和责任。而思想政治教育的目的正是要培养学生积极的社会责任感和公民意识，让他们成为具有高尚品德和正确价值观的社会主人翁。因此，学术不端行为的存在无疑是对思想政治教育理念的一种颠覆和挑战。

　　为了解决学术不端问题，我们需要采取一系列有效的措施。学校应该加强学术道德教育，让学生真正理解学术规范的重要性，树立正确认识。同时，学校要建立健全的监督考核机制，加强对学术不端行为的打击力度。只有通过多方面的努力，才能有效地净化学术环境，提升大学生的素养和思想政治教育的有效性。

　　学术不端行为的存在不仅仅是对思想政治教育理念的挑战，更是对整个学术界的严重破坏。学术界是一个追求真理、尊重知识、讲究诚信的领域，而学术不端行为的出现，不仅损害了学术的公正性和严肃性，也极大地伤害了学术界的职业道德和声誉。

　　为了根治学术不端问题，学校和整个社会都需要共同努力。除了加强学校内部的教育和监督机制外，还需要建立起更为全面和严密的学术道德规范和监督体系。同时，学术机构和学术期刊也应当加强对学术不端行为的审查和打击，确保学术研究的真实性和可靠性。

　　还需加强学生的思想教育，引导他们正确树立学术价值观，培养出具有探索精神和批判思维的学术态度。只有让学生明白，诚信是学术研究的基本准则，才能让他们在学术道德和学术规范上做到不偏不倚。

　　在共同努力下，相信学术不端问题终将得到遏制，学术环境也将更加清朗和透明。让我们共同致力于建设一个尊重知识、崇尚真理的学术文化，让学术界重拾诚信和尊严，从而为社会的进步和发展贡献自己的力量。

二、加强知识产权教育

知识产权是指人类创造的智力成果，在现代社会中具有重要的经济和文化价值。大学生作为未来社会的栋梁，必须具备对知识产权的保护和尊重意识。加强对知识产权的了解和保护意识，不仅有助于提升大学生的素养，还能培养学生正确的道德观念和法治意识。

加强知识产权教育可以提高大学生的法律意识和风险意识。通过法律课程或专题讲座等形式，向学生传授知识产权法律法规，让他们了解知识产权的种类、范围和保护方法，引导他们明晰知识产权的法律意义和重要性。这样一来，大学生将更加自觉地遵守知识产权相关的法律法规，提高自我保护意识，避免侵犯他人的知识产权。

增强学生知识产权保护意识可以促进创新思维和创业精神的培养。在知识经济时代，创新是推动社会进步和经济发展的重要驱动力量。大学生作为未来的创新人才，必须具备创新意识和创业精神，而这其中离不开对知识产权的尊重和保护。只有当大学生意识到知识产权保护的重要性，并积极投身于自主创新和知识产权的保护工作中，才能在未来的创新创业中立于不败之地。

加强知识产权教育有助于培养学生的职业道德和社会责任感。在实践中，经常会出现一些学生抄袭他人作品或侵犯他人知识产权的现象。这些不良行为不仅损害了他人的权益，也损害了自己的声誉和良好形象。通过知识产权教育，大学生将更加清晰地认识到抄袭、侵权等行为的严重性，从而自觉遵守学术道德规范，树立正确的职业道德和社会责任感。

加强大学生对知识产权的了解和保护意识，是提升大学生素养的重要途径之一。学校和教育部门应该加强知识产权教育，将其纳入学生的日常学习和生活中，引导学生自觉遵守知识产权法律法规，培养正确的法治观念和道德观念，推动大学生素养的全面提升。只有这样，才能培养出更多德智体美劳全面发展的优秀人才，为我国的社会发展和进步贡献力量。

加强对知识产权的保护意识，不仅仅是为了遵守法律法规，更是为了培养学生正确的职业道德和社会责任感。只有通过持续的教育和引导，学生才能真正意识到知识产权的重要性，从而在学术研究和创新中严格遵守规范，做到诚实守信。同时，学校和教育部门也应该为学生提供更多的资源和支持，帮助他们更好地理解和保护知识产权。

教育的目的在于培养人才，提升学生素养是教育工作的根本任务。作为未来社会的栋梁之材，大学生应该树立正确的法治观念和道德观念，从小事做起，积极践行知识产权保护意识。只有这样，在未来的社会生活和职业发展中，他们才能胸怀远大、做心怀责任，为国家和社会做出更大的贡献。加强知识产权教育，不仅仅是为了学生个人的成长，更是为了推动整个社会的文明进步和创新发展。

最终，我们相信，在学校和社会的共同努力下，大学生的知识产权保护意识会不断提高，他们将成为具有高尚道德情操和社会责任感的新时代青年，为我国的现代化建设和文明进步贡献自己的力量。让我们共同努力，为培养更多德智体美劳全面发展的优秀人才而努力奋斗。愿我们的未来更加美好，充满活力和希望。

为了推动学生合理使用学术成果，以提高他们的学术水平和素养，我们可以采取一系列措施。

学校应该加强学术道德教育，让学生明白尊重知识产权的重要性。学术不端行为严重损害学术声誉和人才培养质量，学校应该对学术不端行为进行零容忍，并建立相应的处罚机制。同时，学校还应该加强知识产权教育，让学生了解知识产权的基本概念和相关法律法规，提高他们的法律意识和责任感。

学校可以推动学术成果合理使用。学术成果应该为社会服务，促进科技创新和社会发展。学校可以开展相关研讨会和讲座，让学生了解学术成果的重要性和使用方法。同时，学校也可以鼓励学生积极参与科研项目，提高他们在学术领域的实践能力。

学校还可以加强学术交流和合作。学生可以通过参加学术会议、写作比赛等活动，与其他学生和学者进行交流和合作，提高他们的学术水平和素养。学校还可以建立学术导师制度，指导学生进行学术研究和发表学术论文，培养他们的研究能力和创新思维。

推动学生合理使用学术成果，是提高大学生素养和思想政治教育水平的重要举措。学校应该加强学术道德教育，推动学术成果合理使用，加强学术交流和合作，培养学生的创新意识和实践能力，使他们成为具有高学术素养和道德修养的栋梁之材。这样，才能更好地促进大学生的全面发展和素养提升。

在推进学术成果合理使用的过程中，学校还可以通过开设学术伦理课程和研讨会，引导学生了解学术道德规范，培养他们的学术诚信意识。学校可以设立学术荣誉奖励制度，激励学生勤奋学习、努力研究，树立正确的学术取向和人生态度。

学校可以积极倡导学生多读书、多写作，培养他们扎实的学术基础和文献查阅能力。同时，学校还可以鼓励学生参加学术团队和项目，提高他们的合作意识和团队精神，促进学术成果的共享和交流。

学校还可以通过开展学术讲座和研讨会，邀请知名学者和专家进行学术交流，激发学生的学术兴趣和研究热情。通过这些举措，学校可以为学生提供更广阔的学术平台和交流机会，促进学术成果的传播和推广，助力学生在学术领域不断成长和进步。

推动学生合理使用学术成果不仅是大学教育的责任，也是培养学生综合素质和创新能力的重要途径。通过学术道德教育、学术交流合作等方式，学校可以为学生提供更好的学习环境和成长机会，促进他们的全面发展和学术提升。希望学校能够加强对学术成果的引导和管理，培养出更多具有创新精神和学术潜力的优秀人才，为社会的发展和进步贡献力量。

知识产权是现代社会中非常重要的法律领域之一，涉及专利、商标、版权等多个方面。大学生作为未来社会的中流砥柱，必须加强对知识产权法律法规的了解和学习，以培养其法律意识和规范意识。而如何加强知识产权法律法规教育是一个重要的课题。

学校和教师可以通过课堂教学和课外活动相结合的方式，让学生了解知识产权的基本概念、法律法规和保护方式。可以通过组织专题讲座、知识产权竞赛、模拟法庭等形式，让学生在实践中加深对知识产权的理解和应用。

学校可以加强与知识产权相关机构的合作，开展知识产权实践教育。可以邀请知识产权律师、专家学者等进行讲座或指导学生进行专利申请、版权登记等实际操作，让学生在实践中感受知识产权的重要性和实践意义。

学校也可以通过校园文化建设、学术交流等形式，营造尊重知识产权、反对抄袭和侵权的良好氛围。可以设立知识产权教育周、宣传栏等，提升学生对知识产权的重视和意识，引导他们自觉遵守知识产权法律法规。

加强知识产权法律法规教育，不仅可以提升大学生的法律意识和规范意识，还可以培养他们的创新能力和竞争意识。在现代社会中，知识产权已成为一种重要的经济资源和竞争力量，大学生只有加强对知识产权的了解和学习，才能更好地适应社会发展的要求，为国家和社会做出更大的贡献。

加强大学生对知识产权法律法规的教育是一项长期而系统的工程，需要学校、教师、社会等多方共同努力。只有让大学生深刻认识知识产权的重要性，才能真正培养出德智体美劳全面发展的社会栋梁之材。希望未来大学生在知识产权领域有更加深入的认识和学习，为社会的繁荣和进步贡献自己的力量。

加强知识产权法律法规教育，可以帮助大学生更好地保护自己的创新成果和劳动成果，提高他们的自我保护意识和法律意识。同时，加强知识产权法律法规教育还可以促进创新意识的培养，激发大学生的创新潜力，推动科技创新和社会进步。通过对知识产权法律法规的学习，大学生可以更好地加强自我保护意识，提高创新意识，增强自我保护意识和法律意识，为他们未来的创业和就业打下坚实的基础。

加强知识产权法律法规教育还可以加深大学生对知识产权的认识，拓宽他们的视野，提高他们的法治素养。通过对知识产权法律法规的学习，大学生可以了解知识产权的种类、保护范围、保护方式等内容，增强他们的法治观念，培养他们的法治意识，提高他们的法律素养。只有深入学习知识产权法律法规，才能真正提升大学生的法治素养，促进社会文明进步。

加强知识产权法律法规教育对于大学生的成长和发展具有重要意义。只有加强知识产权法律法规教育，培养大学生的创新意识和法治素养，才能更好地适应社会发展的需要，为建设法治社会、创新型社会贡献力量。希望大学生能够重视知识产权，自觉遵守法律法规，做一个遵纪守法的好公民，为社会稳定和谐、文明进步做出应有的贡献。

对于大学生来说，技术转移能力是非常重要的一项素养。技术转移能力指的是将学到的知识与技能灵活运用于实践中，去解决问题和创新的能力。通过培训学生的技术转移能力，可以提升他们对知识创新和应用的能力，从而更好地适应社会的发展需求。

大学教育需要注重培养学生的实践能力。通过课堂教学和实践结合，让学生在真实的情境中应用所学知识，锻炼解决问题的能力。比如在实验课上，不仅仅是简单地完成实验操作，而是要求学生思考实验背后的原理，并能灵活应用到其他领域中。通过这样的培训，可以激发学生的创新潜能，培养他们的解决问题的能力。

大学要加强跨学科的教育，鼓励学生在不同学科领域进行思维碰撞和交叉融合。在现代社会，多学科综合能力对于解决复杂问题非常重要。因此，大学应该设立多学科的选修课程，引导学生跨学科学习，并通过项目合作等方式促使学生将不同学科的知识相互转化、整合，提升他们的综合应用能力。

大学还可以通过科研项目实践来培养学生的技术转移能力。参与科研项目可以让学生深入实践，学习解决实际问题的方法，锻炼创新思维和团队合作能力。在科研项目中，学生不仅可以运用学到的知识，还可以学习探索未知领域、解决实际问题的能力。这样的实践能够帮助学生将理论知识转化为实践技能，提升他们的技术转移能力。

总的来说，培训学生的技术转移能力是提升大学生对知识创新和应用能力的重要途径。大学应该通过实践教学、跨学科教育和科研项目实践等方式，全面培养学生的技能转移能力，让他们在面对现实问题时能够灵活运用所学知识，创新解决问题的方法，成为社会发展的栋梁之材。

通过培养学生参与实践和科研项目来提升他们的技术转移能力，大学可以为他们创造更多的机会和平台。在实践教学中，学生可以通过参与社会实践、实习和实验课程来应用所学知识，培养解决问题的能力。同时，跨学科教育也是一个重要的方法，通过学习多个学科的知识，学生可以拓宽视野，提高整合知识的能力，从而更好地解决复杂的问题。

大学还可以推动学生参与行业合作项目，让他们在实际场景中应用所学技能，提高技术转移能力。通过与企业、科研机构合作，学生可以接触到前沿的科技成果和实践经验，从而更好地将理论知识转化为实际应用能力。这样的合作项目也可以为学生提供更多就业机会和实践经验，为他们未来的职业发展打下坚实的基础。

大学应该通过多种途径培养学生的技术转移能力，让他们在面对未来的挑战时能够胸有成竹、游刃有余。只有不断提升技术转移能力，学生才能在知识更新迭代的时代中立于不败之地，成为具有创新精神和实践能力的优秀人才。让我们共同努力，为培养更多的技术转移能力强、具有综合应用能力的学生而努力。

鼓励学生自主知识创新是培养大学生素养和思维能力的重要途径。在当前日新月异的社会背景下，知识更新速度快，要培养学生具备持续学习和自主创新的能力是至关重要的。因此，大学应该积极引导学生参与实践与创新，激发他们的思维活力和创新意识，培养他们解决问题的能力。

学校可以设立一系列的科研项目和创新实践活动，鼓励学生主动参与。通过这些项目和活动，学生可以自由选择感兴趣的主题，展开深入的研究与探索。在这个过程中，他们不仅能够学习到更多的知识，也能够锻炼自己的分析问题和解决问题的能力。并且，学校还可以设立奖励机制，对学生的创新成果给予认可和奖励，激励更多学生积极参与到知识创新中来。

学校可以开设创新创业类课程，帮助学生掌握创新的方法和技能。通过这些课程的学习，学生可以了解创新的理念和流程，学习到如何构建创新思维模式和解决问题的方法。同时，学校可以邀请一些成功的创业者或创新领军人物来进行经验分享和讲座，激励学生勇于尝试和创新，培养他们面对困难时的坚韧和勇气。

学校还可以建立创新创业基地或孵化器，为有创新想法的学生提供实践和发展的平台。在这个平台上，学生可以得到专业的指导和支持，将自己的想法变成现实，实现自己的创业梦想。同时，学校可以与社会企业合作，为学生提供更广阔的创新空间和合作机会，让学生的创新成果能够真正实现社会意义和经济效益的双赢。

鼓励学生自主知识创新是大学生素养与思想政治教育的重要内容之一。只有通过培养学生的创新意识和思维能力，才能让他们成为未来社会的中流砥柱，为社会的发展和进步做出积极的贡献。希望各大学能够重视这一点，为学生提供更多更好的创新机会和发展平台，让他们在实践中不断成长和进步。

鼓励学生自主知识创新是为了培养他们在面对困难时的坚韧和勇气。学校可以设立创新大赛，激发学生的创新潜能，让他们在竞争中锻炼自己，不断挑战和突破自己的局限性。同时，学校还可以邀请行业专家和成功企业家来校进行讲座和交流，为学生提供更广阔的视野和思维触角，激发他们的创新灵感。

学校可以开设创新思维和创业管理等相关课程，帮助学生理解创新的本质和实践技巧，培养他们成为富有创造力和竞争力的人才。通过学习这些课程，学生能够更好地把握市场机遇，不断改进和优化自己的创新项目，实现自身的发展和价值。

除此之外，学校还可以开展学生创新项目孵化计划，为学生提供资金支持和资源整合，帮助他们实现创新想法的落地和推广，同时也能够为学生创业提供更加稳固的基础和保障。通过这些举措，学校能够为学生的创新梦想搭建更为完善的桥梁，促进学生的全面发展和成长。在未来，相信学生们将以自己的创新成果和创业实践，为社会的繁荣和进步贡献自己的力量。

三、倡导学术交流与合作

为了促进学生之间的合作和交流，提高他们的学术水平和素养，学校可以积极推动学术交流活动。学校可以组织不同专业背景的学生参加学术研讨会和论坛，让他们在跨学科的交流中拓展视野，增强综合素养。通过这种方式，学生可以了解其他领域的最新研究成果，促进学科间的交叉融合，从而培养学生的创新意识和思维能力。

学校可以建立学术交流平台，提供学生展示研究成果和分享学术心得的机会。通过举办学术报告会、学术沙龙等活动，鼓励学生积极参与学术讨论，提升其学术表达能力和团队合作意识。同时，学校可以设立学术交流奖励机制，激励学生积极参与学术交流活动，树立学术追求的榜样。

学校还可以推动学生参与学术竞赛和项目研究，促进学生在学术领域的深度探究和实践能力的提升。通过参与国际性的学术竞赛和项目研究，学生可以与国内外优秀学生展开交流互动，拓宽学术视野，提高全球竞争力。

总的来说，学术交流活动是促进学生合作交流、提高学术水平和素养的重要途径。学校应该重视学术交流活动的组织和推动，为学生提供广阔的交流平台和多样的交流机会,激发学生的学习热情和学术探索欲望,培养他们成为具有国际视野和学术追求的复合型人才。通过不断推动学术交流活动,学校可以为大学生的素养与思想政治教育打下坚实的基础,促进其综合素质的全面提升。

学术交流活动对于学生的成长和发展具有重要的意义。通过参与学术交流活动,学生可以不断拓展自己的学术视野,了解更广阔的学术领域和前沿知识。在交流活动中,学生们可以与其他同学交流学术心得和经验,相互启发,激发出更多创新的思想和想法。

同时,学术交流活动也是提高学生学术水平和素养的有效途径。通过参与学术竞赛和项目研究,学生们可以深入探究学术问题,锻炼自己的分析和解决问题的能力。在与国内外优秀学生的交流中,学生们可以学习到全新的学术思维方式和研究方法,不断提升自己的学术技能和实践能力。

学术交流活动也是培养学生合作交流能力和团队合作精神的重要途径。在学术交流活动中,学生们需要与他人合作,共同探讨学术问题,共同完成学术项目。通过与他人的合作交流,学生们可以互相学习、相互促进,形成良好的学术氛围,激发出更多的创新和灵感。

总的来说,学校应该重视学术交流活动的组织和推动,为学生提供更多的学术交流平台和机会。通过不断推动学术交流活动,学校可以为学生打下坚实的学术基础,促进他们的全面发展和提升学术素养,培养出更多具有国际视野和创新精神的优秀人才。最终,学生将在学术交流活动中不断成长,不断进步,为社会的发展和进步贡献自己的力量。

加强合作研究机制对于大学生素养与思想政治教育的发展至关重要。通过积极开展跨学科合作研究,可以促进学术交流与合作、推动学术创新、提升教育质量。建立健全的研究合作机制,有利于学术资源共享,加强团队合作能力,培养学生独立思考和解决问题的能力。同时,合作研究机制也可以促进学生之间的交流与互助,激发学生学习的兴趣与积极性。在合作研究的过程中,学生们可以共同探讨问题、相互启发、共同成长,成为未来社会的栋梁之材。由此可见,加强合作研究机制对于提升大学生素养与思想政治教育水平具有重要意义。

加强合作研究机制对于大学生的成长和发展起着至关重要的作用。通过跨学科合作研究,学生们可以在不同领域的专家指导下拓展自己的视野,不断提高自己的综合能力。在这个过程中,学生们不仅可以学习到各个领域的知识,还能够培养自己的团队合作精神和领导能力。合作研究机制也能够促进学生之间的交流与互助,让他们在共同探讨问题的过程中相互启发,共同进步。通过与同学们的交流互动,学生们可以更好地理解和尊重他人的观点,形成良好的学术氛围。

在合作研究的过程中,学生们还能够培养自己的独立思考和问题解决能力。通过面对不同领域的挑战和问题,他们可以不断锻炼自己的逻辑思维能力和创新意识,提升自己的学术水平。同时,合作研究也可以让学生们更加深入地了解学术界的规则和要求,为他们未来的学习和科研打下坚实的基础。

加强合作研究机制对于提升大学生素养与思想政治教育水平具有重要意义。作为未来社会的栋梁之材,学生们应当积极参与跨学科合作研究,不断提升自己的学术能力和综合素质,为建设更加美好的社会做出积极贡献。

为了促进学术成果的共享,我们需要不断加强学术交流与合作。只有通过广泛的交流和合作,才能促进各领域学术成果的共享与传播。在学术交流和合作的过程中,可以互相学习、互相启发,共同探讨问题,推动学术研究的发展。通过分享研究成果和经验,可以有效提高研究的质量和效率,为学术界带来新的思路和视野。

学术成果的共享也需要建立相应的机制和平台。我们可以倡导建立开放的学术交流平台,提供各种形式的学术交流和合作机会,鼓励学者们积极参与其中。同时,还可以建立学术成果分享的制度和规范,规范学术成果的发布与分享,保障学术成果的真实性和权威性。在这样的机制和平台下,学者们可以更好地展示自己的研究成果,吸收他人的优点,促进学术进步。

总而言之,促进学术成果的共享对于学术界的发展至关重要。只有通过积极的学术交流与合作,建立健全的学术分享机制,才能真正实现学术成果的共享,推动学术研究的进步,为社会发展做出更大的贡献。

促进学术成果的共享是学术界不可或缺的一环。通过分享自己的研究成果和经验,学者们可以获得更多的启发和灵感,从而提高研究的水平和效率。在开放的学术交流平台上,学者们可以分享彼此的见解和观点,相互交流学术思想,激发更多的创新想法。同时,建立健全的学术成果分享制度也可以促进学术界的公正和透明,确保学术成果的质量和真实性。

学术成果的共享还可以推动学术研究的跨学科交叉与融合。通过不同学科领域之间的交流与合作,可以促进学术成果的跨界应用与转化,推动学术研究的多元化发展。学者们可以借鉴其他领域的研究方法和理念,拓宽研究思路,开拓学术视野,从而为学术界带来更多新的思路和创新成果。

促进学术成果的共享也有助于建立学术界的良好学术风气和合作氛围。学者们在分享研究成果的过程中,可以相互尊重、相互学习,形成良性的学术竞争氛围，推动学术界的良性发展。只有在共享的氛围中，才能实现学术成果价值的最大化，为整个学术界的进步和发展贡献力量。

促进学术成果的共享不仅仅是学术界的一项要求，更是一种责任和使命。通过积极地分享研究成果和经验，建立更加开放和包容的学术氛围，学术界才能迎来更加辉煌的未来，为社会发展做出更大的贡献。

四、强化学科精神

大学生素养与思想政治教育的未来发展方向需要不断提升教育质量，创新教学方法，强化思想政治教育。建立健全监督考核机制是关键，同时推动通识教育与专业教育有机结合，培养学生成为社会栋梁。强化学术道德教育和学科精神、弘扬学科优良传统，是实现这一目标的关键举措。为了激发学生的学习热情和创新能力，我们必须不断探索更有效的教育方法和手段。只有这样，才能为大学生素养与思想政治教育的发展开辟更广阔的道路。

弘扬学科优良传统，需要大学生积极投入学习，尊重学术规范，培养批判思维能力。学术道德教育的重要性不言而喻，只有遵守学术规范、诚实做学问，才能真正弘扬学科的优良传统。同时，学科精神的传承也是至关重要的，要注重培养学生的学科思维和创新能力，让他们深入了解学科内涵，不断追求学科发展的最新成果。在教学实践中，我们应该注重理论与实践相结合，注重培养学生的动手能力和解决问题的能力，让学生在实践中感受学科的魅力，激发他们的学习热情。

教育质量是提高学生素养的关键，我们需要创新教学方法，提高教学效果，激发学生的学习兴趣。教师是推动学生成长的重要力量，他们要不断提升自身教学水平，更新教学理念，以更专业的态度引领学生走向成功。建立监督考核机制也是至关重要的，要加强教育质量的监督，完善考核标准，确保教学质量的稳步提升。

通识教育与专业教育的有机结合是大学生全面发展的保障，要注重通识能力的培养，让学生具备跨学科思维的能力，拓宽视野，提升综合素养。同时，专业教育也要精益求精，注重学科特色的培养，培养具有专业实践能力和创新思维的人才，为社会发展提供更多的智力支持。

通过强化学术道德教育、学科精神传承、创新教学方法等举措，我们可以为大学生素养与思想政治教育的未来发展开辟更加广阔的道路，培养更多具有社会责任感和创新精神的优秀人才，为建设美好社会贡献力量。

在大学生素养与思想政治教育的未来发展方向中，提倡学科交叉研究具有重要意义。通过跨学科的合作和研究，可以促进知识的交流与整合，拓宽学生的学术视野，培养跨学科思维和创新能力。学科交叉研究不仅可以为大学生提供更丰富的学习资源和机会，更可以激发他们的学术兴趣和探索精神。这种跨学科的研究模式，有助于学生更全面地理解问题，从多个角度思考和解决复杂的学术和社会问题，培养他们具有创新意识和实践能力的综合素养。因此，提倡学科交叉研究是未来大学生素养与思想政治教育发展的重要方向之一。

在当今社会，知识日新月异，学科之间相互渗透已经成为不可避免的趋势。在大学生教育中，提倡学科交叉研究不仅仅是一种教育方式，更是一种思维方式。学生通过跨学科的合作，不断拓展自己的学术领域，提升自己的综合素养。在这个过程中，他们不仅能够从不同学科中获取知识，而且还可以培养批判性思维和综合分析问题的能力。

学科交叉研究不仅可以增加学生的学习乐趣，更可以激发他们对未知领域的好奇心。通过与不同学科领域的专家进行交流和合作，学生可以不断拓展自己的学术视野，挖掘出更多的学习资源。在这个过程中，他们不仅可以学到更多知识，还可以培养创新意识和实践能力。这种培养在未来的社会竞争中将会起到至关重要的作用。

学科交叉研究也有助于学生更好地理解和解决现实生活中的复杂问题。当面对一个跨学科的问题时，学生需要从多个角度进行思考和分析，这将促使他们形成更为全面的解决方案。在解决问题的过程中，学生还会培养团队合作的能力，学会倾听他人意见，形成共识。这将有助于他们未来在工作和生活中更好地处理各种复杂情况。

提倡学科交叉研究不仅可以拓宽学生的学术视野，培养跨学科思维和创新能力，更可以丰富学生的学习资源和机会，激发他们的学术兴趣和探索精神。通过学科交叉研究，我们将培养出更具备综合素养和实践能力的大学生，他们将成为未来社会发展的栋梁之材。

五、推动学术创新

在大学生素养与思想政治教育的未来发展方向中，提升教育质量是至关重要的一环。为了更好地培养学生，我们需要不断探索创新的教学方法，让学生在实践中获得更全面的素养提升。同时，强化思想政治教育的内容和实施方式，建立健全的监督考核机制，可以有效提高教育质量。推动通识教育与专业教育有机结合，可以让学生在广度和深度上都得到更好的发展，从而培养出更优秀的人才，他们将成为社会的中流砥柱。

强化学术道德教育是非常必要的,这可以帮助学生树立正确的学术观念和行为规范,为未来的学术研究打下良好基础。推动学术创新,提升科研创新能力,可以帮助学生在学术领域取得更多突破和成就,为国家的科技发展做出更大贡献。因此,不仅要注重传统的思想政治教育和学术教育,还需要不断创新教育方式和内容,全方位提升学生的素养和能力,使他们成为未来社会的栋梁之材。

在提升科研创新能力的过程中,学生应当注重培养批判性思维能力和创新能力,不断拓展自己的学术视野和独立思考能力。同时,要注重实践能力的培养,积极参与科研项目和实践活动,从中获得更多的经验和实践机会。学生还应当注重团队合作能力的培养,学会与他人合作、沟通和分享,共同促进科研工作的开展和发展。

强化学术道德教育是加强科研创新能力的基础,学生应该严格遵守学术规范和诚信原则,树立正确的学术态度和价值观。在学术探索和研究中,要勇于创新、敢于质疑、严谨求实,坚持科学求真的原则,不断提高自己的学术水平和独立研究能力。

推动学术创新,提升科研创新能力,需要学校和教师密切合作,共同搭建科研平台,为学生提供更多的资源和支持。学校可以加强学术交流和合作,邀请优秀学者和专家来校交流讲学,拓宽学生的学术视野。同时,要鼓励学生参与科研项目,培养他们的科研兴趣和能力,促进科研成果的转化和应用,为学生的学术成长和专业发展提供更多的机遇和平台。

大学生的素养与思想政治教育是当前高等教育领域亟待关注和重视的重要议题。为了提升教育质量,我们需要不断创新教学方法,使教育更加符合现代化发展的要求。同时,必须强化思想政治教育,引导学生树立正确的世界观、人生观和价值观。建立健全的监督考核机制可以有效监督教育实践,确保教育目标的实现。

推动通识教育与专业教育有机结合,是培养学生成为社会栋梁的重要路径。通过通识教育,学生可以获得更广泛的知识和视野,增强综合素养。加强学术道德教育,不仅可以规范学术行为,更可以培养学生正确的学术态度和职业操守。同时,推动学术创新,鼓励学生开拓创新思维,促进学术研究的深入发展。大学生素养与思想政治教育的未来发展,需要我们共同努力,为中国高等教育事业注入新的活力和动力。

教育是培养人才、传承文明的重要途径,而鼓励学生开拓创新思维更是教育的重要任务。创新是社会发展的源泉,也是学生个人成长的关键。因此,我们需要在教学中积极引导学生勇于探索、敢于突破的精神，激发他们的创新潜能。

在推动通识教育与专业教育有机结合的过程中，我们应该注重培养学生的批判性思维能力，让他们能够独立思考、理性分析，不拘泥于传统观念。同时，学术道德教育也是不可或缺的一部分，只有做到严谨治学、诚信从事，才能够推动学术界不断进步。

为了提升教育质量，我们还需要建立健全的监督考核机制，对教育实践进行有效监督，确保教育目标的达成。只有如此，才能够保证教育的公平与公正，让每个学生都能够得到平等的学习机会。

总的来说，大学生素养与思想政治教育的发展是一个复杂而长期的过程，需要全社会的共同努力。只有在大家的共同努力下，中国高等教育才能够真正走向现代化，为国家的发展注入新的活力和动力。愿我们共同努力，让教育事业不断前行，培养出更多具有创新精神和社会责任感的优秀人才。

支持学术团队合作对于大学生素养与思想政治教育的未来发展具有积极意义。通过团队合作，可以充分利用各个成员的专长和优势，共同完成研究任务，提高科研效率，推动学术领域的创新发展。团队合作还可以促进学术交流和合作，拓展学术视野，促进学术成果的分享与交流。同时，团队合作也可以培养学生的团队意识和合作精神，提升其综合素养，为其未来成为社会栋梁打下良好基础。

在支持学术团队合作的过程中，需要充分发挥每个成员的作用，实现团队合作的目标。建立清晰的团队合作机制，明确分工，合理分配任务，促进团队成员之间的互相理解和信任。同时，要注重团队成员之间的沟通和协作，及时解决出现的问题，保持团队合作的良好氛围。团队合作需要不断追求卓越的品质，推动学术创新，为大学生素养和思想政治教育注入更多的活力和动力。通过支持学术团队合作，可以促进学术水平的提升，为大学生的综合素养和个人发展提供更广阔的空间和更丰富的机会。

支持学术团队合作是推动学术发展和促进团队成员成长的重要路径。在团队合作中，每个成员都应该有清晰的分工和任务，并积极承担责任，确保团队目标的实现。同时，建立良好的沟通机制和协作机制也是至关重要的，只有通过团队成员之间的互相理解和信任，团队合作才能真正发挥效力。

团队合作不仅仅是为了促进学术成果的分享和交流，更重要的是培养学生的团队意识和合作精神。在团队合作的过程中，学生能够学会尊重他人、倾听他人的意见，以及合作解决问题的能力。这些品质对于他们未来的职业生涯发展和社会融入至关重要。

通过团队合作，学生可以学会承担责任、协调协作、团结互助，不断提升自己的综合素养和能力水平。在与不同专业、不同文化背景的团队成员合作的同时，学生还能够拓展自己的视野，接触到更多的学术思想和观点，从而开阔自己的眼界，提高自身的学术水平和综合素养。

在大学教育中，支持学术团队合作是非常重要的一环，不仅可以促进学术成果的共享和创新，更重要的是培养学生的合作精神和团队意识，为他们今后的成长和发展打下坚实的基础。通过团队合作，学生可以更好地理解团队合作的重要性和价值，提高自身的综合素养水平，成为未来社会中的有价值的人才。

为了提升大学生的素养和思想政治教育水平，教育部门应当加强教育质量的管理和监督，推动教师创新教学方法，强化思想政治教育的开展。同时，应建立健全的监督考核机制，确保教育工作的有效开展。在教育内容方面，应该推动通识教育与专业教育有机结合，培养学生成为社会的栋梁。更要重视学术道德教育，引导学生注重学术诚信，推动学术创新的发展。为了激励学术创新，建立学术创新奖励机制，给予优秀学术成果以应有的奖励，促进学术研究的深入和发展。这样才能有效提升大学生的素养和思想政治教育水平，为国家的发展和未来培养更多优秀人才。

为了建立学术创新奖励机制，教育部门应当加强学术科研的管理和监督，推动教师在学术研究上的创新和领先地位。同时，应建立健全的学术成果评价体系，确保学术工作的准确评估。在学术研究方面，应该提倡跨学科研究和开展国际合作，推动学术成果的传播和应用。更要重视学术道德建设，引导学者们遵守学术规范，推动学术研究的诚信和公正。为了促进学术创新，还可以设置学术交流平台和学术奖学金，激励学者们积极参与学术活动和开展创新研究。通过这些举措，可以有效提升学术水平和学术研究的质量，为国家的科技进步和社会发展培养更多学术人才。

第五章 大学生思想政治教育的实践研究

第一节 大学生思想政治教育的目标

根据中央关于加强和改进思想政治教育的一系列指导精神，分析当前思想政治教育的总体情况和存在的薄弱环节，我们要实现思想政治教育创新的目标，关键要增强思想政治教育的针对性、实效性。

一、增强大学生思想政治教育的针对性

当代大学生是在我国改革开放、经济体制转轨、社会转型的过程中成长起来的一代，是在全球化浪潮席卷世界、互联网普及、大众文化迅速兴起的背景下成长起来的一代。他们的生长环境与所处历史时期的特殊性，要求高校思想政治理论课教师认真把握他们的成长特点，因材施教。

当代大学生绝大多数是独生子女，从小受到良好的教育。他们有非常强的独立思考、接受新事物的能力，有着较强的竞争意识、自我保护意识、维权意识和参与意识等方面的优点。同时他们也存在许多的不足：一是思想道德修养还存在不足，尤其是在社会公德方面。二是在思想认识上比较片面。当代大学生关心时事政治，关心国家大事，对国家、社会及学校的各项改革有强烈的参与意识，具有满腔的政治热情，但由于阅历、学识、能力等因素的制约，他们缺乏正确的分析、判断事物的能力，不能灵活运用马克思主义的立场、观点和方法来分析和解决现实社会的各种问题。因此，其思想认识有待提高。三是过度追求个体价值，不能处理好社会价值和个人价值之间的关系。当代大学生大多遇事先为自己考虑，然后才是他人和集体。他们在专业知识上，对自己将来有用的就学没用的学科就应付了事。这反映在人际关系上，就难免趋于庸俗化和实用主义，从而影响了大学生自身的全面发展。四是心理承受能力较弱。当

代大学生思想活跃，思维敏捷，其中也有面对激烈竞争、复杂多变的社会现实感到无所适从的人。青年期的闭锁性心理使他们不愿相信别人，不善于与人沟通。他们有时心理压力很大，无法适应校园生活，这为他们日后走向社会埋下了隐患。五是缺乏责任感。随着互联网的普及，思想上尚不成熟的大学生由于远离家庭与亲人的关爱，极易迷恋网络，从而诱发责任感逐渐缺失，造成旷课、自暴自弃等一系列问题。少数大学生还可能利用网络实施侵权犯罪行为。这将不仅使大学生自己身受其害，也将造成不良的社会影响。

在新的历史条件下，广大思想政治教育工作者要避免大话、空话、套话和形式主义的现象发生，必须努力学习，扩大知识面，加强对社会环境的研究，加强对社会的变化和需求的研究，跟上形势。只有这样，思想政治教育才能对症下药，有的放矢，增强针对性。一是针对大学生的自主性特点，增强高校思想政治教育的"个性"。大学生的积极性、主动性、创造性基本源于自主性。高校思想政治教育要积极帮助大学生牢固树立自主意识，让他们珍惜自己的权利，尊重他人的权利，懂得遵守社会的规则，实现自立、自强和自主。二是针对大学生的思想独立性的特点，增强思想政治教育的主动性。高校思想政治教育必须重视大学生的独立人格，大力倡导思维创新、思路创新、方法创新，充分调动大学生学习的积极性和创造性。三是针对人的趋利性特点，增强高校思想政治教育的务实性。在新的社会发展阶段，要正确认识和处理物质与精神的辩证关系，正确认识物质利益原则在思想政治教育中的应有地位和作用，针对社会发展中人们普遍重视物质利益追求的现实，加强和改进思想政治教育，增强思想政治教育的务实性。我们在坚持物质利益原则时要突出思想政治教育的引导性。讲实惠、讲利益要全面、辩证、客观，要公平、合理、合法，要坚持社会主义义利观。思想政治教育要引导广大青年学子正确处理国家、集体、个人利益之间的关系，正确处理个人利益与社会利益的关系。

二、提高大学生思想政治教育的实效性

在高校思想政治教育过程中，实效性不强是一个比较突出的问题。工作方法简单，表面化、形式主义、脱离实际、不切合大学生的心理要求，难以收到预期效果等，严重影响了思想政治教育的实效性。提高高校思想政治教育的实效性，具体需要从如下几个方面着手：一是帮助大学生解决实际问题。许多实际问题得不到解决或没有解决成为大学生思想问题的直接诱因。思想政治教育必须把解决思想问题与解决实际问题紧密结合起来，在解决实际问题中进行思想上的教育引导，把解决实际问题的过程变为升华思想、提高觉悟的过程，营

造思想引导与利益驱动相结合的新机制、新途径。二是教师要自觉起表率作用。身教胜于言教,把言行统一、知行统一、言传与身教相统一,这是高校思想政治教育取得实效性的关键。广大思想政治教育工作者应该在艰苦奋斗、自重、自省、自励等方面做出表率,这样,思想政治教育才会具有吸引力、感染力、号召力和凝聚力。三是充分发挥文化建设在思想政治教育中春风化雨、润物无声的作用。社会文化、企业文化、校园文化、网络文化等是增强文化育人的重要手段,在增强思想政治教育的实效性方面发挥着不可替代的重要作用。我们要充分利用和发挥这些文化阵地和文化活动的作用,把高校思想政治教育的任务落实到实处。

第二节 大学生思想政治教育的内容

思想政治教育的主要内容是社会主义主流意识形态教育,主要包括理想信念教育、爱国教育、思想道德建设和人的全面发展。高校思想政治教育内容的创新,是根据社会和时代发展的需要,根据思想政治教育发展的阶段性特点,对内容体系的某些方面、某些环节,提出更新更高的要求。

高校思想政治教育要避免形式主义,紧紧围绕社会发展对人才的实际需求和大学生的思想实际来设置内容,围绕不同时期大学生关心的热点、难点和疑点问题,充实高校思想政治教育内容。实现思想政治教育,要做到"入耳、入脑、入心",见实效;要以科学的知识体系开启大学生的心智,在加强党的理论、路线、方针、政策和法律法规正面教育的同时,要有力地批判各种错误思潮和腐朽愚昧的思想。我们要使广大青年学子树立正确的"三观",实现人的全面发展。

一、以理想信念教育为核心,进行树立正确的世界观、人生观和价值观的教育

理想信念是人们的政治信仰、世界观在奋斗过程中的具体体现。共产主义的理想和信念是人类历史一种崭新的理想与信念,它为人类提供了其他任何信仰均无法比拟的科学的世界观、人生观、价值观。坚定正确的理想信念是思想政治教育的核心内容。

(一)把理想信念教育建立在正确认识社会深刻变革时期的时代特点上

在改革开放的实践过程中,我们要教育大学生正确认识出现的各类复杂的

社会现象,包括各种消极腐败现象。一方面从主流的方面看,用长远的眼光看,改革开放对我国社会所带来的影响是积极、进步的,意义是伟大的;另一方面,改革开放是中国的第二次革命,带有很强的探索性和风险性,主要表现为体制的不成熟和各种消极社会现象的滋生,如腐败、不公正、贫富差距、道德丧失等。对于这些消极的方面,我们要认识到它在一定的时期内是不可避免的,同时也要看到它是我们党和国家所努力克服和解决的。我们要相信随着改革的深入,新体制的完善和健全,消极腐败现象一定会得到有效治理。这样,大学生就不会被特定历史时期的某些消极现象所迷惑而动摇甚至丧失了理想信念。邓小平在1992年春的南方谈话中说:"在改革开放过程中,我们不可能做到什么事都百分之百正确,什么风险和错误都没有。但是,每年领导层都要总结经验,对的就坚持,不对的赶快改,新问题出来抓紧解决。"

(二)把理想信念建立在科学的世界观基础上

坚定的理想信念是建立在科学的世界观的基础上的。科学的世界观是指对自然界和人类社会的科学认因此,高校思想政治教育一要对高校大学生认真进行马克思主义的唯物论和辩证法教育,使其通过认真学习和掌握科学知识、科学思想、科学精神和科学方法,在思想上真正划清唯物论与唯心论的界限,科学与反科学、伪科学的界限,宗教信仰与封建迷信的界限。二要对高校大学生认真进行历史唯物主义教育,使其认识到社会主义代替资本主义是人类社会的基本矛盾运动和发展的必然结果,是不以人的意志为转移的人类社会发展的必然规律。在唯物史观的学习中,要针对"马克思主义还灵不灵"的困惑,搞清搞懂三个问题:社会主义必然要代替资本主义并不等于没有曲折和反复,这是一个长期的曲折的过程;社会主义的一时挫折不等于社会主义的全部历史,社会主义曾经改写了人类历史,它引起了人类社会的重大进步和人类历史的重大发展;社会主义暂时处于低潮并不等于社会主义没有前途,苏联解体、东欧剧变给予我们的教训将使社会主义获得更加健康的发展。我们应使大学生坚信:马克思主义是科学,它运用历史唯物主义揭示了人类社会发展的规律,社会主义经历一个相当长的历史过程必然代替资本主义,这是社会历史发展不可逆转的总趋势,但其道路是曲折的。

二、以爱国主义教育为重点,进行弘扬和培育民族精神的教育

爱祖国是社会主义道德对每个公民最基本的要求,也是每个公民对国家和社会应尽的责任和义务,应具备的品格和素养。爱国主义作为社会主义道德的

基本规范，是植根于社会主义社会人们的经济关系之中的，它反映了社会主义初级阶段人们的基本道德关系和道德要求。在现阶段，人们的道德关系是多层次的，但最基本的道德关系就是正确处理与祖国、与人民、与社会主义制度的关系。爱国主义是我们思想道德建设的一条"底线"，是社会主义的基本道德观。

（一）热爱祖国是中华民族的传统美德

在社会主义社会，爱祖国反映了社会主义国家的公民与祖国之间的关系，是调节公民个人利益与国家民族利益的重要因素。它既是我国各族人民团结互助、共同繁荣的道德基础和政治基础，也是每个公民的神圣职责和应尽的义务。爱国主义是指千百年来巩固起来的对自己祖国的最浓厚的感情。这种感情集中地表现为对祖国的忠诚和热爱，表现为民族自尊心、自信心和为争取祖国独立富强而英勇奋斗的献身精神。爱国主义是同人们世世代代共同生活的地域、国度，共同的生活方式和生活习惯，共同的语言等相联系的一种社会产物。它作为社会意识形态的内容，是随着国家的出现而产生的。它一经产生，就成为一个国家和民族生存、巩固和发展的精神力量，成为一面最有号召力和凝聚力的旗帜。在我国历史上，爱国主义从来就是动员和鼓舞人民团结奋斗的一面旗帜，是各族人民共同的精神支柱，它在维护祖国统一和民族团结、抵御外来侵略和推动社会进步中，发挥了重大作用。在爱国主义精神的激励下，我们的国家和民族自强不息，具有伟大的凝聚力和生命力。

在我国，爱国主义、集体主义、社会主义教育，是三位一体、相互促进的。对全民族和全体人民来说，首先要抓好爱国主义教育。世界上任何国家都很重视对人民进行爱国主义教育，我们这样人口众多的社会主义国家更应如此。我国开展爱国主义教育，其目的就是要振兴民族精神，增强民族凝聚力，树立民族自尊心和自豪感，巩固和发展最广泛的爱国统一战线，把人民群众的爱国热情引导和凝聚到建设中国特色社会主义伟大事业上来，引导和凝聚到为祖国的统一、繁荣和富强做贡献上来。我们要做有理想、有道德、有文化、有纪律的社会主义公民，为实现四个现代化，为实现21世纪的宏伟目标和振兴中华的共同理想团结奋斗。因此，作为思想道德建设的一个重要内容，加强爱国主义教育，要贯穿社会主义现代化建设的整个过程。

爱国主义是一个历史范畴，在社会发展的不同阶段、不同时期，有不同的具体内容和时代特征。爱国主义有着鲜明的时代特点，它总是随着时代的前进和历史的进步而不断丰富内容，向人民提出新的要求。我们今天讲爱国主义，就是要热爱我们伟大的社会主义祖国，在党的领导下为祖国的繁荣富强贡献自己的智慧和力量，我们要把个人的理想和事业融入祖国的社会主义现代化建设的伟大事业中。因此,在当代,爱国主义的基本内容和要求主要有以下几方面。首先,要正确认识祖国的历史和现状,增强热爱祖国的感情。其次,要把热爱祖国的深厚感情和信念转化为爱国主义的行动,努力献身于社会主义现代化建设事业。祖国的生存和发展是每个人生存和发展的前提,要教育大学生将个人的命运和国家、民族的命运联系在一起。每一个真正的爱国者都应该自觉地与祖国同呼吸、共命运,坚持国家利益高于一切,想国家之所想,急国家之所急,把个人的前途和发展融入祖国的前途和发展之中,为祖国的发展而奋斗。在日常生活中,每个大学生都应努力学习科学文化知识,把自己未来的工作岗位当作报效祖国的阵地,将爱国之情、报国之志、建国之才切实地化为效国之行,为祖国的现代化建设事业贡献自己的全部力量。最后,要自觉维护民族团结和国家的统一。维护国家独立和领土完整是每个公民应尽的责任和义务。祖国的历史和文化需要我们去保护,同样祖国的领土完整和主权独立也需要我们坚决地去捍卫。我国是一个多民族的国家,反对民族分裂和国家分裂,维护多民族的团结和祖国的统一是中华民族爱国主义的优良传统。

(二)大学生爱国主义教育实践的内容与途径

当前,爱国主义教育的内容非常广泛,按照高校思想政治理论课的教学规定,主要包括如下几方面教育实践的目标:一是要进行我国现代化建设伟大成就和宏伟目标的教育。党的基本路线和我国社会主义建设的成就是进行爱国主义教育最现实、最生动的教材。二是要进行中华民族悠久历史的教育,特别是中国近现代史的教育。要通过中国历史的教育,使大学生了解中华民族自强不息、百折不挠的发展历程,了解我国各族人民对人类文明的卓越贡献,了解我国历史上的重大事件和著名人物,了解我国人民反对外来侵略和压迫、反抗腐朽统治、争取民族独立和解放等前赴后继、浴血奋斗的精神和业绩,特别是中国共产党领导全国人民为建立新中国而英勇奋斗的崇高精神和光辉业绩。三是要进行基本国情教育。国情教育不仅要进行基本国情常识的普及,更要放在整个世界环境的大背景下进行,既要使人民看到我国的发展优势和有利条件,又要看到我们的差距和不利因素,以增强人民的使命感和社会责任感。四是进行中华民族优秀传统文化教育。中华民族的优秀传统文化博大精深,不仅包括哲学、社会科学、文学艺术、科学技术等方面的成就,而且蕴含着崇高的民族精神、民族气节和优良道德;不仅孕育了无数杰出的政治家、思想家、文艺家、科学家、教育家、军事家,而且留下了丰富的文物古迹、经典著作,这笔丰厚的遗产是进行爱国主义教育的宝贵资源和重要内容。五是要进行民族团结和祖国统一的教育。要加强马克思主义民族观、宗教观和党的民族政策、宗教政策的教育,大力宣传各族人民为维护民族团结和祖国统一做出的不懈努力和历史贡献。为了早日实现祖国统一,要进行"和平统一、一国两制"方针的教育,要全面、正确地宣传党和政府在祖国统一问题上的基本立场和基本方针政策,使大学生了解祖国统一工作的进展情况和重点。六是要进行国防教育和安全教育。要根据新时期的特点,重视现代国防教育,增强全民的国防意识和国家安全意识,提高全民族抵御外敌入侵、捍卫祖国独立,维护国家主权和领土完整的自觉性。

爱国主义既集中反映了人们对个人和祖国关系的理解认识,又寄托了人们对祖国的一种崇高感情;既是一种高度的思想觉悟,又体现在人们的具体实践之中。因此,爱国主义教育必须运用多种方法和途径,对人们进行长期的潜移默化的影响和教育。而且,爱国主义教育要突出重点对象。习近平总书记指出,要在广大青少年中开展深入、持久、生动的爱国主义宣传教育,让爱国主义精神在广大青少年心中牢牢扎根,让广大青少年培养爱国之情、砥砺强国之志、实践报国之行。对广大青少年的爱国主义教育应注意发挥思想政治理论课堂的主渠道作用,要利用各种机会,广泛渗透,连续不断。一是利用重大节日和纪念日,开展丰富多彩的教育活动。二是通过组织各种社会活动进行教育,如组织参观名胜古迹、历史文物,瞻仰革命先烈纪念馆,开展升国旗、唱国歌等活动,在丰富多彩的社会实践中,陶冶大学生的情操,净化、美化他们的心灵。三是要广泛开展校园文化教育活动,如歌咏比赛、知识竞赛、演讲、体育运动等,寓教于乐,施教于生动活泼的活动之中。四是要不断强化舆论声势,扩大覆盖面,创造浓郁的爱国主义气氛。总之,要通过各种生动活泼的形式,广泛、深入、持久地加强爱国主义教育和宣传,提高广大青年学生的民族自尊心和自豪感。

三、以道德规范为基础,进行思想道德教育创新

构建高校思想政治教育体系,必须有创新的精神,而且这也是高校思想道德教育体系的生命力之所在。改革开放以来,社会主义思想道德教育,无论是在内容上还是在形式上,都发生了一系列的变化。思想道德教育的创新和发展,是我国社会主义精神文明发展到新的历史水平的一个重要标志。

(一)社会主义道德体系的创新和发展

马克思主义认为,任何道德归根到底都是当时社会经济状况的产物。我国现阶段的社会主义道德体系也在不断创新和发展着。建立社会主义的思想道德体系,是个相当艰巨的历史任务。所以,我们应当有世界历史的眼光,善于批判地借鉴资本主义市场经济发展过程中所形成的与之相应的道德体系。我国的

社会主义道德体系的理论基础是马克思主义、毛泽东思想和中国特色社会主义理论，我国的社会主义道德坚持以为人民服务为核心、以集体主义为原则。所以，为人民服务和社会主义的集体主义，是整个社会主义道德体系的基石。社会主义道德体系是立足于我国现实的经济、政治关系基础之上的，又能充分吸取人类文明发展的优秀成果、反映时代发展要求的道德体系。我们所要建立和不断完善的社会主义道德体系，应当是能够正确反映我国现阶段社会主义经济、政治关系的基本特征，并能促进社会主义市场经济健康发展，有利于解放和发展社会主义生产力的道德体系；同时，也要与社会主义政治体制改革相适应，形成有利于促进社会主义民主政治发展的道德体系。也就是说，我国现阶段的社会主义道德体系，必然是充满生命力的、不断创新和发展着的科学的道德体系。

我国的社会主义道德体系是以为人民服务为核心、以集体主义为原则的。随着改革开放的深入，以社会主义改革为动力的社会主义道德体系有了创新和发展。

第一，竞争与协作相统一。强调竞争与协作的统一，就是在现实的市场经济活动中，贯彻社会主义集体主义道德原则的重要方式。现代市场经济的发展证明，竞争是市场经济发展的最重要的机制。因此，我们对竞争机制应当持肯定的道德评价，克服对竞争的道德偏见。但是，在自发的状态下，竞争也会产生一定的负面影响，而且消极方面也会反映到精神生活中来。这样，要使社会主义市场经济能够健康地发展，除了要加强社会主义法制建设外，还要加强社会主义道德建设。加强社会主义道德建设的具体要求，就是在建立和完善社会主义市场经济体系的过程中，积极提倡和发扬团结互助的精神，正确处理竞争与协作的关系，反对极端自私自利、损人利己的行为，逐渐形成一种与社会主义市场经济相适应的、与团结协作相统一的社会主义竞争观念。

第二，重视法制观念。在一定意义上可以说，现代市场经济是一种法制经济。市场经济的正常运行，要以稳定而合理的法律秩序作为保证。所以，我们必须把法制意识纳入市场经济的道德要求中来，就是说，每个市场经济活动的参与者严格遵守法律是道德上的要求。

第三，社会主义的义利观。在我们的现实生活中，所谓义利问题，实际上就是社会整体利益和个人利益之间的关系问题，也可以说是公与私的关系问题。在中国的传统道德观念中，古代儒家学派的重义轻利的观念曾经产生过很大的影响。随着改革开放，特别是社会主义市场经济的发展，人们的义利观发生了变化，逐渐纠正了那种重义轻利的片面观念。但是，在一部分人中也出现了严重的见利忘义的思想倾向，而且对社会生活还可能产生恶劣的腐蚀作用。义利问题是个道德问题。在发展社会主义市场经济的过程中，每个人、每个市场经济主体，都会遇到如何正确处理国家利益、人民利益、集体利益、个人利益之间的关系问题。社会主义市场经济的本质，要求人们反对见利忘义、唯利是图，形成把国家和人民利益放在首位而又充分尊重公民个人合法利益的社会主义义利观，在努力发展社会主义生产力的前提下，发扬社会主义集体主义精神。因此社会主义义利观的核心，是社会主义集体主义道德原则。

总之，随着社会主义市场经济和社会主义民主政治的发展，社会主义道德体系无论是在内容上还是在形式上，都将发生深刻的变化，出现新的面貌，成为推动社会主义社会向更高历史阶段前进的伟大精神因素。社会主义道德体系的这种创新和发展，恰恰是它的生命力之所在。

（二）思想道德教育创新

党的十七大提出了一系列关于大学生思想政治教育的深刻理论创见，指出："坚持育人为本、德育为先""切实把社会主义核心价值体系融入国民教育和精神文明建设全过程""注重人文关怀和心理疏导"。这是我党对大学生思想政治教育提出的时代要求，对于推进大学生思想政治教育的改革创新，具有十分重要的现实意义。

（1）实现思想政治教育的理念创新

大学生思想政治教育旨在引导大学生塑造正确的政治理想、价值目标和道德品质，树立正确的世界观、人生观和价值观。中国共产党在领导中国革命、建设和改革的实践中，始终高度重视思想政治教育，先后在不同时期提出了思想政治教育重在育人的理念。2016年12月7日至8日，全国高校思想政治工作会议在北京举行。习近平强调，高校思想政治工作关系高校培养什么样的人、如何培养人以及为谁培养人这个根本问题。要坚持把立德树人作为中心环节，把思想政治工作贯穿教育教学全过程，实现全程育人、全方位育人，努力开创我国高等教育事业发展新局面6我国高校办得怎么样，我国高等教育事业发展得怎么样，首先要看培养出来的大学生是不是合格，特别是思想政治素质是不是合格。我们只有把德育放在首位，着眼于大学生良好思想道德素质的培养，才能推动大学生思想道德素质、科学文化素质和健康素质的协调发展，多方面提升大学生的素质，促进大学生全面发展。

当今世界正在发生广泛而深刻的变化，当代中国正在发生广泛而深刻的变革。世界范围内社会主义和资本主义在意识形态领域的斗争和较量是长期而复杂的。大学生思想政治教育面临前所未有的有利条件，同时也面临前所未有的严峻挑战。要实现大学生思想政治教育的理念创新，就要坚持育人为本、德育为先。

（2）实现思想政治教育的内容创新

党的十八大精神赋予了新时期大学生思想政治教育新的时代内涵：新时期，大学生思想政治教育工作要将中国特色社会主义道路理想信念教育、培育和践行社会主义核心价值观、促进学生面发展作为新时期大学生思想政治教育的重点内容，全面提高大学生思想政治教育质量。

党的十八大强调：一要加强社会主义核心价值体系建设。社会主义核心价值体系是兴国之魂，决定着中国特色社会主义发展方向。要深入开展社会主义核心价值体系学习教育，用社会主义核心价值体系引领社会思潮、凝聚社会共识。推进马克思主义中国化、时代化、大众化，坚持不懈用中国特色社会主义理论体系武装全党、教育人民，深入实施马克思主义理论研究和建设工程，建设哲学社会科学创新体系，推动中国特色社会主义理论体系教材进课堂进头脑。广泛开展理想信念教育，把广大人民团结凝聚在中国特色社会主义伟大旗帜之下。大力弘扬民族精神和时代精神，深入开展爱国主义、集体主义、社会主义教育，丰富人民精神世界，增强人民精神力量。倡导富强、民主、文明、和谐，倡导自由、平等、公正、法治，倡导爱国、敬业、诚信、友善，积极培育社会主义核心价值观。二要全面提高公民道德素质。这是社会主义道德建设的基本任务。要坚持依法治国和以德治国相结合，加强社会公德、职业道德、家庭美德、个人品德教育，弘扬中华传统美德，弘扬时代新风。推进公民道德建设工程，弘扬真善美、贬斥假恶丑，引导人们自觉履行法定义务、社会责任、家庭责任，营造劳动光荣、创造伟大的社会氛围，培育知荣辱、讲正气、做奉献、促和谐的良好风尚。深入开展道德领域突出问题专项教育和治理，加强政务诚信、商务诚信、社会诚信和司法公信建设。加强和改进思想政治工作，注重人文关怀和心理疏导，培育自尊自信、理性平和、积极向上的社会心态。深化群众性精神文明创建活动，广泛开展志愿服务，推动学雷锋活动、学习宣传道德模范常态化。这是我党在新的时代背景下提出的思想政治教育的新要求，也是广大高校思想政治教育工作者新的工作指针。

四、把握文化建设在思想政治教育中的重要作用，推动高校思想政治教育理论与实践的创新

中国特色社会主义文化建设，是凝聚和吸引全国各族人民的重要力量，是综合国力的重要体现。"三个代表"重要思想把代表中国先进文化的前进方向，同代表中国先进生产力的发展要求、代表中国最广大人民的根本利益统一起来，创造性地丰富和发展了马克思主义的文化理论。在我国全面建成小康社会的宏

伟蓝图中，也突出强调了社会主义文化建设的战略地位，为社会主义文化发展指明了方向。我们要从党和国家事业发展全局的高度，充分认识文化建设在思想政治教育中的战略意义，采取切实有效的措施，推动中国特色社会主义文化的大发展大繁荣。

（一）深刻认识文化建设在高校思想政治教育中的战略意义

当今世界，文化不仅深深熔铸在民族的生命力、创造力和凝聚力之中，而且越来越成为一个国家综合国力和国际竞争力的重要组成部分。国家的发展和强盛，民族的独立和振兴，人民的尊严和幸福，都离不开强大文化的支撑。作为世界上最大的发展中国家，我们必须高扬自己的文化理想，高举自己的文化旗帜，在世界文化交流和竞争中把我国建设成为文化强国，使中国特色社会主义文化不仅在中国人民中间，而且在全世界人民中间都具有强大的吸引力和感召力。

文化是民族的灵魂，是维系国家统一和民族团结的精神纽带。因此，世界上每个成熟的民族都有属于自己的特有文化形态和文化个性，而这种特有的文化就成为民族亲和力和凝聚力的重要源泉。渊源于中华五千年文明、植根于当代伟大实践的中国特色社会主义文化，是中华民族身份的象征，是最广泛团结全国人民乃至全球华人的旗帜，是激励各族人民建设伟大祖国、实现民族复兴的强大精神支柱。当代高校思想政治教育要不断增强中华民族的凝聚力、创造力的教育，培养有理想、有道德、有文化、有纪律的大学生，我们要结合新的实践和时代发展的要求，大力发展社会主义文化，建设社会主义精神文明，把广大青年学生紧紧吸引在中国特色社会主义文化的伟大旗帜下。

（二）加强和谐校园建设，推进高校思想政治教育的理论和方法创新

在当代中国，发展先进文化，就是发展面向现代化、面向世界、面向未来的，

民族的科学的大众的社会主义文化，必须坚持马克思列宁主义、毛泽东思想和邓小平理论在意识形态领域的指导地位，用"三个代表"重要思想统领社会主义文化建设。社会主义文化要坚持为人民服务、为社会主义服务的方向和百花齐放、百家争鸣的方针。社会主义文化要以科学的理论武装人，以正确的舆论引导人，以高尚的精神塑造人，以优秀的作品鼓舞人。立足改革开放和现代化建设的实践，着眼世界文化发展的前沿，我们要发扬民族文化的优秀传统，汲取世界各民族的长处，在内容和形式上积极创新，不断增强中国特色社会主义文化的吸引力和感召力，不断丰富人们的精神世界，不断增强人们的精神力量，不断满足人们的精神文化需求。

（1）加强和谐校园建设

和谐、充满人文关怀的教育环境是高校思想政治教育工作的最佳载体，它可以给大学生以宽松、和谐、美感的人文氛围，是一种无形的力量，具有强烈的导向和规范作用，可以引导或者约束人的行为。高校校园文化作为高校中的一种文化现象，在养成大学生的健全人格、完善大学生的文化修养、培养大学生的学术品格、提高大学生的审美情趣等方面发挥着积极作用，对于高素质的人才培养有着尤为特殊的意义。因此，高校要加强营造宽松、和谐的校园环境。

我们要充分发挥高校人才和技术优势，整合校内外各类资源，用社会主义核心价值体系引领校园文化建设，以高雅的校园文化营造大学生成长的良好氛围；利用校园网络、电视、广播、展览室、图书馆等传播途径，把政治思想与道德建设内容有机融入其中，以创新内容、创新形式、创新手段等方法去积极探索参与式、体验式、互动式等新的教育方法；要组织开展文娱活动、体育活动、军训、社会调查、公益服务和丰富的社团活动，以此增强思想政治教育工作的针对性、实效性、吸引力和感染力。与此同时，我们也要加强校园传统文化的建设。高校加强传统文化教育也是一项重要任务。党的十六大报告提出，要"把弘扬和培育民族精神纳入国民教育全过程"胡锦涛在党的十七大报告中指出："当今时代，文化越来越成为民族凝聚力和创造力的重要源泉、越来越成为综合国力竞争的重要因素，丰富精神文化生活越来越成为我国人民的热切愿望"，要"弘扬中华文化，建设中华民族共有精神家园"。习近平指出，博大精深的中华优秀传统文化是我们在世界文化激荡中站稳脚跟的根基。因此，高校不仅要重视大学生的专业能力培养，还要狠抓传统文化教育，提高大学生传统文化素养和人文素养，增强民族自尊心和自信心，以使其适应新的社会建设的需要。

（2）更新教育理念

首先，高校思想政治理论课教师要更新观念。我们要牢固树立素质教育观念，坚持以大学生全面素质培养为目标，注重渗透性教育，养成性教育，注重受教育者的体会与内化过程，把素质教育贯穿到思想政治理论课教育教学的每个环节。我们要更加注重大学生人文素质的培养，推进教育教学从以科学教育为主向科学教育与人文教育相互融合转变。我们要牢固树立科学发展观，充分体现"以人为本"的要求，充分调动教与学两个积极性，着力解决理论教育的针对性、有效性和吸引力问题。

高等教育作为一种培养人才的社会实践活动，要求受教育者主动参与教学，实现教与学的双向互动。思想政治理论课教师应利用各种手段消除师生之间沟通的障碍，消除彼此的距离感，使大学生能够平等、真诚地与教师交流，而且乐于、善于与教师交流，从而使其在这种自我表达和交流中实现思想道德的提升。这就要求教师能够正确运用人文关怀的教育方法，用对话式、启发式的互动型的教育方式，针对不同学生采取不同的方式、方法开展教育引导，充分发挥思想政治素质对其他方面素质的方向指引、精神激励、价值导向、方法保障和人格塑造作用。

（3）创新教学方法和手段

大学生思想政治理论课的创新，既包括教学内容的创新，也包括教学方法的创新。教学方法和手段在教育活动中具有重要的地位，是教育基本理念的体现，也是贯彻教育基本理念的根本保证。教师要丰富和发展高校思想政治理论课教学的方式，通过多种方式进行教育教学，完成课程教育的目标。这就要求教师要树立正确的指导思想，加强对教育教学理论的学习，在实际教学的过程中，认真做好教学计划，不断总结和反思自己的教学过程，构建与学生的和谐关系，形成良好的互动。在教师与学生的共同努力下，最终实现课程的教学目标。

教师在教学方法和手段创新上，首先要找准切人点，让学生对教学内容有所期待。我们正处在一个充满活力，不断发展、变化的时代，时代的发展和变化使得思想政治教育从内容到方法、从对象到途径、从思路到规律都发生了变化，出现了新任务，因而思想政治理论课要注重吸收马克思主义最新成果，教学内容一定要体现时代特征。教师要关注学生面对的问题，把学生的所思所想、所需所盼作为思想政治教学的切人点和着眼点。教师应坚持做到学生关注什么就重点回答什么，什么问题突出就着力解决什么问题。思想政治教育研究表明，当思想理论与接受者的主观需求相吻合时，思想理论的可接受性最强。教育心理学的相关研究也表明，受教育者的接受性与个体需要成正比关系。当教育的内容与受教育者需要的内容、目标和方向不吻合时，就很难被接受。因此，思想政治教育就是要从学生关心关注的重大问题入手，抓住学生的心理特点，紧密结合社会热点，才能为学生所欢迎、所接受，从而提高思想政治理论教育的吸引力，否则就会流于形式。根据大学生求新求异的特点，教师要提升思想政治理论课的品位和趣味，切实让学生感到耳目一新。改革开放以来，人们的物质生活和精神生活发生了巨大的变化，思想政治教育一定要经常地、主动地分析不断变化着的社会环境，包括国际以及国内形势变化的新特点、新情况、新问题和新趋势，各种社会思潮及其影响，适时找出正确的方式方法引导大学生，使他们养成健康向上的心态。思想政治教育只有注重其内容的现实针对性、新颖性，才能增强自身的吸引力和说服力。教师也应具备把学生的生活经历、实践经验和集体智慧等整理为教育资源的能力，让学生感到真实可信。要围绕他们在学习、成才、健康、生活、交友、恋爱、求知、择业等方面遇到的实际问题和他们所关心的问题，有针对性地开展教学，增强思想政治理论教育的实效性。

第三节　高校思想政治教育对大学生创新素质培养的实践研究

一、在思想政治理论课教学过程中推进创新素质培养

（一）大学生创新素质的内涵

大学生创新素质包括创造力、创造性才能、创造性思维、创新意识、创新精神等方面内容。综合国内外学者的研究成果，我们认为大学生创新素质是指大学生在先天禀赋的基础上，通过学习、实践等教育活动形成并发展起来的，对大学生自身发展具有积极意义的、内在的、相对稳定的主体特性和品质。它是以创新思维为核心的智能综合系统，具体包括以下几个方面：

创新思维是指主体在一定的知识、经验和实践基础上，伴随着思维方式的变化提出新的理论、观点和想法的思维过程。这种创造性的思维活动能够产生前所未有的成果，推动人类文明的发展。创新思维是整个创新活动智力结构的关键，是创新素质的核心。

创新意识是推崇创新、追求创新和以创新为荣的观念和意识，它以思想活跃，不因循守旧，富于创造性和批判性，具有敢于标新立异、独树一帜的精神和追求为主要特征。

大学生的创新能力是指大学生在产生新的思想、新的方法，创造新的事物过程中所必备的各种技能、技巧的总和，是大学生的心理活动在最高水平上实现的综合能力，是保证大学生的创新过程得以顺利实现的诸种能力和各种个性心理特征的有机结合。目前，我国大学生特别是普通高校大学生的创新能力还比较低下。

（二）思想政治教育对培养大学生的创新素质的路径研究

第一，营造创新氛围，增强自主意识。在校园学习和生活中，要建立和谐的师生关系。在教学过程中，师生之间要真正做到民主与平等。老师要牢固确立学生的主体地位，要求学生做到自信、自主、自强，培养学生在探索过程中知难而进、锐意进取、锲而不舍的精神，克服自卑心理和依赖思想，养成喜爱

钻研的习惯，具备不满足于已有知识及解答的心理素质以及思考问题时力求深入、全面、缜密的能力。自主意识是发展创新能力的基础和前提。因此，教师要注重培养学生的自主学习与创新的意识。要鼓励学生不迷信书本，不迷信教师，敢于独立思考，树立追求真理与发展真理的信心和勇气，激励学生打开思维，积极探索，合理怀疑，追求真知。通过师生、生生间相互尊重、相互激励扶持，使学生自主成为教学主体；对学生的创新成果给予适当奖励，即使是尚未成熟的创造性设想，也要积极鼓励，保护学生创新的积极性；而学校也要在教室、图书馆、实验室等公共场所宣传创新精神，介绍有创新精神的名人事迹，形成激励创新的环境。

第二，培养观察能力，鼓励大胆想象。观察是通向创造之门的第一步。我们目前对科技的观察以及在科技方面的创新大部分来源于实验室；通过参加社会实践去观察也是有效的途径之一，借此掌握我国科技水平在生产一线的应用情况，了解科技创新对工农业发展的重要性；利用大学寒暑假的社会实践活动也可以培养学生的观察能力，进行动态观察与比较研究可以增强大学生的创新意识，提高其创新素质。创新的起点是质疑。人们往往是从实践或理论研究中发现问题、提出问题，进而去解决问题的。教师在教学过程中应从学生的知识及能力水平的实际出发，采用各种方法引导学生，使学生通过观察、分析、归纳、类比、联想产生好奇心理，大胆想象，从而发现问题、提出问题，进而去探究并解决问题。教师应当爱护、鼓励学生的好奇心及想象力，当有的学生发现和提出含有某种创新因素的"新奇"问题的时候，教师不必忙于自己去解答，应因势利导，让全体同学共同思考，这不仅鼓舞了提出问题的个别学生，还会在学生中形成一种勇于大胆想象，喜爱独立思考的良好环境，并在这种良好环境中逐步锻炼学生善于发现问题、提出问题的本领。

第三，引导放射思维，重视个性发展。教师应鼓励学生遇到问题深入思考，引导学生打破常规、运用求异思维解决问题。比如，可以启迪学生运用逆向思维，从反面去突破、寻找解决问题的办法。思维的方向变了，就易于产生新的解决问题的方法和途径。总之，思想政治教育理论工作者应提出开放性问题，促使学生养成充分思考、独立解疑、勇于打破旧框框、自主探究学习的习惯，而培养学生的创新能力，观念上的转变至关重要高校教师要力求做到不仅能发现"好"学生的缺点，还要挖掘"差"学生的强项，更要允许"奇才、怪才、偏才和狂才"的存在。从社会对人才需求的多元化和多层次文化视角出发，科学培养，正确引导，使不同层次的学生在全面发展的基础上，其个性和潜能都得到充分的发挥，这是培养学生创新素质的有效途径，也是在现代化教学中衡量高校教师的一个重要指标。

第四，夯实基础知识理论体系，培养实践能力。学生创新素质的培养是建立在扎实深厚的文化知识和专业理论知识基础之上的，这也是提高大学生综合素质的前提条件。因此，要避免学生好高骛远、急于求成，需要教师引导学生刻苦学习，努力掌握基础理论知识，认真学习文化课和专业课的相关知识体系。目前，许多大学生在科技文化课外活动中，显示了很强的组织创造力。我们提倡因人而异，就是希望在实践中让各种具有创新能力的人才不断涌现。高校如今普遍开设第二课堂，通过鼓励学生进行实验、发明以及各种科技文化创造活动，给学生提供更多的动手实践机会，推动学生创新素质的不断提高。

二、发展社团组织促进大学生创新素质的培养

校园文化以其内容的丰富性和开放性、主体的广泛性和形式的多样性成为当今大学教育的一个重要手段，在大学生创新素质培养方面有着不可替代的作用。以科技文化活动为龙头的校园文化建设，是大学生创新素质培养的主要载体。各高校应以战略的眼光和开阔的视野在校园文化建设中，通过高校第二课堂，大力加强大学生创新素质的培养。

（一）建设一支创新型高校团干部队伍，为大学生创新素质的培养提供人才保证

强化队伍建设，为大学生创新素质的提高提供坚实后盾。要想通过团组织提高大学生的创新素质必须有一支精干高效的管理工作队伍。作为大学生创新活动的发动者和组织者，高校的团干部肩负着制定规划、负责协调和组织督促的任务，其人员素质的高低直接影响到创新活动的成效。因此，首先应提高团干部的自身创新能力，造就一支素质高、结构合理、能力强、乐于奉献和具备创新意识的创新型团干部队伍。其次团干部要充分发挥自身优势，加强自身素质和能力的培养，强化创新意识，提高创新能力，勇于实践，积极为大学生创新能力的培养搭建校园文化建设的舞台。高校团干部通过自身广博的知识和人格魅力去影响学生，用创新精神去感染学生，在校园文化中带给学生潜移默化的影响。另外，在承认学生的个性差异和兴趣多样化的前提下，因材施教，有针对性地积极开展校园文化活动。重视校园文化建设中的实践环节，采取多种形式和手段，调动学生的主体能动性。

除此之外，还要建立一支高水平的科学技术工作队伍。大学生创新素质的提高，离不开各项创新活动的开展，更离不开专业教师的引导和带动。因此，必须选拔和培养一批既有丰富的理论知识，又有很强的实践技能，有耐心和责任

心的高素质教师，充实到指导教师队伍中去，为大学生各类课外科技创新活动的开展提供技术支撑。

实践是创新的源泉。创新思维来源于实践，创新能力是在不断解决实际问题的过程中锻炼培养出来的，大学生要在实践中锻炼培养自己的创新能力，提高动手能力。高校在校园文化建设中要坚持与社会实践相结合、与勤工助学相结合、与择业就业相结合、与服务社会相结合、与创新创业相结合，注重在校园文化建设中大学生创新活动品牌的建设。首先，要重视社团建设，发挥其组织活动方便、开展活动快捷的优势，积极组建各类科技文化社团。其次，建立大学生科技创新实践基地，提高校园文化活动的科技含量，不断创新实践的内容和形式，为大学生的创新素质培养提供广阔的空间。最后，与相关实验室、实践基地进行结对，充分利用设备、场地和师资的优势，聘任具备创新素质的优秀教师，指导学生在校园文化建设中的实践活动。

（二）构建奖励和监督机制，为大学生创新素质的提高提供制度保障

建立一套行之有效的激励竞争机制。建立大学生创新专项基金，为大学生创新活动的开展提供必要的经费保障；定期举行各种形式的竞赛活动，鼓励学生参加各类机构组织的创新活动，对在创新方面成绩突出的学生进行表彰与奖励，将创新方面的成绩作为免试推荐研究生和颁发奖学金的重要依据；对获得国家级或省（部）级创新成果的学生，以及在校内外创新实践活动中做出成绩的学生，学校可允许其申请免修与之相关的课程学分、课程设计或毕业设计（论文）学分等。

建立公开、公平、公正的考核评估体系。校团委应加大对创新教育的重视力度。采取定性分析与定量考核相结合的办法，通过各级团组织的公开答辩来考核其创新教育的落实程度，并做到奖惩分明。

（三）营造高品位校园文化氛围，为大学生创新素质的培养提供良好的平台

丰富的校园文化活动是高校共青团开展第二课堂教育的主要载体，高品位的校园文化不但能培养大学生锐意进取的心理素质，加强创造性思维方法的锻炼，还能激活大学生的创造潜能，因此高校共青团在培养大学生创新素质方面要积极利用好这一载体。

校园文化活动具有导向性、综合性、多样性、广泛性、开放性、实践性等特点，可以强化大学生对创新思维和创新能力的开发与训练，塑造创新人格。在校园文化活动中，课外艺术活动和体育活动不仅为大学生创新能力的培养搭建了舞台，还弥补了专业教育的单调和不足，为各学科的交叉提供了载体。这些活动的开展都由学生亲自参与和组织，使大学生的创造性思维、想象力与学习

经验相互结合，创新能力得到充分的锻炼和发挥，激发大学生的创造积极性和参与意识，同时也提高了大学生的抗压能力。

各高校可开展寓教于乐的专业品牌活动，激发学生的创新意识及潜能。鼓励各基层团组织开展诸如科技文化节、服装艺术节、金融文化节等有专业特色的校园品牌文化活动，在每届品牌活动中设立"创意设计"环节，提高学生的创新素质。通过开展丰富多彩的科技创新活动，形成创新思维、创新方法和创造技能。定期举行各种学术讲座、学术沙龙和大学生科技报告会，出版大学生论文集，培养他们的创新思维；鼓励学生积极参加学校的大学生科研训练计划（SRT）项目、新苗计划、挑战杯全国大学生课外学术科技作品竞赛及创业设计大赛，提高学生的创新技能，从而培养大学生的创新素质。

（四）实施青年马克思主义者培养工程，完善大学生创新人格

开展团干部培训班，加强对大学生骨干的培养，在培训课程过程中增加创新素质培养方面的内容，并鼓励大家进行思想与智力的交锋、方法与经验的交流，从而在交锋与交流中产生新的创造意念。深入开展各类社会实践活动。社会实践活动是第一课堂教育的自然延伸和培养大学生创新素质的重要途径。高校共青团要不断完善青年志愿者活动管理机制，组织引导广大学生广泛参加考察交流、志愿服务等实践活动；鼓励各基层团组织利用现代教育资源，创建大学生创新实践基地，通过在创新中的实践和探索，更好地将大量先进知识运用于实践，从而提高自身学习和锻炼的能力。

三、构建大学生思想政治教育的创新模式

（一）世界发达国家对大学生创新素质培养的比较研究

21世纪是创新教育的时代。衡量一个国家高等教育水平的一个重要标志是这个国家是否拥有高水平的大学，而衡量高水平大学的一个重要指标是这所大学是否能够培养出高水平的、具有创新意识和能力的创新人才。因此，发达国家非常重视大学生的创新素质培养，世界各国纷纷进行高等教育改革实验，不约而同地把构建创新教育模式体系放在探索的首位。西方发达国家针对校园文化进行创新型建构研究，对培养学生的创新素质进行探索，其主要途径是通过学科建设、课程改革以及教学管理改革等措施来探索创造性人才培养的"土壤"，并通过高新技术的开发与应用来提升高等教育的科技含量，寻求教育与服务社会的最佳结合点。我们以美国、英国和日本为样本，进行比较研究。

（1）美国大学生创新教育模式

美国科学促进协会联合美国科学院、联邦教育部等12个机构，于1985年

启动了"2061"计划,即到2061年要从本质上改革国家的教育模式体系,培养大批具有创新意识和科学涵养的青少年学生。几乎在每所美国高校都设有创新中心。美国各所高校均采用案例教学、问题教学、学生独立学习等方法,鼓励学生主动思考,自我创新。美国国家科学教育标准认为,要把教育的关注点放在批判性地提出问题和解决问题上,同时也要关注团队合作精神的培养。美国各高校也相继设立了一系列培养创新意识的课程,如创新方法的研究、创新能力的培养、创新实践的指导等。大学生不应只是在课堂上被动地接受知识,也不能全部以考试来评估学习成绩,而应将是否具有创新素质作为衡量学生的一个重要依据。创新教育不仅应使我们具有创造性,更应使我们加强对理想的追求和洞察能力,成为成熟的个体。

(2) 英国大学生创新教育模式

英国学生只要经过资格筛选和审查,就有机会进入高校深造,但就读期间,高校实行严苛的筛选淘汰制度,筛选淘汰率高达30%。在学位授予上要求也非常严格,"宽进严出",一定程度上保证了学生的培养质量。英国一些高校也采用和社会组织合作教育的培养方式,使学生在校期间有机会接触社会实践,有助于培养学生的思考创新能力。英国牛津大学下午四点钟后,在图书馆学习的学生数量减少,大部分学生会进行体育健身活动,这已成为牛津大学的一种校园文化,这也是一种"学中动,动中学"的创新教育模式。英国的剑桥大学在创新教育理念方面更有其独到之处。在人才创新教育培养方面,剑桥大学注重对学生实行个别辅导,很多课程都是以小组的形式来进行教学、讨论和研究的。剑桥大学投资建立了化学馆、天文馆、植物馆,还有音乐厅和戏剧厅,这样可以通过校园物质文化的建设方便大学生更多地在实验和实践方面进行自我创新教育。剑桥大学建成的以现代科技为基础的科学园区,为大学生的创新能力的提高、创新意识的培养以及科学研究提供了物质条件。

(3) 日本大学生创新教育模式

日本学者倡导要培养综合化人才,并强调只有综合化才有可能产生伟大的文化。日本的教育改革实践也一直强调创新与个性原则,日本早稻田大学校长奥岛孝康曾提到:早稻田大学办学的理念是培养学生独立的人格,提倡学生勇于实践。早稻田大学培养出来的学生,富于创新进取精神,勇于承担责任。早稻田大学的另一个教育特色是始终以亚洲为本,其创立者大隈重信提倡"东方文明的调和"的观点就是要立足东方文化,面向世界,面向未来。这本身就是一种校园文化培养创新人才的新模式的体现。

(二)中国高校思想政治教育的创新实践

针对我国高校的具体情况,我们以课堂教学、第二课堂作为大学生创新素质培养的主要阵地，所以我们的实践也应在课堂教学和第二课堂中构建起创新教育的教学模式。

（1）树立创新教育理念

阻碍中国大学生创新的障碍是中国的传统教育，即大学生过于"听话"，这种批判精神的缺乏阻碍大学生创新意识的发展。因此，我们要培养大学生创新素质首先要改变传统的教育观念，树立全新的教育理念。我国传统文化强调集体、共性、服从思维，却阻碍了自由、个性、创新思维的发展使我们国家创新能力的发展受限大学要有"容"乃"大"，高校要营造一种允许学生尝试和鼓励学生敢想敢做的学术氛围。要培养学生形成不"唯书"，不"唯上"的学风，培养学生"敢为天下先"的态度和作为。同时要以制度化的校园文化支持、鼓励创新，给予大学生足够的自主权，培育具有独立、个性化思维的学生。

高校教师要以培养具有创新素质的大学生为目标，积极改革传统的教学思维，同时阐明学习的重点和难点，引导学生的思路，具体的学习内容则由学生根据自身情况自主安排，利用开放式的教学方法完成大部分学习内容，在课下通过查阅资料或师生交流来获得其他内容。在学习过程中，教师应启发大学生逐渐建立主动性思维，改"授鱼"为"授渔"。在进行创新教育的过程中，要坚持以人为本的理念，淡化教师的"权威"，使师生关系平等化、民主化，充分尊重学生的个性和兴趣，把学生的潜能激发和个性发展放在核心位置，最大限度地激发学生的主观能动性和创造性，实现创新能力和综合素质的全面、协调发展。

（2）培养具备创新精神的教师团队

高校要构建大学生创新教育模式，必须以大批创新型教师为基础。创新型教师是能不断吸收新知识并在教学过程中积极应用知识、解决问题的人。由于创新型教师自身可以不断更新知识，深化教学研究，努力提高自身和学生的创新意识和能力，因此，大学教师要用渊博的学问和开阔的视野，在教学过程中激发学生的创新潜力，循循善诱，在潜移默化中启发学生。尤其在思想政治理论课教学过程中要转变以学生考试分数作为评估教育绩效唯一标准的现状，要辅之以从平时表现、发展潜力、问题解决等创新教育角度来考查学生和评估教师。我国高校还可借鉴国外高校的做法，如聘请校外具有创新思维的名师。校外名师通常具有高瞻远瞩的前沿思想高度，有兼容社会实践与研究于一体的深厚底蕴，能赋予教学以科研性思维，有助于学生创新思维的培育。在创新教育模式中，高校应调整教师工作量考核办法，使师生有足够的时间、空间去创新钻研，同时要对教师指导学生创新的情况进行必要的引导和奖励，只有这样才能使创新教育模式真正落到实处。

第六章 大学生思想政治教育创新与文化素质教育研究

第一节 文化素质教育的内涵

由于教育理论和教育实践者,对文化素质教育理解上的一些偏差,导致了对文化素质教育的提法和概念也比较混乱。随着高校文化素质教育工作的开展和不断深入,必然会对文化素质教育理论提出更高的要求,因而有必要对文化素质教育的内涵做出明确的界定。从理论上阐明大学生文化素质教育的内涵,是做好大学生文化素质教育工作的关键。

要理解文化素质教育的内涵,首先我们必须要理解什么是文化素质,张岂之先生认为文化素质是知识和能力的总汇,其中包含:1.知识:较广泛的知识;2.能力:较强的分析能力;3.方法:分析和观察问题的方法;4.仪态:有文质彬彬的仪态,语言举止文明优美;5.具有鲜明的民族特色。

另外,1999年教育部原副部长周远清指出:我们所强调的加强文化素质教育,主要是通过对学生加强文学、历史、哲学、艺术等人文社会科学和自然科学方面的教育,来提高全体大学生的文化品位、审美情趣、人文素质和科学素质;同时,我们也强调作为一种新的教育思想观念,加强文化素质教育必须贯穿于人才培养的全过程,必须课内外相结合。周远清这一观点的提出,使大学生文化素质教育的研究有了一个框架的概念。

由此,我们可以将文化素质的含义归纳为:文化素质是由知识、能力、情感、态度、价值观等多种因素整合而成的相对稳定的内在品质的一般体现。文化素质教育就是要通过知识的传授、环境的熏陶以及个体的实践,将人类的优秀文化成果内化为个体相对稳定的内在品质的活动过程,其实质是促进学生的身心发展与人类文化向个性心理品质的内化,形成较为稳定的情感、态度、思维方式和价值取向,并外化在一个人的日常行为当中。

因此，我们的文化素质教育，应根据高等教育的不同类型和特点，以人文教育为主，兼顾科学教育，使二者达到融合。文化素质教育是以文化为载体、指向人的精神的养成教育。人格的熏陶、人文精神的养成和民族精神的培育是文化素质教育的灵魂。它主要从精神角度去审视高等教育，以文化渠道实现这一目标，和现在流行的创新教育、主体性教育等各种名目繁多的教育种类有着本质的不同。

第二节　大学生思想政治教育与文化素质教育的有机结合

大学生文化素质教育是以提高大学生的文化素质为目的的教育。它主要着力于将人类优秀的文化成果通过知识传授、环境熏染，内化为学生的人格、气质、修养，以实现对学生的精神修养和人格塑造。思想政治教育是以引导和帮助学生掌握马克思主义立场、观点和方法为目的的教育，它影响大学生的精神面貌，解决大学生政治方向和思想品德方面的问题。文化素质教育是思想政治教育的基础，思想政治教育是文化素质教育的升华。如果没有文化教育的渗透和积淀，思想政治教育的内容就只有刚性的骨架，而没有鲜活生动的血肉，思想政治教育就变成了刻板而僵化的说教。如果离开了思想政治教育的引领和提升，文化素质教育就会失去社会主义方向，学生就会感到混乱而无所适从。文化素质教育和思想政治教育必须紧密结合。

一、文化素质教育和思想政治教育相结合的必要性

（一）时代发展的要求

当今社会是高度发达的社会，这种高度发达，需要大学生全面协调的发展，思想政治教育与文化素质教育是大学生发展的两个方面，也必须平衡发展，只有这两者相互渗透，彼此促进，才能推动着大学生的全面发展。

当今社会又是一个尊重个性，张扬自我的时代。当代大学生具有高度自觉性和自主性，他们不喜欢传统的空洞而抽象的说教式的教育模式，欣赏那种把教育内容的科学性和教育方式的艺术性高度统一的教育模式。现阶段，我国高校的思想政治课具有整齐划一的特点，统一的教材，统一的课时分配，统一的理论观点。这与政治课必须立足于国家，立足于民族，立足于整体的要求是吻合的。但从尊重学生个体说，这却不能充分体现学生的个性，不能很好地激发学

生的潜能。而文化素质课程因为其鲜活生动的形象，曲折离奇的情节，灵活多样的表现形式，刚好可以弥补单纯的思想政治教育的不足。因此，思想政治教育要真正做到入心入脑，就必须尊重接受者，就必须适时调整、自我更新，以适应时代发展的要求。应针对新情况、新问题，及时转换职能，调整内容，更新方法，与文化素质教育紧密结合。

当今社会还是一个网络化的开放时代。在这样的时代里，任何冷面的说教或厉声的呵斥都只能让学生望而生厌。不仅达不到教育的目的和效果，反而只能暴露教育者的贫乏和教育的苍白。新的时代促使我们必须转变观念，树立一种全新的教育理念。即使是深刻而严肃的思想政治理论，也要努力用一些通俗而鲜活的材料去承载，也要用一种活泼而生动的方式去传递，这就需要思想政治教育必须与文化素质教育有机结合。

（二）教育规律的要求

现代科学表明，人类创造的整个知识在体系内各个部门都能相互沟通，相互影响，任何教育都不可能是单打一，而是一个系统工程，正如生物的成长离不开一个生态环境一样，思想政治教育也需要一个整体的氛围。教育在人的发展中起主导作用，要适应人的发展的不均衡性，在身心发展的关键期，施以相应的教育，大学生正是世界观、人生观形成的关键时期，思想政治与文化素质的教育对他们的影响是巨大的。在大学综合素质教育中，思想道德素质教育是根本，文化素质教育是基础，思想道德教育为文化素质教育指明方向，尤其是在我们社会主义国家，始终要牢牢把握培养什么样的人这个大方向。因此，大学课堂一切教学内容都应该与社会主义的核心价值体系保持一致。而大学课堂因为理论教学的有限性，使之很难对有些问题做充分的展开与深入的挖掘，影响了思想政治教育的效果。再加上青年学生社会经验不足，认识和理解问题的能力有限，对思想政治理论的理解就不可能深入，更不用说透彻。文化素质课程则不同，它不仅为思想政治教育提供了大量的素材，还提供了丰富的学科背景；不仅对看似抽象的思想政治理论做了很好的解读和阐释，也增添了思想政治教育的生动性、趣味性，使学生更易于接受，也更乐于接受。因此，思想政治教育有必要通过文化素质教育得以延伸和加强，达到相得益彰的目的。

反思我们的教育模式，可以说是残缺的教育。这在工科教育模式中表现得尤为明显。当前工科院校的课程体系存在着严重的缺陷，那就是只考虑"用"，缺乏对用的意义、价值等方面的教育和思考。由于缺乏对本专业在社会中的地位、作用等方面的全面认识，必然会影响学生对所学知识的社会价值的判断，如果思想政治教育不与大学生的专业学习结合起来，一味强调树立正确的世界观，岂不成了一句空话？这就不会真正从心灵深处影响大学生的价值判断，而高校培养的大学生应该是更富有、更聪明、更高尚。如果富有是指知识与能力，聪明是指思维，那么高尚就是指做人，特别是指人格。单纯的知识灌输能达到目标吗？能培养出社会需要高素质的复合型人才吗？显然不能，只能培养畸形的人才。而思想政治教育价值是一种社会属性，具有满足思想需要的功能属性。而只有满足了人们的这种需要，被满足的对象所认可，并赋予一定的意义，这才具有思想政治教育的价值，文化素质教育本身就具有一定的思想政治教育功能。因此，只有通过渗透、延伸达到教育的目的，才能实现培养人才的终极目标。

二、文化素质教育和思想政治教育相结合的可行性

文化素质教育和思想政治教育不仅具有必要性，而且具有可行性，具体表现在以下两个方面。

（一）文化素质教育本身具备思想政治教育的属性和功能

文化素质教育具有隐形的思想教育模式，它是一种特殊的思想政治教育。文化育人，不是单一地对知识进行逻辑的阐述，而是同时关注知识背后的文化背景和文化根源与价值理性。任何文化都包含着一定的思想观念，都是在传达一定思想、观念和态度给一定对象，最终使这些对象在思想观念上转化为一定的素质，形成一定的态度或行为模式。文化素质课程里面有很多关于人性的、道德的、情感的教育内容，这些内容对大学生来说都是基本性的知识、观念和情感道德，这些基本知识对大学生来说却是必要的，是大学生进一步学习更高层次知识、形成更为健康与持久的人格、道德与情感的基础条件。文化素质教育可以帮助思想政治教育有效地实现大学生全面发展目标，如果大学生没有在知识、文化等方面的基本素质的养成与健康发展，那么其他发展将不会是全面的，也会因为缺少智力基础和精神动力无法真正实现。思想政治教育的根本宗旨就是要促进和实现大学生的全面发展，而积极有效的实施文化素质教育无疑将有助于大学生全面与自由的发展。因此，文化素质教育对提高思想政治教育的有效性具有促进作用。

《中共中央国务院关于进一步加强和改进大学生思想政治教育的意见》（16号文件）明确指出："高等学校哲学社会科学课程负有思想政治教育的重要职责。哲学社会科学中的绝大部分学科都具有鲜明的意识形态属性，对于帮助大学生坚定正确的政治方向，正确认识和分析复杂的社会现象，提高思想道德修养和精神境界具有十分重要的作用。"可见，文化素质教育本身具有思想政治教育的属性和功能。

（二）国外已经有了成功的先例

发达国家很重视基础课教育，一般把思想政治教育和文化素质教育通称为通识教育。国外都把本国语言、文学、艺术和历史课程等列入通识教育课程。包括人类共同知识经验的学习，世界观、价值观、道德观的养成以及基本的做人做事的能力训练，目的在于培养健全的个人和自由社会中健全的公民。

如美国一些名牌大学都十分强调要开设人文社会科学的选修课，理工学校中人文社会科学的课程已占大约30%。哈佛大学规定，本科阶段，至少应该修习32门课程方可毕业，其中16门为专业领域，8门为选修科目，8~10个科目为核心课程（即基础课程或共同学科课程）。基础课被划分为人类基本知识六大领域，即外国文化、历史研究、文学艺术、道德推理、科学和社会分析，并依此精心设计出一系列课程。学生需要在每一领域中选择出一至两门课程修习。外国文化类课程的目的在于扩大学生见识，使学生认识、理解并尊重不同的文化，提供跨文化的视角来看待本国和本民族文化。历史研究类课程的目的在于通过历史研究使学生获得历史知识，并能够以历史的眼光去认识世界。文学艺术类课程的目的在于培养学生的审美能力、批判能力和理解能力。文学艺术的内容包括小说、戏剧、诗歌、民间文学以及文艺理论等。科学类课程的目的是使学生对人类的科学有整体的理解和把握，增长他们的科学知识、获取科学研究的基本能力、形成科学的态度和素质。道德推理类课程的目的在于使学生形成正确的道德意识、道德判断和选择能力，养成高尚的道德情操和良好的道德素质。道德教育的途径不单纯靠说教和灌输，更重视道德事件的客观分析和推理，使学生自己做出正确的判断和选择正确的价值观念与行为。

三、文化素质教育和思想政治教育相结合的途径

文化素质教育和思想政治教育必须结合，可以结合，到底该怎样结合，我认为可以从以下几个方面入手。

（一）在教育目标上要相互促进

高校思想政治教育的目标应该立足于大学生自身成长的需要，以促进大学生身心健康的全面发展和综合素质的全面提高为出发点和最终归宿，为国家培养能较好适应社会发展需要和全面发展的优秀人才。具体地说，就是培养学生用马克思主义的立场、观点和方法，认识问题，分析问题，解决问题，即教会学生做事。文化素质教育则是通过对文学、史学、哲学、艺术等知识的传授，实现对学生人性的滋养和人格的提升，从而引导学生学会做人。一个全面发展的人，必须同时具备两种素质：一是做人，二是做事。其中，做人是做事的内在

基础，做事是做人的外在表现，做人先于做事，做人重于做事。所以，真正理想而全面的教育，既要引导学生学会做人，又要教会学生学会做事。所以，在教学目标上不应该相互独立，而应该相互促进。

（二）教学内容上要适度补充，相互渗透

思想政治教育与文化素质教育在教学内容上有许多相通之处，功能上也能互补，要找出他们的结合点，适度补充，相互渗透。比如：思想政治教育就是帮助大学生树立正确的世界观、人生观、价值观。而思想政治理论课在表述上显得直接、抽象、枯燥、晦涩；文化素质课程则刚好相反，其内容极其丰富而生动，我们可以通过对此典型案例的分析，让学生在比较中得出结论，从而树立正确的世界观、人生观、价值观。这就比单纯的理论说教和知识灌输，更容易在学生意识深处扎根，效果也就更佳。再如，爱国精神和民族精神也是思想品德教育的主要内容。其实，在文化素质教育里有很多相应的素材和内容，而且，更为难得的是，文化素质课可以在更广的范围内丰富爱国主义和民族精神。纵向可以从历史的角度探讨不同时期的爱国主义特点，横向可以通过不同国家的爱国主义表现，通过纵横比较进一步加深对中华民族的爱国主义的理解。这就比单纯的政治理论教育更加生动，也更富有感染力。

大学生全面素质的提高是多门学科知识共同作用的结果，教师要从教学和学生发展的需要出发，大胆地借鉴和吸收文化素质课的素材和内容，把具有爱国主义、民族精神方面的历史事件、文化典籍融入大学的思想政治教育中，解决新形势下大学生思想政治教育中面临的新问题，使思想政治教育走向科学化。

（三）在教育方式和手段上要力求灵活多样

（1）紧密联系实际，避免单一的空洞说教

要让大学生体会到马克思主义理论不是高高在上的教条，而是紧贴生活的学问，这就需要和现实紧密相连。联系实际要到位，所谓到位，表现在两个方面：一方面实际必须真实，具有一定的代表性、典型性，这些代表性典型性的案例均可以来自于文化素质课程中相关的典型人物和名著，如《大学语文》《中国的"世界自然与文化遗产"》《古今军事谋略与应用》等；另一方面实际必须与所讲理论相一致，能够使大学生从中学会运用思想政治理论的基本理论去分析说明现实生活中的问题，从而提高学生分析解决问题的能力。如分析中国传统文化同当代中国社会主义新文化、西方文化同马克思主义文化的关系以及两者的共同之处，并进一步分析社会主义文化的优越性和高级之处，从而引导大学生在培养人文义精神的同时，自觉地从旧文化走向新文化，达到社会主义教育的目标。

（2）开展丰富的社会实践，面向社会拓展理论课堂

如组织学生走出校门参观访问，利用假期走访革命老区或经济发达地区，深入工厂、农村和社区进行社会调查等。通过开展各种社会实践活动，学生在参与和亲身实践中，提高综合素质和能力，增强理论感知力。学习《影视鉴赏》可以带领学生到影视基地，亲临其境的感受，通过影视作品的观看和鉴赏，增强并提高自身直接的审美感性体验能力和艺术鉴赏能力。包括历史类的素质课程，带领学生参观相关的博物馆，具体感受真实的人和物，加深爱国主义教育。

（3）运用多种教学方法，增加教学的启发性、趣味性、互动性和多元性

除了利用传统教学手段外，还要利用现代教学手段，如电化教学、现代远程教学和网络媒体等，达到两者的互为利用，增强教学内容的趣味性，特别是电脑辅助教学及多媒体教学，可以实现讲授、观看、讨论、总结自然结合，增强授课的实效性。同时教师在采取启发式教学的过程中，要根据理论教学的需要，设置重点理论观点的专题讨论，让学生们各抒己见，畅所欲言。在讨论过程中，教师要积极引导，启发学生提问题，并进行有针对性的讲解，活跃课堂气氛，增加教学的互动性。有效的互动不仅可以激发学生的学习兴趣，还可以适时地了解和掌握学生的思想动态，增强教育的针对性和现实性。

（四）在教学层次上要分阶段进行

从大学生全面发展的角度出发，每位大学生在大学期间都必须完成以下四类课程的学习：人文素质类，包括文学、历史、哲学和艺术等；方法类，包括科学方法、学习方法、生活方法等；表达类，主要学习大众传播和表达技巧；专题研究类及人际交往能力等。当然，这些课程的完成，不可能一蹴而就，得根据大学生在不同阶段的心理认知特点和该阶段思想政治教育的目标，开设与之相适应的选修课，最终达到文化素质教育和思想政治教育的有机结合。具体分配如下。

（1）通识阶段（一、二年级）

此时，学生刚进入大学，他们对大学既充满憧憬，又具有盲目性。这一阶段，我们的教育重点应该是激发学生的学习动机，帮助他们顺利完成从中学生到大学生的角色转换。引导他们制定正确的学习目标和计划，做好四年的学业规划，培养自学能力；同时帮助他们克服学习上的迷茫状态，学会运用先进的技术查找资料，教育学生树立远大理想，培养自尊、自信、自爱的精神面貌，摒弃浮躁心态，树立正确的专业学习态度和正确的社会生活意识，学会做人。我校是以理工为主的院校，在文化素质选修上，主要以文学、历史为主，这些学科生动、形象、有趣，对他们吸引力更大。这阶段，公共政治必选课有四门，分别

是：思想品德修养和法律基础，中国近代史纲要，毛泽东思想和中国特色社会主义理论概论，马克思主义原理。学生必须按照严格教学计划的安排，在规定的一二年级修完。每门必选课程均配置了3-8门不等的相关选修课程，这些选修课程主要是伦理道德类、历史类、政法类、语言文学艺术和哲学类5类，学生在学习某一门必选课的同时，须在相应的5门选修课中任选1-2门修读，以加深对必修课的理解，充实其内涵拓展知识面。

这一阶段选修课的设计主要是从多方面引导学生触摸、探求中国传统文化的精髓，激发学生的爱国热情和对我国传统文化的认识，使传统文化以其独特的魅力吸引、哺育学生，帮助他们树立正确的人生观、价值观，同时拓展他们的知识面，思考其中所内含的文化和思想之于现代的意义和价值，滋润学生的心灵，也有利于学生科学世界观和方法论的养成。

（2）专业基础阶段（三年级）

大三学生已经基本适应本专业的学习，对所学专业也有了一定的兴趣，摸索出了适合自己的学习方法，但他们的人生观、价值观还处于疑惑和摇摆阶段，容易产生一些心理障碍问题。而此时，学校专门的思想政治教育逐渐淡化，已经跨入以专业基础知识为主的学习阶段。针对这些特点，该阶段素质教育的重点，应该是拓展他们知识的宽度，加深他们知识的厚度，引导他们更理性的认识问题分析问题。在选修课设置上，第一类应该以马克思主义哲学为主线，在加强哲学素养的前提下，进行理性思维的训练和养成。第二类以训练学生的表达技巧和提高学生与人交往的能力为目的。这一阶段的学生，有明显的自立感，开始把眼光转向自身和社会，开始有意识地把自己和社会联系起来，希望采取多种形式开拓新的知识领域，他们很关注自我发展与能力培养的问题，能比较客观地认识自我和评价自我，合理调整对自己的期望值，看待问题和分析问题也比较理性，不容易走极端，开展如上所说的文化素质课，可以引导学生形成积极的认知方式，树立正确的价值观，达到身心的和谐与健康。

（3）专业方向阶段（四年级）

大四学生的自制能力更强、性格更加开放。此阶段的学生有四个特点：1.紧迫意识。很多学生面对激烈的竞争，感到还有许多应该掌握的知识没有学到手，从而学习的自觉性、独立性增强了。2.责任意识。这个阶段更多的学生把个人的学习与社会联系起来，对社会政治经济生活极为关注，都愿意抓紧有限时间，在专业技能上和思想上有更快提高，较之前三年责任意识明显增强。3.忧患意识。这主要反映在工作分配上。面对日益激烈的人才竞争，许多学生迫切希望找到与理想相吻合的工作。

总之，高年级同学面临就业、考研等选择，职业能力和职业精神的教育相对来说比较实际。因此，要把解决思想问题与解决实际问题相结合，使他们树立正确的职业观。如何加强思想政治教育，反映在文化素质课程中则重点强调与专业课程教师结合，对本学科领域本专业杰出人物进行思想方面的研究学习，进一步领会优秀人物之所以杰出，在于其不但具有良好的专业素养，而且更有良好的思想文化也包括思想政治素养，从而在更高层次加强思想政治理论与文化素质以及专业素质的结合。此外，还可以开设与本专业有关的法律类课程，以加强学生适应专业社会应用的法律环境，为他们即将步入社会，树立爱国守法、诚实守信、敬业奉献、勤俭自强等基本道德规范打下基础。还可以与"形势与政策"课程结合，开展专题研究进一步认识国家政策，引导学生正确看待当前的形势，客观地评价自己，从自身职业发展的空间考虑，找到合理的职业定位。同时，学校举办应聘技巧讲座，从应聘心态、应聘礼仪、应聘技巧等方面对学生进行指导，帮助学生提高应聘能力，这一层面主要是进行就业观教育，以素养提升为重点，开展生涯教育，以强化公民职业道德教育来增强大四学生思想政治教育的针对性、现实性。

第三节 文化素质教育视野下的大学生思想政治教育创新

一、借鉴文化素质教育理念，创新思想政治教育观念

（一）借鉴文化素质教育"人本观念"，树立思想政治教育"以学生为本"的观念

以人为本，大力推进文化素质教育，就是要大力发展以学生为本，以学生的个性发展为本，以全方位开发学生潜力为本和以大众教育为本的素质教育。这是一种价值观念的转变，也是一种思维方式的改变。而大学思想政治教育的主体是大学生，教育的目的是要通过启发和调动人的主观能动性使人获得全面发展。而传统的思想政治教育模式，并非以受教育者为主体，而是思想政治教育者去决定如何教育人，大学生只是被动接受教育者传授的内容，形成相应的观念和规范，让自己被教育者塑造成为他们所想要的人，在这种教育模式下，大学教师反而成为主体。在此过程中，教师往往很难真正理解受教育者的需求，很难站在学生的角度去思考和分析问题，从而使思想政治教育达不到启发和调

动的作用。因此，为了达到思想政治教育的最终目的，需要树立思想政治教育"以学生为本"的观念。

（1）要确立人的主体地位

人是一种智慧生物，人性是人的自然属性和社会属性的综合体。马克思主义认为，人在实践中所表现出来的主观能动性和创造性构成了人的主体性。思想政治教育的过程一方面是教育者根据社会的需求进行教育的过程，另一方面也是受教育者根据自身内在的需求，通过自己主观能动性的发挥去接受教育的一个过程。教育者所要传授的内容和要求是否能被受教育者接受，也在于受教育者能否积极发挥其主观能动性，这两方面是辩证统一的。因此，确立受教育者主体性是教育取得实效性的关键。

（2）要注意尊重人的个体多样性

人的个性发展不能单纯依靠兴趣自由发展，而是需要通过一定的教育去培养，去发展。马克思主义认为，人的发展是所有素质综合以后的个性的发展，思想政治教育要促进人的全面发展，就应该尊重人的个性特点，通过积极地引导，使一个人沿着正确的方向成为一个全面发展的人，这样培养出来的人才能符合社会的要求。

（3）还需要更新传统的教育价值观

教育工作者在为人们提供教育服务的时候，要充分尊重人的权利和尊严，不能把社会价值与个人价值相对立起来，不能只强调社会价值，却忽视了个人价值的存在。因为个人与社会是辩证统一的关系，社会主义社会的国家、社会和人民的利益根本上是一致的。在社会和个人两者的关系上，社会发展了，个人才有发展的空间；个人发展了，社会才能更加进步。所以，国家的教育应该关注个人的发展，积极地为个人发展提供条件。教育者需要转换原有的以社会价值为教育的唯一目的的观念，使教育既能够满足社会的需要，又能够满足个人的需要，使个人与社会更加协调地发展。

（二）借鉴文化素质教育"情感教育观"，树立思想政治教育"师生共情"的观念

情感教育是大学生素质教育的重要内容。素质教育需要教育者遵循学生的身心发展需要，尊重学生，爱护学生，激发学生的主观能动性。而情感教育正是根据这一理念，在素质教育的整个过程中，关心学生情感以及思想，培养学生的社会责任感，提高其人格修养和道德素质，从而达到素质教育的目的。相比较而言，思想政治教育很多时候更像是一个通过情感去感化一个人的过程，高校教师与学生之间更多时候也是在进行情感的交流。情感因素是一个人形成正确的思想道德观念的重要因素，这是因为人的主观能动性的存在，使得情感的沟通与交流成为人与人之间相互影响的重要一环，如果思想政治教育缺少了这一重要环节，学生就很难真正转变思想观念，教育也难以真正体现其实效性。在思想政治教育过程中，教师如果只注重自身的情感，而忽视了学生的情感因素，只是单调而乏味地向学生政治思想理论，对于学生中出现的一些负面情绪置之不理，不能正确地去引导和感化学生，思想政治教育就很难在高校中开展工作，在学生中也难以得到广泛地支持。

共情是指所有人际场合中产生的设身处地为他人着想的能力，高校教师要特别注意学生的情感动向，与学生产生共情，站在学生的角度，以情感人，让学生内心情感受到感动，由内而发地去真心喜欢上思想政治教育这门学科；其次是要为学生创造一个良好的学习氛围，让学生在实践中自然而然地受到启发和教育，去不断地追求自身情感的升华；最后是要注意转化学生的负面情绪，高校教师要多了解和分析学生的心理特点和现阶段的心理特征，对不同的学生出现的不同的问题进行有针对性的疏导和教育，使思想政治教育真正体现其效果。

此外，思想政治教育并非枯燥地只是传导和解惑，高校学生作为思想政治教育的其中一个对象，他们年轻而富有朝气、思想开放、观念新颖、有知识、有文化、有很强的自我意识，假如现今的思想政治教育观念不能跟上时代，不能科学地进行改革和创新，不讲求一种沟通的艺术，只会事与愿违，学生也会很反感。所以，高校教师要注意把沟通和交流的艺术运用到思想政治教育过程中，这样教育才能事半功倍。

一方面，高校教师要注意教育语言的艺术。人都有自尊，在平常的工作、学习和生活中，每个人对于诚恳而委婉的话都能听得进去，但对带有恶意和口气重的话却并非人人都能接受。所以说，老师如果注意在教育学生的时候多注意自己的口气和态度，将心比心，愿意与学生真诚地交流，这样就能收到更好的效果。另一方面，高校教师要注意感动的艺术。人都是有情感的动物，精神情感对于一个人的激励是巨大的，高校教师如果能用情感去激发学生内心的共鸣，让学生深受感动，必然能更轻易地达到教育目的。

（三）借鉴素质教育差异性理念，树立思想政治教育"因材施教"的观念

差异性是文化素质教育思想的基础，也是其基本特征之一。文化素质教育主张创新与人的全面发展，而这一主张的依据则必须重视受教育者的差异性。经实践证明，树立教育的差异性观念，即"因材施教"，对于培养新时期全面发展的人才有着重要意义，这也是文化素质教育开展多年来总结的成功经验，值得思想政治教育工作者认真的学习与借鉴。

思想政治教育是为了做好人的思想工作，在马克思主义的科学理论指导下，使人确立正确的思想观念。但是，人各有异，人的思想观念不是与生俱来的，其产生来源于生活环境的影响，不同的生活环境使不同的人产生不同的思想观念。教育者不能要求所有人的思想都能一致。所以说，大学思想政治教育工作应该根据学生实际，分析其所生活的环境以及对学生思想所带来的影响，究其根源，因材施教，确定相应的教育内容，用科学的教育方法，有针对性地开展思想政治教育工作，这样才能更容易达到思想政治教育的目的。

具体来看，高校学生处在人生发展的关键时期，其过去和现在所生活的环境，他在青少年时期受教育的程度，以及因此产生的一系列价值观念都存在着巨大的差异，大学思想政治教育者就不能"一刀切"，而要有针对性地对每名学生进行教育，具体问题具体分析，要看到学生出现问题背后的深层次原因，再有针对性地解决。学生的思想品德修养和素质有高低之分，大学思想政治教育工作者应该理解学生，在对待学生的态度上不能区别对待，但在教育方式方法上应该根据学生实际"区别对待"，例如有学生心理始终不平衡，教育者就要看到其产生不平衡心理的原因，是自身嫉妒，还是受别人歧视，针对不同的原因，解决的办法大不相同。根据学生的具体情况具体分析，在一定程度上也体现了以人为本的科学发展观的思想，搞好大学生思想政治教育工作，既要分析学生普遍的共性，也要分析学生的个性，二者结合才能体现教育的目的。

二、借鉴文化素质教育体系，完善思想政治教育内容

（一）借鉴文化素质教育体系系统性，提升思想政治教育体系科学性

现阶段，文化素质教育体系一般由三个部分组成：一是通过课程体系，如增设人文课程、科学课程、艺术课程等方面的选修课，或通过辅修的人文、科学方面课程，使学生在系统的课程学习中提升文化素质；二是通过课外活动体系，如丰富多彩、积极向上的学术、科技、体育、艺术和娱乐活动，由学生社团进行组织，使学生在大量的课外活动中提升文化素质；三是通过自我完善体系，如通过阅读哲学、社会学、文学、艺术和美学等方面的书籍，提升文化素质。借鉴该体系的优点，大学思想政治教育体系在不断改革和完善的过程中，整个体系的建设应该注意科学性与系统性的结合。

一方面，思想政治教育的内容要具有科学性。科学性体现在遵循教育的自身规律，根据大学生思维特点去不断地充实和改进教育的方式、方法和内容；还有就是遵循思想政治教育是一个循序渐进的过程，一个通过感染学生使其接受教育，并内化成自我教育的过程，需要有一定的层次性和阶段性，这样，思想政治教育才能更好地衔接，不断地优化。

另一方面，思想政治教育内容的系统性，就是为了更全面地提高大学生的思想政治素质，需要对教育内容进行系统的规划和严密的逻辑组织，使其条理清晰，有利于老师对教学内容的认识和计划，提高教学质量；学生对系统性的内容也能更容易理解和掌握，增强了学习实效性；同时，内容的系统性也有助于思想政治教育与其他学科内容相互衔接和结合，共同配合完成大学生思想政治教育工作，从整体上提高了教育质量。

（二）借鉴文化素质教育内容时代性，突显思想政治教育内容时代感

文化素质教育要处理的是"人与人、人与社会、人与自然、人与自我"的关系，而自然界与人类社会都是在不断变化发展的，所以人与自然、与社会的关系也在不断地变化发展。文化素质教育的理念从提出之日起，就一直处于一个不断完善和发展的过程中，也是一个摸索的过程。这当中，实施素质教育的基点是建立在毛泽东思想、邓小平理论之上，同时也吸收、借鉴了国外先进的教育思想，面对21世纪知识经济的大环境，素质教育内容又有了新的变化，一方面将文化素质教育融入大学生的学习和生活实践，转化为他们的生存活动和生命体验，提高他们的文化品位；另一方面积极引导大学生主动投入当代中国的社会主义现代化实践和文化建设中去，在服务社会和报效祖国的过程中展示人生价值，在传承和创新中华文化的过程中提升思想境界。文化素质教育的时代性促使其不断地发展。

在文化素质教育的影响下，新形势下思想政治教育为顺应时代的要求，亦不断地改革创新，紧跟时代步伐。

首先，与当今时代相契合的思想政治教育的核心一坚持马列主义、毛泽东思想、邓小平理论、"三个代表"重要思想和科学发展观不能动摇。思想政治教育工作是人与人之间的沟通交流工作，马克思主义哲学是指导这方面工作的理论标杆，不能偏离这个方向。而毛泽东思想、邓小平理论、"三个代表"重要思想和科学发展观则是马克思主义不断发展创新的成果。当今国际国内社会环境纷繁复杂，高校学生仍然需要掌握这些经典理论，才能树立正确的人生观。

其次，思想政治教育增加对现今热点形势与政策的宣传和分析，增加高校学生了解国家大的方针政策的机会，增强学生的主人翁意识，使思想政治教育与时代紧密结合，贴近学生实际，激发学生探索求知欲望，使学生充分发挥主观能动性地去学习，提高学生的分析时事能力。

此外，思想政治教育需要着重培养学生的科学态度、人文精神和创新意识，这三个方面是现今社会人才必须具备的几个因素。因此，高校在开展思想政治教育的时候，需要把三方面内容统一到思想政治教育整个体系中来，才能使思想政治教育紧跟时代潮流。科学态度方面的内容是为了培养学生求真务实的态

度；人文精神的缺失是现今大学生普遍存在的问题，思想政治教育增加人文知识的内容就是要培养学生关心、帮助、尊重和理解他人的品质，体现一名新时期大学生良好的道德修养；而创新精神的培养一直是人才培养的关键，国家、社会要想发展，还需要期待人的发展，而人的发展很大程度上是由其具备的创新精神所决定的，大学思想政治教育需要全面培养学生的创新思维和能力以及敢于开拓进取的精神，这样才能适应当今世界的发展和国家建设的需要。

（三）借鉴文化素质教育师资培养经验，提高思想政治教师素质

教育部在1995年颁布的《关于加强大学生文化素质教育的若干意见》中提到："加强文化素质教育需要有一大批思想素质好，业务水平高，教学经验丰富的专兼职教师。应积极采取措施，建设一支适应加强文化素质教育需要的教师队伍。"文化素质教育是教育内容和方式的全面改革，其关系到教育的各个方面，在大力提倡素质教育的同时，大学思想政治教师作为文化素质教育以及思想政治教育的主体，其自身素质的重要性不言而喻，提高思想政治教师的素质，是素质教育的关键，也是思想政治教育工作开展的前提，这直接关系到高校学生能否真正受到教育，提升自己的各方面素质。只有全面提高教师素质，才能保证素质教育和思想政治教育工作的全面开展。因此，党中央、国务院在《关于深化教育改革全面推进素质教育的决定》中强调：要"提高教师实施素质教育的能力和水平作为师资培养、培训的重点。"思想政治教育作为一项系统工程，转变传统观念是前提，改革教育内容是基础，但是最关键的还有需要一支高素质的教师队伍。如果教师的素质都达不到教育的要求，思想政治教育就难以实施。教师的素质教育是文化素质教育一个重要方面，思想政治教师是实施思想政治教育的主体，提高思想政治教师素质，既是搞好思想政治教育工作的要求，也是思想政治教育寻求创新的重要途径。

（1）提高教师的人文修养

教师的人文修养是指教师自身所具备的人文精神以及教师在日常工作和生活中表现出来的情感思想、道德观念、性格特征和思维方式等方面的一种素养，比如教师的教学责任感、人格魅力、价值观念以及为人处世的方式等等。人文修养，即教师的人文素质，处于教师整体素质的主导地位，决定了教师这份职业的价值所在。高校教师的人文修养对学生的影响巨大。教师如果自身具有扎实的人文功底和高尚的人文精神，必然会让学生肃然起敬，学生会从老师的言行中体会和领悟崇高的人文精神的魅力，受其感染和影响，自身也会产生提高自身人文修养的动力。由于思想政治教师在思想政治教育体系中处于关键地位，因而高校教师人文修养的高低，对于学生是否能够提高思想政治修养有着重要意义。

面对当今世界经济、政治、文化的飞速发展，新世纪的思想政治教师显然不能只懂得灌输和考试来培养祖国的建设者和接班人，而是要从素质教育出发，首先提高自身的文化素质，而在文化素质体系中，由于思想政治教师这份职业的特殊性，要求教师首先必须具有良好的人文修养，才能胜任这份工作，才能够适应新世纪教育事业的变革和发展。要提高教师自身的人文修养，应该从哪些方面来努力呢？

从思想政治教师应该掌握的人文知识看，思想政治教师应该努力学习历史、哲学、宗教和美学等人文知识。人类在几千年的进化发展中创造了丰富的知识文化，而思想政治教师应该主要了解以上几方面知识的原因在于，从历史学角度看，英国哲学家培根说过："读史使人明智。"教师如果能对历史学的知识比较了解，那么在教育学生的时候，更能从以往的典故或者史实中学习教育的方式和技巧，学习中国传统教育理念中的精髓，这对于开展思想政治教育工作有重要的借鉴意义；从哲学知识的角度看，因为哲学是研究人的世界观、人生观和价值观的问题，这有助于引导和教育学生如何树立正确的三观，如何正确地为人处事。这些关于如何做人，如何思考人与世界、与社会、与人之间关系的知识其实都来源于哲学，可以说，认真学习哲学，尤其是马克思主义哲学知识，是成为一名合格的思想政治教师的前提；从学习宗教知识的角度看，因为宗教是一种信仰，包括基督教、佛教、道教等等，他们所宣传的大部分都是指引人"从善""向善"的理念，而学生德育教育主要就是引导人性"向善"的教育，教师学习和了解这些知识，向学生讲授这些宗教典故中暗含的人文思想，有助于帮助学生树立助人为乐，帮助他人的高尚品德，使学生的思想政治素质进一步提高。最后，从美学的角度看，爱美是人的天性。在现代社会，人们更是希望追求现实生活中的美。思想政治教育中的审美教育，就是要培养学生的审美水平，提高学生对美的鉴赏力，提高生活的品位。思想政治教师自身要了解这种美学知识，才谈得上教育学生如何品尝生活中的美。

（2）提高教师的科学文化素质

俗话说："人无完人"，即便是教师，也只是在某一专业领域有比较高的建树，但作为一名思想政治教师，要教育学生，就要从各个方面去了解学生，与学生沟通，如果没有相关方面的基础知识，与学生交流起来就会非常的困难。目前，在大学思想政治教师中存在对政治理论知识理解透彻，但是却缺乏教育心理学、社会学等其他人文学科常识以及基本的理工科知识的现象，由于其他学科基础知识的欠缺，在面对当今知识面普遍比较广泛的大学生，有些问题就不能很好地去为学生解答，也比较难以融入这些学生中去，老师与学生之间的交流也会出现问题。

所以说，在如今这个知识经济时代，知识更新迅猛，大学思想政治教师想要跟上时代的步伐，需要不断地更新自己的知识结构，树立终身学习的观念，不断吸收和学习新知识，了解各类学科的发展方向，对时下热点科学文化观点和理论都应该有所了解，这样在面对不同专业、有着不同兴趣爱好的学生时，才能更好地与他们沟通和交流，例如，老师通过学习心理学知识，能够分析不同学生的心理特点，针对其心理特点，有的放矢地指导学生，所达到的效果肯定比千篇一律地说教更好，如在像西南石油大学这样的石油专业为主的学校，如果老师能够知道一两点有关石油钻机和开采的最新技术，了解当今世界石油经济产业的发展趋势，在与石油专业的学生沟通起来就更为容易，学生也更乐于接受。所以说，有了沟通，才会有了解，师生之间才会有相互理解与支持，才能达到更好的教育效果。

（三）提高教师的创新素质

大学思想政治教育要创新，教师首先就要具有创新的意识，就文化素质教育而言，创新是一种能力，也是一种个人素质的体现。所以说，高校教师要具有创新的意识，才能培养具有创新意识的学生人才。江泽民说过，创新是一个民族进步的灵魂，是国家兴旺发达的不竭动力，也是一个政党永葆生机的源泉。党的十七届六中全会通过的《中共中央关于深化文化体制改革推动社会主义文化大发展大繁荣若干重大问题的决定》也再次强调："弘扬以爱国主义为核心的民族精神和以改革创新为核心的时代精神。"

当前，大学思想政治教育面临着很多新的问题。比如，现代大学生较之以往观念更为前卫，思想更为开放，对优越的物质生活和精神生活的追求更为强烈；由于互联网络的兴起，大学生的社交网络较之他们父辈也更为宽泛和新颖，社交活动丰富多彩，但与此同时，这也为国内外一些不良信息的传播提供了温床。大学思想政治教育工作者在面对不断变化的新情况时，如果没有创新的意识，迂腐守旧，势必跟不上时代的步伐，思想政治教育工作也不能与时俱进。所以说，思想政治教育工作者应该及时纠正自己的思路，打破传统思想观念的束缚，跟上时代发展的步伐，了解和掌握新的教育方式、方法，与学生沟通交流，思想政治教育工作才能与时俱进。

一方面，教师应该改革传统的教学方式和手段，原始、落后、枯燥的教学方式将不再适应现代教育工作。思想政治教育工作者应该多了解国内外优秀教师的教学方式，在他们的基础上总结出适合自己、也适合本校学生的教育方法，即教学应该有自己的个性。从对在校大学生的调查了解中发现，有鲜明个性特征的那些思政老师，由于独特的个人形象和与众不同的授课方式，往往会给学生留下深刻的印象，真正激发起学生学习的兴趣和动力。这种独特的人格魅力能够转换成一种强大的精神感染力,能够调动课堂气氛,学生受到这种精神力量的感染,能够集中注意力,全身心投入看似枯燥的思想政治理论课程的学习。教育主体在长期的学习和工作中通过自己特有的人格魅力与风格对学生发挥积极的影响。因此,教育者应加强自身的人文知识修养和人文精神塑造,用自己特有的人格魅力与风格对学生进行潜移默化的影响。

另一方面,大学思想政治教师应该着重培养学生的创新能力。在现今社会,知识和技术发展日新月异,新技术的产生和发展都来自于人的创造性。我们国家要想走在世界的前列,实现科学技术的领先,就要实现对高校学生进行创新性人才的培养,而学生的创新意识从根本上说还是一种个人素质的体现,这种素质体现在学生是否具有创新的意识观念,这其实也是文化素质教育所要达到的目的之一,是素质教育所要培养学生成才的必要素质。从根本上说,创新意识这种素质,不能仅仅依靠专业知识和技能的传授,而是需要教师对学生进行思想上的引导,激发他们创新的灵感和敢于创新的勇气,教师应该鼓励学生在看问题的方式上敢于换一种角度,提倡学生"敢于犯错"的精神,因为学校本来就是为今后走入社会工作做准备的,学生在平时的训练中能够多受磨炼,在磨炼中提出新问题,解决新问题,这就是一种思维上的创新和进步,也是个人素质和能力的体现。

(四)借鉴文化素质教育设施建设经验,加大思想政治教育投入

加大对大学生思想政治教育的投入,使思想政治教育工作得到广大师生的重视,使全社会都关注大学生的身心健康,尤其是心理健康,对于改变大学思想政治教育的现状有着重要的现实意义。思想政治的投入有多方面,最重要的是要从硬件设施和软件设施,即物力资源和人力资源两个方面来加大对思想政治教育的投入。

(1)硬件设施投入

1. 要更新教学手段和设施。进入 21 世纪,科技发展日新月异,思想政治教育也应该与时俱进,充分利用先进的教学设备与资源,一方面可以提高思想政治理论课对学生的吸引力,另一方面也能培养大学生的创新意识。

一方面,在课堂思想政治教育中要大力提倡和使用多媒体教学。多媒体教学手段的使用,可以让学生从各种图片和影视资料中得到信息,增加思想政治教育的说服力和感染力,让学生更能直观地得到教育,相比以往只是通过黑板板书和教师的口才来向学生传授本来就枯燥乏味的理论知识而言,更能增强教学的实效性。从课堂教学的反映情况来看,学生几乎都倾向于在课堂上通过观看影片和图片的方式来上思想政治理论课,因为影视资料非常生动、形象和直观,也更能吸引学生的注意力,观后也更能引起学生的共鸣。

另一方面，加大思想政治教育投入，一是可以建设服务于高校的思想政治教育网络。现今，随着互联网的普及，大学思想政治教育也应该好好利用网络资源，但思想政治教育在互联网运用方面还比较滞后，因而，加强教育网络的建设十分必要。网络教育不受时间地点的影响，信息量大，资源又可以共享和互补，各种论坛可供学生交流讨论，非常方便和开放。高校可以在校园网上开辟思想政治理论讨论网站，专门回答和解决学生所困惑和关注的各类热点问题，比如各类重大的新闻事件，这一方面能够培养学生关心时事的习惯，同时也培养了学生的政治意识，提高了学生的综合素质，相当于同时进行了文化素质教育与思想政治教育。由于网络开辟了大学生思想政治学习的第二课堂，也更贴近学生实际和喜好，在学生中大大增加了思想政治教育的影响力。二是通过电子邮箱、QQ、飞信、微信等新媒体技术，建立老师和学生之间交流的专用通道。例如电子信箱的产生为老师与学生之间的面对面交流提供了一个良好的环境，这样的环境具有私密性，很多问题对于学生而言，可能不愿他人知晓。这种情况下，在寻求老师帮助的时候，通过电子信箱就可以起到保护隐私的作用，对于老师与学生之间的沟通能够起到很好的桥梁作用，也更易于思想政治教育工作的开展。

2. 要建设专门服务于思想政治教育的学生活动中心。目前全国高校鲜有供学生开展思想政治教育活动的专用场所，很多时候，老师要开展类似的活动，都苦于没有固定的教室或者活动室而放弃。很多活动也因此中途搁置或者就直接取消。很多时候都在讨论学生的参与热情不够高，其实，如果学校能够重视学生的思想教育问题，建设专门的教室和学生活动中心，协助老师和各院系开展学生思想政治教育活动，让活动真正受到关注，落到实处，才能吸引更多学生参与其中来，才能真正体现思想政治教育的效果

（2）师资建设投入

教育是人与人之间的沟通与交流，所以师资建设的投入在思想政治教育中作用毋庸置疑。思想政治教育一直强调对学生的素质培养，但是教育是教育者和被教育者双方共同的任务，教育者的素质同样需要培养，因此，思想政治教育要创新，不能忽视对教育者，即教师资源的投入力度。目前，我国高校的教师队伍状况不容乐观。首先，我国的教育几乎默认是一种专业人才的培养模式，只注重对人的专业培训，忽视了人的综合素质的培养，导致培养出来的教师质量一定程度上具有局限性，出现诸如知识面狭窄，缺乏相关专业基础知识的状况，在教育学生的时候也往往找不到正确的方式方法，得不到学生认可；其次，学术研究缺乏创新，主要是因为现今社会人的急功近利，导致教师在作学术研究时很少真正深入，而只求速度和结果；再次，现今很多年轻老师在高校任教

任务繁重，但是待遇不高，得不到重视，最后辞职离开；最后，一部分教师缺乏职业精神和责任心。对于本职工作没有足够的重视，只关注于自身的发展，所以导致教学质量大打折扣。以上现象在思想政治教师群体中更为明显，因为国家对于人文学科的教育经费投入有限，思想政治教师得不到足够的重视，人才流失严重，导致很多高校文化素质教育和思想政治教育几乎成为学校的附属品。所以说，加大思想政治教育师资建设投入，对于改善和创新思想政治教育来说必要而且迫切。

要加大对思想政治教育师资建设的投入，可以从下面几个方面来考虑。

1. 对思想政治教师队伍进行一个全面规划

思想政治教师队伍的规划要依据本校的发展战略和实际情况，来确定队伍的人才需求。要确立本校思想政治教师队伍建设的目标，以便在管理队伍时能够明确方向，把学校的思想政治教育工作任务落实到各部门，落实到个人。这样一支高素质的教师队伍才能担负起培养一批高素质大学生的重任。

2. 做好高素质思想政治教师人才的引进工作

在人才引进的问题上，高校应该根据本校的实际情况和建设规划，积极引进高素质人才。进入21世纪，人才资源是稀缺资源，优秀的思政教师都是各高校追逐的焦点，高校对于人才的引进工作应该增大财力和物力投入，保证高素质教师人才能安心留校开展教学工作，有了高素质的教师资源，学校的思想政治工作才能更好地开展，才能让学生满意，让家长放心。

3. 重视对本校辅导员队伍的建设

辅导员是大学生思想政治教育工作的主力，他们与大学生关系最为紧密，其职业素养高低，决定着大学生思想政治教育工作能否顺利开展、大学生能否培养良好的综合素质。在建设队伍的同时，还应该考虑辅导员的实际状况，由于辅导员职位的特殊性，他们工作辛苦，但薪酬待遇却普遍偏低，很容易产生跳槽走人的念头。所以，高校应该适度提高辅导员的福利待遇，保证他们的生活与工作都能减少一部分压力，这样，辅导员在做学生思想政治工作的时候才能全身心地投入，大学思想政治教育工作才能保证实效性。

（五）借鉴文化素质教育方法与途径，提高思想政治教育工作实效性

对于一项工作而言，用好的方法能够事半功倍。教育部在《关于加强大学生文化素质教育的若干意见》中总结了加强文化素质教育采取的多种途径与方式：一是第一课堂和第二课堂相结合；二是将文化素质教育贯穿于专业教育始终；三是加强校园人文环境建设，改善校园文化氛围；四是开展各种形式的社会实践活动。思想政治教育也是如此，面对如今经济、信息全球化趋势，面对新的教育环境，面对"90后"受教育者，传统的思想政治教育方法已经不能满足其要求，思想政治教育需要借鉴素质教育方法的成功经验，与素质教育有机整合，不断改革创新思想政治教育方法，从而提高思想政治教育的实效性。

（1）注重情感教育

情感教育法无论对于素质教育还是思想政治教育而言，都是一种最好也是最有效的一种方法，因为教育是人与人之间的沟通与交流，教育双方只有达到情感上的共鸣，受教育者才能接受教育者的教诲。在《外国学校素质教育通览》一书中有讲到美国素质教育中关于情感教育的一个例子，美国康涅狄格州纽黑文市的一所公立小学开展的"情感教育"活动。这个活动的成功开展影响了美国的很多学校。学校的一位叫爱德华的小学老师在一次课堂教学中教小学生做一个滚球的游戏，学生之间不时交头接耳，仔细一听都是在互相真诚地夸奖对方的优点，"你写的字真好看""你画的画好漂亮"等等一类的赞美不绝于耳，课堂上一片温馨和谐的气氛。爱德华老师认为，这样的"情感教学"无疑对青少年的健康成长是有利的，教育孩子们学会与人为友，善待他人的品德，等他们长大了，就会了解其中的真倚。

这个例子告诉我们，情感教育对于素质教育以及思想政治教育的重要性，思想政治教育也是培养人的良好思想素质的教育，在这个过程中，情感的力量是巨大的。思想政治教师要培养这种情感，最重要的是要有爱心，爱学生。对学生的教育不是打骂和教训，更多的是一种真诚的沟通和交流，多多肯定和赞美学生，让学生感受到老师的爱，自身不自觉地也能行动起来，努力提高自身的思想素质。尤其是对一些在常人看来不爱学习、思想有偏差的大学生，在课堂上对他们多一些鼓励，多一些夸奖，让他们也感受到老师真诚的关心之情，自己也知道努力了。所以说，"晓之以理，动之以情"，思想政治教育需要加强情感教育，人都是情感动物，人之所以为人，感情因素的存在是其中一重要原因，忽略了情感因素的教育都是不成功的，素质教育如此，思想政治教育也是如此。如果只有道理而没有情感，道理也就只是道理，没有真正成为教育和开导人的工具。老师们如果能真正付出爱心，无论学生是成功还是失败，都给予他们一定的鼓励和肯定，使他们能重拾信心，才能真正达到教育的真正目的。

（2）课堂教学与实践活动相结合

不可否认的是，无论是素质教育还是思想政治教育，都有自身的一个教育体系，都有理论依据作为指导。课堂教学是实施素质教育最主要、最重要的一个渠道。课堂教学使老师能够集中对大部分学生进行教学，能够扩大教育影响的范围，所以说，对于思想政治教育而言，以课堂教学为主渠道都是毋庸置疑的，关键是要对课堂教学的内容和方法进行不断的完善。

传统意义上的教学是老师对学生进行灌输，但是在 21 世纪这个飞速发展的时代，大学生的个性特点发生了很大的变化，各方面综合能力较之他们的父辈都有了很大提高，特别强调一种自主意识，一种平等观念，教师在课堂教学中应该特别注意这一点，站在平等的角度，以一个平常人的观念去与学生交流，而不是灌输式教学。

思想政治教育和素质教育一样，都不仅仅是知识和技能型教育，而是一种思想观念的教育。要使学生真正从思想上改变，并将其落实到行动上，理论和实践的结合必不可少。例如，像美国这样的西方国家，十分重视对大学生的精神教育，其实也就是一种思想政治教育，他们崇尚一种"美国精神"，并且要使大学生能受到他们这种"美国精神"的感染，高校都采用了社会实践作为主要的教育方式。不仅要求大学生必须进行社会实践或是社区劳动，有的学校还把这一环节作为学生毕业的必备成绩。通过这样的社会实践活动，提高学生的思想政治素质，加强学生作为一名美国公民所应该具备的观念意识，将"美国精神"传递给了每一个受教育者。

党中央在《关于进一步加强和改进大学生思想政治教育的意见》中指出，社会实践对于促进学生了解社会、了解国情、增长才干、奉献社会，锻炼毅力、培养品格，增强社会责任感具有不可替代的作用。可见，实践活动对于大学生思想政治教育具有重大意义。思想政治教育的课堂教学与理论实践必须要很好地结合起来，这是高校开展新时期思想政治教育工作的重点。

（3）重视隐性教育氛围的营造

上文谈到，文化素质教育是思想政治教育的基础，文化素质教育本身就具备了思想政治教育的特殊功能，根据他们二者之间的联系和融合我们可以看到，文化素质教育其实就是一种创新的思想政治教育模式。这种模式并不是传统意义上我们讨论的思想政治教育模式，如思想政治理论课的教学，以及一些有关思想政治教育实践的活动，这些都是直接的教育方式。这种模式是类似于文化素质教育在潜移默化中传递了文化的模式，这整个形成过程是隐性的，也是水到渠成的。前文提到，美国教育学家杰克逊提出了"隐性课程"的概念，与之相对应的隐性的教育模式是将正确的价值观念在潜移默化中传递给受教育者，使受教育者在不知不觉中受到教育，养成正确的、良好的习惯，形成正确的世界观、人生观和价值观。

这里我们将再次提到美国高校的思想政治教育，他们的思想政治教育就是一种文化教育，也是一种素质教育，其范围非常广泛，已经融入美国人的日常生活中，其所提倡的一种美国文化，在不知不觉中营造着教育的氛围，感染着美国的青年学生。美国高校非常重视教育氛围的营造，而这不光是各大高校的任务，很多涉及思想政治教育职能的机构，像国会、州政府、企业以及社区等等，都会共同参与营造良好教育氛围的队伍中来。《美国2000年教育目标法》更是通过立法来要求整个美国社会都要关怀青少年的成长，参与促使青少年增长社会知识、文化知识和感情的活动。并且要求校长、教师、学生、企业界、官员、新闻界、医务界与社会服务机构、公民与宗教团体、执法机关、成年监护人和友好邻居组织起来，为青少年的成长创造良好条件。通过全社会的努力，为大学生的文化修养和思想政治修养的养成提供了良好的环境，在潜移默化中灌输大学生美国观念的同时，也达到对大学生思想政治教育的目的。

借鉴美国素质教育与思想政治教育融合的经验，我国高校在开展大学生思想政治教育工作时，除了对教学设施更新和教学实践活动的开展以外，还要注意对大学生正确思想形成有关的隐性环境要素的建设，比如教师所体现出来的人格魅力，比如校园文化氛围的营造、社会环境的影响等等。只有将这些显性因素和隐性因素有机结合起来，思想政治教育工作才能更好地开展。一方面，思想政治教育的内容应该与文化素质课程内容相融合，高校文化素质教育的授课内容中应该隐含思想政治教育；另一方面，思想政治教育应该通过各种活动的开展、制度的制定、管理的规范以及环境的营造来影响和教育学生。

（六）关注大学生心理健康教育

文化素质教育中一个重要方面是培养学生健康的心理素质，这也是思想政治教育的重要内容。在现今复杂多变的社会环境影响下，各种社会的不良风气席卷学生群体，社会上频频出现大学生炫富、打人、吸毒等一系列道德败坏现象，而根据事后调查发现，这些问题的产生，很大一部分原因与学生的心理缺陷有关。比如关于"炫富"和打人的事件，在学生中有一部分学生是"富二代""官二代"，仗着自己家庭背景优越，仗势欺人；另外一些学生则是由于攀比心理或是嫉妒心理严重，模仿这些不良行为，以至于很多高校都有类似的情况发生。在现阶段，大学生这些心理问题的产生给大学思想政治教育工作的改革和创新提出了新的要求，高校应该重视对大学生的心理健康教育。

一方面，要让心理健康教育真正为大学生服务。心理问题往往不容易显现，高校的心理健康教育要主动关注大学生的心理问题，尽量在学生出现心理问题的苗头前，及时为他们排解心里的矛盾，避免心理问题的扩大。

另一方面，学校对于心理健康教育体系应该加大投入，完善各项设施。通过提高心理健康教师的待遇，开设更为完善的心理课程，通过学习系统的心理学基础知识，让学生真正认识到心理健康的重要性。

（七）注重大学生自我教育

大学生文化素质教育的目的是全面提高大学生的文化素质，素质本身具有内在性，这就要求受教育者最终能够形成属于自身的一种能力。思想政治教育也是要培养大学生良好的思想政治素质，这也是人的一种内在属性和能力。要形成这种内化的能力，仅仅依靠教师的指导是不够的，必须要受教育者，即学生自身要发挥主观能动性，真正掌握老师所传达的思想，需要学生的自我教育能力的培养。

自我教育，意思就是受教育者对自身的教育，主动接受积极的外界影响，从而提高自身素质。对于大学生思想政治教育而言，自我教育意思是大学生为了自我全面发展，依靠自我意识，充分发挥主观能动性，形成符合国家和社会要求的良好的身心素质、思想政治素质、道德素质和文化素质而开展的一种思想上的转化和行为控制活动。前文谈到，文化素质教育和思想政治教育都不是单纯依靠灌输来达到教育目的的，更多需要的是依靠一些积极的人和事来暗自影响受教育者，使受教育者自我心灵受到启发，督促自己形成正确的世界观、人生观和价值观。因此，思想政治教育的方法创新，需要注重自我教育，实现教育者与被教育者的双向互动。学生要提高自身的思想道德素质受到自身的天赋和外界的影响两个方面的影响，如果只是单纯被动地接受，教育效果将不明显，必须根据自身所学习的理论和亲身实践去形成属于自我的一种能力，这样才能达到更好的效果。在这个过程中，教师的努力固然重要，但学生是否积极参与、积极反馈信息则更为重要。所以，思想政治教育既要重视传统的外部灌输，还要重视受教育者是否真正受到启发，自身能够产生教育自我的能力，这样才能体现教育的实效性。这就要求高校教师体现主导作用，认识到自身所肩负的教书育人的责任，全面提高自身素质，通过多启发、少灌输的方法，尽量使学生发挥自我主观能动性，以此培养学生自我教育能力。

思想政治教育主要研究人的思想和行为，是人与人之间的沟通与交流。大学生自我教育是对自我的严格要求和约束，是一种自觉性的体现，大学生具有良好的自觉性对大学思想政治工作的开展有着重大意义。

大数据背景下本科院校学生群体画像构建与应用研究

摘要：近年来，大数据技术越来越成熟，本科院校普遍利用它来辅助教学。为此，以大数据技术为支撑的学生群体画像出现在了大众的视野中。一些学校通过构建数字模型、设计数字系统和建立预警机制建构了比较健全的学生群体画像，收集、存储、整合、分析学生的相关数据，形成了标签化的学生画像，并将其应用到了思想政治教育、就业指导等人才培养上，不仅简化了学校及教师的学生教育、管理工作，还提高了学生的自律自勉能力。

关键词：大数据；本科院校学生；群体画像

一、大数据背景下本科院校学生群体画像构建与应用的意义

一般意义上的学生群体画像指的是通过收集、分类学生的各方面信息掌握学生在性格、喜好、行为等方面的特征，并依据这些特征构建起一个完善的学生数据体系。在大数据技术发达的当下，本科院校学生群体画像就像学校设置的一个"信息库"或"侦查兵"，为学校的日常教学管理提供了坚实的数据支持。这个"信息库"或"侦查兵"充分利用现代科学技术多方面、多角度地收集了姓名、性别、民族、出勤、考试成绩、进出校、活动参与、借阅图书、上网行为、心理变化等与学生相关的静态和动态信息，并通过设计好的网络系统对它们进行了整合、提取和分析，形成了特征鲜明的学生群体画像。通过群体画像中的学生数据，学校管理员可以更方便、快捷地了解和预测学生情况，实现规范、高效、预判的教学管理。可见，本科院校利用大数据技术构建和应用学生群体画像是很有必要的。

对学校和教师而言，学生群体画像的构建和应用能够提供丰富的学生信息，如学习状态、学习进度、心理状态、日常行为、遵纪守法情况等。而且，这些信息是以电子档的形式存储于画像系统中的，能够比较全面、快速、有效地提取出来。此外，学生群体系统还有预警功能，在预测到学生学业成绩可能不达标时自动发出预警，这就给及时预测、发现问题，减少隐患提供了保障。可以

说，学生群体画像能够给学校和教师提供很多教学依据，让他们可以更加科学合理地对学生展开教育。例如，根据一些本科院校的画像数据，现在的"00后"学生群体主要有以下三个特征。第一，大多数"00后"学生群体有突出的个性，讨厌生硬、灌输式的传统教育。由于现代大学生很多都是独生子女，备受家长宠爱，形成了比较强的自主意识，追求自由、个性和新鲜，所以传统的学校教育已经不符合学生的现实需求，必须进行改革。第二，许多"00后"学生群体容易沉浸在虚拟的网络世界中，因阅历少、心智不成熟而容易被网络上的拜金主义、享乐主义、反动主义等各种不良思想影响，从而形成错误的价值观，不利于自身和社会的未来发展。第三，很多"00后"学生群体都有较强的竞争意识，喜欢展现自己、证明自己。从心理学的角度来看，这种行为是积极向上的，但是如果表现欲望过度、自我意识过强，那么可能会在遇到挫折和困难时失去自我，意志消沉。[1]根据上述特点，学校就可以及时制定应对计划，改变教学策略，对学生进行正确地引导和指导，让他们往更好的方向发展。

对于学生而言，学生群体画像的构建和应用能够提供学业完成情况、参与活动情况、获奖情况等各种信息，对督促自己自律自勉有一定作用。当前，一些本科院校的数据库并不健全，所以还需要管理员将学生的信息通报给他们，这就容易让学生形成依赖心理，不利于其自我检查、自我警醒等意识的产生。但是，学生群体画像是一个健全的学生信息系统，它支持学生登录平台，并在其登录时主动弹出预警信息，有效地帮助学生较全面地了解自己在各学科的不足，提醒学生及时改变学习策略，督促学生努力学习。总之，大数据背景下的本科院校学生群体画像有利于约束学生的行为，改善学生的学习方式，调整他们的心理状态，帮助他们实现更好的自我管理和自我控制。

二、大数据背景下本科院校学生群体画像构建的步骤

大数据背景下，本科院校要构建健全的学生群体画像，需要通过以下三个步骤来实现。

（一）构建画像数字模型

学生群体画像数字模型的构建是以抽象化学生的心理状态、学业情况、活动情况等日常行为形成各种具有鲜明特征的信息标签为基础的，即将学生在学校的行为抽象化为一个个信息标签，简单地表现出学生形象。因此，建构学生群体画像数字模型的第一步就是要采集学生信息。这也是至关重要的一步，因为采集的信息是否准确、全面、及时，会直接决定最终构建的画像数字模型能否使用。通常，本科院校的学生信息采集要从六个方面来进行。第一，要采集

学生的姓名、性别、出生年月、民族等基本信息。第二，要采集学生各科的出勤情况、考试成绩、作业情况、参赛情况等学业信息。第三，要采集学生参与校内外实践活动情况的信息。第四，要采集学生在校期间得到的奖惩信息。第五，要采集学生借阅图书、申请助学贷款、出入宿舍、出入校门、食堂就餐等日常生活行为信息。第六，要采集学生的身心健康信息。

采集完学生信息的下一步就是将采集来的数据进行处理和分析，形成特征标签。具体来说，这一步要统计和分析学生信息，并给每一个学生都"贴上"属于他自己的各种维度上的标签。当然，姓名、性别、民族、政治面貌等固定信息不需要统计和分析即可"贴上"标签。"贴"标签之前要设置标准参数，建立数据化、符号化、形式化的标准知识体系，分类数据，解析数据。其中，标准参数的设置极为重要。文字阐述过于生硬，为了帮助读者更好地理解，下面就以学生的起床时间参数设置为例进行分析。例如，早上正常就餐时间应为7：00—8：30，因此可以设置7点之前就餐为早起，设置8：30之后就餐为晚起。那么，以此为依据追踪A学生在一段时间内在食堂消费的时间，就可以推断出其起床时间是否正常。

"贴上"标签后，系统就会对这些标签进行叠加和累积，最后经过一段时间的处理形成准确的标签化学生形象——学生画像。到此，一个完备的学生群体画像数字模型就构建完成了。

（二）设计学生画像系统

学生群体画像系统是以计算机为核心，配合相应的软硬件设备组成的一种应用系统。其设计应分为系统架构的设计和系统功能的设计。

1. 设计系统架构

学生群体画像系统可分为硬件终端层、虚拟化层、管理服务层和web层。硬件终端层主要为系统提供快速的训练和推算，因此要设计人工智能化的云存储、CPU及服务器、应用防火墙。虚拟化层的主要作用则是实现云计算系统的虚拟化，即设计涵盖虚拟机和云存储资源池的云计算系统管理软件。管理服务层是学生群体画像系统架构中比较复杂的一层，主要通过虚拟化层的系统管理软件实现对学生信息的管理和监控。这一层并不是固定的，需要根据学校实际情况来设计，可以部署计算机资源管理、GPU集群监控、训练任务管理、资源统计分析、深度学习、应用特征与性能优化等更细的管理服务框架。web层则进一步根据实际需求灵活配置深层次的学习模型和算法，如数据预处理、线下训练、线上推断、可视化展示等，并赋予这些模型和算法相应的自动化处理能力。

2. 设计系统功能

构建学生群体画像系统的主要目的是利用大数据技术汇总、整理和分析学校从各个渠道采集来的各种学生信息,并将分析结果展示给系统用户。因此,该系统应配置以下四个功能。第一,学生群体画像系统应有数据接入的功能,因此要将系统自动接入学生信息来源的各个数据系统,包括个人信息系统、消费数据系统、上网数据系统、图书馆数据系统、选课数据系统、一卡通数据系统、门禁数据系统等,以获取标准、统一的数据。第二,学生群体画像系统应具备数据存储功能,就是将接入的所有数据存储、备份到系统中,并保证数据的安全性。第三,学生群体画像系统还要有数据清洗的能力,因此要把存储下来的数据进行预处理、关联与补全、过滤等各种处理。第四,学生群体画像系统应具有有效分析数据的作用,这就要求设计师为系统配置特征提取、样本整理、数据分类、回归分析等应用。[2]

(三)建立画像预警机制

除了构建数字模型、设计画像系统,大数据背景下的本科院校在构建学生群体画像时还应建立相应的预警机制。具体可以从以下四个方面入手。

1. 加强顶层设计

对于大数据背景下学生群体画像预警机制的建设,各本科院校要有一个清晰、明确的整体计划,如实现怎样的功能、达到怎样的效果。当前,大数据技术已经发展得很成熟,在挖掘、提取、清洗、分析、转换等方面都做得很好,但学校必须给软件开发公司提供具体的计划,才能设计出令学校满意的预警系统。因此,学校要站在整体建设的高度来谋划学生群体画像系统的各方面预警功能。这就要求开发的预警系统要与管理学校日常事务的教务系统、学工系统、图书管理系统、生活服务系统等各种系统互相连通,尤其是要配置数据接入端口,以实现协同办公。

2. 强化日常维护

任何数据只有得到良好的维护,才能有持久的生命力,才能发挥其应有的作用。因此,学校必须加强对学生群体画像系统的维护,以保证数据的准确性,从而有效地助力学生培养工作。例如,采集环节要根据相应的指标进行,确保其科学性和规范性;复核环节要注意设置复核数据的期限,及时对系统中的每一个模块进行数据复核,并及时纠正和清洗复核中发现的不准确的数据和无效的数据,确保数据的准确性和运行效率。

3. 防范数据风险

网络技术的发展不仅给人们带来了便利,还给人们增加了一些安全问题。因此,学校要提高防范意识,提升防护技能,增强预警能力,保证学生群体画像系统的网络安全。首先,要提升账号密码设置的强度,设置合理的密码更改频率,防止数据泄露。其次,要设置管理员权限分级,以防有人滥用权限盗取数据，尤其是要严格限制普通管理员、学生用户等无关人员的权限，禁止其查询家庭住址、身份证号码、健康状态等涉及学生隐私的信息。最后，要做好防火墙技术，根据需求选择不同安全等级的软硬件防火墙，以便管理员早日发现异常，及时解决问题。

4. 有效运用结果

构建以大数据技术为支撑的学生群体画像主要是为了让学校及教师能够更全面、准确地了解学生的情况，并预判学生学习和生活的疑问和困惑，从而更细致、深入地开展学生培养工作。因此，学校及教师一定要有效运用学生群体画像系统提供的结果，及早发现学生在学业、心理和行为方面的异常情况，及时采取相应的措施，以避免学生出现大问题。例如，发现某学生在学业上有困难，教师可以给予更多协助，或安排学习能力较强的学生给予辅导；发现某学生经常违规违纪，教师要给予严肃地批评，并多加关注其课堂和日常行为；如果发现某学生出现心理问题，教师要及时联系家长，必要时可安排专业的心理咨询教师给予帮助。[3]

三、大数据背景下本科院校学生群体画像应用的实践

当前，已有一些本科院校构建了健全的数字化学生群体画像，并将其应用到学生的培养工作中，包括思想政治教育、就业指导、学风建设、心理辅导等。下面就以学生群体画像在思想政治教育和就业指导方面的应用为例进行详细分析。

（一）学生群体画像在思想政治教育方面的应用

在大数据背景下，一些本科院校将思想政治和学生群体画像相结合，利用学生群体画像统计了"00后"学生的个性特征、学习状态和能力水平，并通过画像数字模型对学生的相关数据进行了多维度的评测，比较准确地发现了学生的知识漏洞和薄弱点，为本校的思想政治教育工作提供了依据。在思想政治教育中，学生群体画像的应用能够有效地弥补教师因过度依赖教学经验和过度信任主观判断而存在的缺失，进一步提高思想政治教育的教学效果，为党和国家培养有较高思想政治素质的优秀人才。依据学生群体画像，高校能够有针对性地建立思想政治教育机制和方案，制定以学生为本的思想政治教育计划，构建精准的教育框架，创新教育方式和方法，在教学过程中更全面地引导学生，做到以人为本和因材施教。

（二）学生群体画像在就业指导方面的应用

好的就业指导是在迎合就业形势需要、适应就业制度改革需要、顺应时代

发展需求的前提下形成的，能够改变学生的就业观念，帮助学生正确认识自己和提高就业能力，树立正确的求职观，打下坚实的就业基础。这就要求学校及教师要从学习、生活、心理、理想等各方面了解"00后"学生的基本情况，从而根据实际来做出就业指导。学生群体画像正好能为学校及教师提供精准的数据。因此，一些高校将就业指导与学生群体画像相结合，利用画像技术收集了很多客观资料，并为每一个学生绘制了个性"画像"，结合不同领域的企业用人需求，制定精准的就业指导方案，有针对性地为学生提供个性化的就业指导服务。[4]

参考文献：

[1] 于卓言. 群体画像视域下"00后"本科院校学生思政教育精准供给研究 [J]. 吉林省教育学院学报，2021（12）：67-70.

[2] 潘晶晶，姚郑，关婕. 基于大数据的学生画像系统设计 [J]. 中国教育网络，2018（10）：46-49.

[3] 邱春华. 大数据视域下高职院校学生群体画像建构及预警机制研究 [J]. 湖北开放职业学院学报，2022（19）：48-50.

[4] 戴飞. 基于大数据的学生画像管理在就业指导方面的应用 [J]. 营销界，2020（34）：161-612.

参考文献

[1] 傅林. 世纪回眸中国大学文化研究 [M]. 北京：教育科学出版社，2009

[2] 孙庆珠. 高校校园文化概论 [M]. 济南：山东大学出版社，2008

[3] 张静. 新时期高校校园文化建设的新探索 [M]. 天津：南开大学出版社，2010

[4] 韩震. 社会主义核心价值体系研究 [M]. 北京：人民出版社，2007

[5] 王仕民. 德育文化论 [M]. 广州：中山大学出版社，2007

[6] 全国高等学校思想政治教育研究会. 科学创新实效一第十四届全国高校思想政治教育青年学者论坛论文集 [M]. 上海：同济大学出版社，2010

[7] 王秀阁，杨仁忠. 马克思主义理论学科前沿问题研究 [M]. 北京：人民出版社，2010

[8] 冯刚，沈壮海. 思想政治教育发展报告 [M]. 北京：高等教育出版社，2012

[9] 李萍，钟明华，刘树谦. 思想道德修养 [M]. 广州：广东高等教育出版社，2004

[10] 张洪根等主编. 大学生思想道德修养新编 [M]. 合肥：中国科技大学出版社，2003

[11] 张光兴. 大学生思想道德修养 [M]. 北京：科学出版社，2002

[12] 刘书林. 思想道德修养 [M]. 北京：清华大学出版社，2002

[13] 马建青. 大学生成才导论 [M]. 杭州：浙江大学出版社，1995

[14] 王东莉. 德育人文关怀论 [M]. 北京：中国社会科学出版社，2005

[15] 马建青. 大学生心理卫生 [M]. 杭州：浙江大学出版社，2003

[16] 贺淑曼，蔺桂瑞. 健康心理与人才发展 [M]. 北京：世界图书出版公司，1999

[17] 贺淑曼. 成功心理与人才发展 [M]. 北京：世界图书出版公司，1999

[18] 赵冰洁. 大学生心理健康教育理论与实践 [M]. 长春：吉林大学出版社，2004

[19] 桑志芹，朱卫国. 大学生心理健康教程 [M]. 南京：江苏人民出版社，1999

[20] 韩翼祥，常雪梅. 大学生心理辅导 [M]. 杭州：浙江大学出版社，2003

[21] 郑洪利. 大学生心理素质训练教程 [M]. 上海：上海交通大学出版社，2005

[22] 解思忠. 大学生素质读本 [M]. 北京：机械工业出版社，2002

[23] 杨慧民. 高校思想政治理论课案例教学法研究 [M]. 北京：高等教育出版社，2007

[24] 孙杰远，唐剑岚. 网络环境下的教学设计 [M]. 北京：学苑出版社，2003

[25] 段鑫星，赵玲. 大学生心理健康教育 [M]. 北京：科学出版社，2003

[26] 刘晓彤. 来自大学校园的调查和思考 [M]. 四川：西南财经大学出版社，2007

[27] 朱彤. 仪表堂堂 [M]. 北京：中国广播电视出版社，2008

[28] 未来之舟. 职场礼仪 [M]. 北京：中国经济出版社，2008

[29] 冯刚．大学梦起飞的地方[M]．北京：清华大学出版社，2005

[30] 车斌，宋启海．团队培训游戏[M]．哈尔滨：哈尔滨出版社，2007

[31] 张耀灿，郑永廷，吴潜涛．现代思想政治教育学[M]．北京：人民出版社，2006

[32] 洪波．思想政治教育话语范式转换研究[M]．杭州：浙江大学出版社，2012

[33] 侯愕，闫晓珍．企业大学战略[M]．北京：人民邮电出版社，2009

[34] [英] 路易斯·莫利．高等教育的质量与权力[M]．北京：北京师范大学出版社，2008

[35] 周廷勇．高等教育质量观：生存与变迁[M]．北京：北京出版社，2008

[36] 查尔斯·维尔特．一流大学卓越校长——麻省理工学院与研究型大学的作用[M]．北京：北京大学出版社，2008

[37] 郑永廷，江传月．主导德育论[M]．北京：人民出版社，2008

[38] 周中之，石书臣．现代思想政治教育理论与实践探微[M]．北京：人民出版社，2009

[39] 马惠霞．大学生学业情绪研究[M]．北京：北京师范大学出版社，2011

[40] 刘沧山．中外高校思想教育研究[M]．北京：人民出版社，2008

[41] 张大均，陈旭．中国大学生心理健康素质调查[M]．北京：北京师范大学出版社，2009

[42] [德] 狄尔泰．精神科学引论[M]．南京：译林出版社，2012

[43] 赵志军，于广河，李晓元．思想政治教育管理学[M]．北京：中国社会科学出版社，2009

[44] 陈华．大学生思想政治教育现状和机制研究[J]．甘肃农业，2006

[45] 程天权．充分发挥课堂教学在大学生思想政治教育中的主导作用[J]．学校党建与思想教育，2005

[46] 陈秀章．思想政治理论课与素质教育探析[J]．高等教育研究，2009

[47] 陈堂花．高校思想政治教育应当体现科学发展观的本质要求[J]．国家行政学院学报，2007

[48] 邓瑾，吕慧霞．传统文化寓于高校思想政治教育方法的探讨[J]．中国科教创新导刊，2010

[49] 姜恩来．新媒体环境下的大学生思想政治教育[J]．高校理论战线，2009

[50] 李坷．用科学发展观指导大学生思想政治教育的创新[J]．开封大学学报，2006

[51] 廖启志．思想政治教育与素质教育的关系研究[D]．武汉：武汉大学硕士论文，2003

[52] 廖深基．以科学发展观指导大学生思想政治教育创新发展的思考［J］．思想教育研究，2009

[53] 吕立志．文化素质教育与思想政治教育融合初探［J］．江苏高教，2009

[54] 陆林．以科学发展观推动大学生思想政治教育创新［J］．思想教育研究，2008

[55] 宋元林．网络思想政治教育方法体系的构建［J］．思想政治工作研究，2009

[56] 夏建国，邓丹萍．社团导师制的实效性研究——从高校思想政治教育工作载体创新视角进行探析［J］．思想理论教育，2007

[57] 杨玉春，官党娟．网络环境对大学生的影响及应对措施［J］．武汉科技学院学报，2006

[58] 杨元华，夏科家，解超，张端鸿．大学生思想政治教育体制和机制创新研究［P］．思想理论教育，2008